HERMES

在古希腊神话中，赫耳墨斯是宙斯和迈亚的儿子，奥林波斯神们的信使，道路与边界之神，睡眠与梦想之神，亡灵的引导者，演说者、商人、小偷、旅者和牧人的保护神……

西方传统 经典与解释 **HERMES**
Classici et Commentarii
柏拉图注疏集

刘小枫 甘阳 ◉ 主编

第三版

苏格拉底的申辩

Apologia Socratis

[古希腊]柏拉图 Plato ｜ 著

吴飞 ｜ 译/疏

华夏出版社

古典教育基金·蒲衣子资助项目

"柏拉图注疏集"出版说明

　　"柏拉图九卷集"是有记载的柏拉图全集最早的编辑体例,相传由亚历山大时期的语文学家、数学家、星相家、皇帝的政治顾问忒拉绪洛斯(Θράσυλλος)编订,按古希腊悲剧的演出结构方式将柏拉图所有作品编成九卷,每卷四部(对话作品三十五种,书简集一种,共三十六种)。1513年,意大利出版家 Aldus 出版柏拉图全集,被看作印制柏拉图全集的开端,遵循的仍是的忒拉绪洛斯体例。

　　可是,到了十八世纪,欧洲学界兴起疑古风,这个体例中的好些作品被判为伪作;随后,现代的所谓"全集"编本迭出,有 31 篇本或 28 篇本,甚至 24 篇本,作品前后顺序编排也见仁见智。

　　俱往矣! 古典学界约在大半个世纪前已开始认识到,怀疑古人得不偿失,不如依从古人受益良多。回到古传的柏拉图"全集"体例在古典学界几乎已成共识(Les Belles Lettres 自上世纪二十年代始陆续出版的希法对照带注释的 Platon Œuvres complètes 以及 Erich Loewenthal 在上世纪四十年代编成的德译柏拉图全集均为 36 种 + 托名作品 7 种),当今权威的《柏拉图全集》英译本(John M. Cooper 主编,Plato, Complete Works,Hackett Publishing Company 1984,不断重印)即完全依照"九卷集"体例(附托名作品)。

　　"盛世必修典"——或者说,太平盛世得乘机抓紧时日修典。对于推进当今中国学术来说,修典的历史使命当不仅是续修中国古代典籍,同时得编修古代西方典籍。中山大学比较宗教研究所属内的

"古典学研究中心"拟定计划,推动修译西方古代经典这一学术大业。我们主张,修译西典当秉承我国清代学人编修古代经典的精神和方法——精神即,敬重古代经典,并不以为今人对世事人生的见识比古人高明;方法即,翻译时从名家注疏入手掌握文本,考究版本、广采前人注疏成果。

"柏拉图注疏集"将提供足本汉译柏拉图全集(36 种 + 托名作品 7 种),篇序从忒拉绪洛斯的"九卷集"。尽管参与翻译的译者都修习过古希腊文,我们主张,翻译柏拉图作品等古典要籍,当采注经式译法(即凭靠西方古典学者的笺注和义疏本迻译),而非所谓"直接译自古希腊语原文"(如此注疏体柏拉图全集在欧美学界亦未见全功,德国古典语文学界于 1994 年开始着手"柏拉图全集:译本和注疏",体例从忒拉绪洛斯,到 2004 年为止,仅出版不到 8 种;*Brisson* 主持的法译注疏体全集,九十年代初开工,迄今未完成一半)。

柏拉图作品的义疏汗牛充栋,而且往往篇幅颇大。这个注疏体汉译柏拉图全集以带注疏的柏拉图作品为主体,亦收义疏性质的专著或文集。编译者当紧密关注并积极吸取西方学界的相关成果,不急于求成,务求踏实稳靠,裨益于端正教育风气、重新认识西学传统,促进我国文教事业的新生。

刘小枫　甘阳
2005 年元月

柏拉图注疏九卷集篇目

（篇名译法以出版时为准）

目　录

生的根据与死的理由

引　言

一　苏格拉底的审判

公元前399年，一个叫美勒托斯的年轻人在雅典状告哲学家苏格拉底，说他不信城邦诸神，引进新的精灵之事，败坏青年。于是，苏格拉底被传讯，在由五百人组成的陪审团面前作了著名的申辩。但申辩并没有挽救苏格拉底的性命，他最后被判处死刑。苏格拉底之死和耶稣之死，为西方文明打下了两个基本色调。而苏格拉底之死之所以成为西方哲学史上的核心事件，首先要归功于柏拉图的《苏格拉底的申辩》（以下简称《申辩》）。

大多数学者同意，美勒托斯虽然出面写了诉状，但幕后的指使者是雅典民主派的重要人物安虞托斯。安虞托斯出自一个制革世家，家业殷实，曾在伯罗奔半岛战争中当过将军，但是打了败仗，应该被判卖国罪，后来靠贿赂法官得以免刑。

公元前404年，长达27年的伯罗奔半岛战争结束，雅典战败。斯巴达人在雅典扶植了三十僭主的寡头统治。民主派逃离雅典，苏格拉底留在了城内。三十僭主不仅破坏了雅典传统的民主制，而且还实行血腥的恐怖政策。安虞托斯这一次起到了关键作用。他与色拉旭布鲁斯等民主派领袖带领民主派很快打了回来，经过激战后夺回了雅典。虽然三十僭主夺去了安虞托斯的财产，但他并不索回。同时，他也颁布特赦令，雅典人在三十僭主的暴政期间犯下的罪都不必追究。这两点为这个当年的叛国者赢得了普遍的支持。而人们一般认为，正是安虞托斯自己的这一规定，使得他们在控告苏格拉底时不得不找别的借口。

在柏拉图的《美诺》中，苏格拉底和安虞托斯有过短暂而不愉快的对话。在那里，苏格拉底谈到智者的教育，安虞托斯大骂智者给雅典带来的危害。可见，安虞托斯那时候已不喜欢苏格拉底。色诺芬在他的《申辩》中指出，苏格拉底曾经指责安虞托斯对自己儿子的教育，导致安虞托斯怀恨在心。

我们不知道，色诺芬所说的这种私怨是否对安虞托斯的控告起到了作用。但在苏格拉底被审判后几年，一个名叫伯利克拉底的智者作了一篇题为《控诉苏格拉底》的演说。原文已佚，不过苏格拉底的支持者色诺芬、伊索克拉底、埃斯基涅斯等非常严肃地回应了这些控诉，而柏拉图的《申辩》与此是否有关，不得而知。从这些回应中，我们大体看到，伯利克拉底演说的主要观点是，苏格拉底与雅典民主派的敌人阿尔喀比亚德、克里提阿斯、卡尔米德等人的关系是他的真正罪状。①

公元前 415 年，阿尔喀比亚德挑动雅典人远征西西里，并任远征军的统帅。在出征的前夜，城中发生了一起渎神案，阿尔喀比亚德的政敌怀疑这与阿尔喀比亚德有关，阿尔喀比亚德为避祸而投降了斯巴达。雅典人对他进行了缺席审判，判他死刑。此后，阿尔喀比亚德帮助斯巴达打败了雅典。后来，阿尔喀比亚德又遭到斯巴达人的猜忌，于是又向雅典投诚，带领雅典海军取得了几次胜利，回到雅典城。但是他后来又因被认为反对民主制而遭到

---

① 关于伯利克拉底的控诉，详见 A. - H. Chroust, *Socrates*: *Man and Myth*, London: Routledge, 1957, pp. 69 - 100。

放逐。在柏拉图的《高尔吉亚》、《阿尔喀比亚德》前后篇、《会饮》、《普罗塔戈拉》等对话中，苏格拉底与阿尔喀比亚德曾经有非常亲密的关系。

克里提阿斯年轻时也曾经和苏格拉底学习哲学。公元前406年，他在塞萨利鼓动叛乱，后来遭到流放。他回到雅典后，成为寡头党中的成员，后来是三十僭主中的一个，而且其残暴血腥超过了别人，甚至对苏格拉底也不留情面。他后来在比雷埃夫斯①与色拉旭布鲁斯带领的民主派的战斗中被杀。《蒂迈欧》《克里提阿斯》《卡尔米德》《普罗塔戈拉》等对话中的克里提阿斯不是这个克里提阿斯，就是他的同名祖父。

虽然色诺芬说，阿尔喀比亚德和克里提阿斯一开始就有政治野心，在最初找苏格拉底求学时就居心不良（《回忆苏格拉底》，1：2.12 - 39），但我们很难从柏拉图的对话中看出这一点。色诺芬这么说，应该带着很强的为苏格拉底辩诬的目的。②

卡尔米德是克里提阿斯的表亲和柏拉图的舅舅。他出现在《卡尔米德》《普罗塔戈拉》《会饮》等对话中。在《卡尔米德》中，他是一个俊秀能干的青年。色诺芬在《回忆苏格拉底》中说，他很得苏格拉底的偏爱（3：6.7）。公元前404年，他参与到三十僭主的集团中，后来也在比雷埃夫斯的激战中被色拉旭布鲁斯带领的民主派杀死。

虽然很多学者认为，伯利克拉底揭示出了控告苏格拉底的真

①　比雷埃夫斯，即《理想国》中的对话进行的地方（327a1）。

②　正如克尔凯郭尔在《论反讽概念》中指出的，色诺芬为苏格拉底诉冤的目的过强，因而过于夸大苏格拉底的德性。这样一种理解使雅典人与苏格拉底之间的冲突过于简单化，并不能起到为苏格拉底辩护的作用。正如沃拉斯托斯（Vlastos）指出的，这使我们不得不对色诺芬关于苏格拉底的记载保持警惕。Gregory Vlastos, "Socrates," in *Socrates* (1), edited by William Prior, London：Routledge, 1996.

实原因，但还是有人感到，这些罪名只是伯利克拉底自己的观点，很难代表美勒托斯等人控告苏格拉底的动机。① 虽然这些反对意见并非没有根据，但这些学者还是没有足够的证据证明，美勒托斯和安虞托斯等人在控告苏格拉底时，就一定没有想到这些问题。现在看来，苏格拉底被审判的真实原因，非常可能就是，由于他与雅典民主派的敌人关系密切，在民主制刚刚恢复不久的时候，他引起了安虞托斯等民主派的猜忌。而安虞托斯又不肯公开违背他自己颁布的特赦令，所以伙同美勒托斯和吕孔，为苏格拉底罗织了不虔敬和败坏青年两项罪名。而之所以说苏格拉底败坏青年，可能就是暗指他影响了阿尔喀比亚德等人，但又不好公开说出来。在雅典法律当中，败坏青年算不上正式的罪名，而往往是附加在别的更大的罪名后面的道德评判。所以，他们必须拿出一个更正式的罪名，而这就是经常用在哲学家身上的"不虔敬"。

按照第欧根尼·拉尔修的说法，在苏格拉底被处死之后，柏拉图和苏格拉底的别的学生逃亡到麦加拉的欧几里得那里。而雅典城很快就为苏格拉底之死后悔，美勒托斯被杀，安虞托斯和吕孔被流放。②

二　柏拉图的《申辩》

就在当时的雅典，苏格拉底的审判已经成为轰动一时的事件，他

---

① 关于这种观点，参见 Brickhouse & Smith, "Socrates' Evil Associates and the Motivation for his Trial and Condemnation," in *Socrates* (2), edited by William Prior, London: Routledge, 1996。

② 第欧根尼·拉尔修，《名哲言行录》，3.6，中文版上卷（马永翔等译，长春：吉林人民出版社，2003），页173 –174；2：43，中文版上卷，页109。

的申辩辞也成为街谈巷议的主题。虽然雅典人未必喜欢苏格拉底，但他已经是个著名人物，很多青年受到他的影响，这是没有任何疑问的。此后几百年间，写苏格拉底的申辩，成为学者文人中的一种风尚，甚至一直到基督教兴起的时候，还有题为《苏格拉底的申辩》的作品问世。① 其中最著名的，当然要数柏拉图和色诺芬的作品。

苏格拉底的学生究竟为什么要写《苏格拉底的申辩》，我们现在已经不得而知了。他们是要真实记录下苏格拉底的申辩辞，还是想通过申辩辞阐述自己的思想，抑或仅仅是为了表达对老师的一种纪念？由于没有苏格拉底时代的历史资料参考，我们无法考证这两篇申辩辞与苏格拉底真正的申辩辞之间的关系，因而也就永远无法确切回答这个问题。第欧根尼·拉尔修的《名哲言行录》是一本关于哲学家的历史著作。但因为他生活在苏格拉底之后六百多年，而且除了柏拉图和色诺芬的记述之外，他似乎也没有别的多少关于苏格拉底的审判的一手资料，人们一般认为，他对苏格拉底的记述，不会比柏拉图和色诺芬更可靠。第欧根尼·拉尔修虽然还是能够提供一点新的讲法，② 但现代学者一般认为，若是用他的说法来校正色诺芬与柏拉图的记述，是没有什么可信度的。于是，这两篇《苏格拉底的申辩》与历史上的苏格拉底的申辩辞之间的关系，成为一桩聚讼不休的学术公案。

围绕《申辩》的一个相关问题是，柏拉图在其中所写的，究竟是真实的苏格拉底，还是柏拉图自己的想法。本来，色诺芬和柏拉图的苏格拉底著作都可能出现这个问题。因为人们一般不认

---

① 在基督教兴起后，利巴纽斯（Libanius）还写过《苏格拉底的申辩》，见第四节。

② 比如，第欧根尼·拉尔修提供了雅典法律档案中保存的美勒托斯对苏格拉底的诉状。但还是有些学者不相信这份档案的真实性。参见本书页99注①。

为色诺芬自己有一套很系统的思想，这个问题就没有那么尖锐了。但正像现代一些学者指出的，焉知色诺芬不是根据自己的想象塑造了一个苏格拉底的形象？① 而在苏格拉底出场的所有柏拉图对话中，这或多或少都会成为一个问题。但任何一篇对话中的苏格拉底－柏拉图之争，都没有《申辩》中如此重要，因为唯有《申辩》所记述的内容，是毫无疑问历史上确有其事的，而且，在苏格拉底演讲的时候，柏拉图就在听众当中。于是，人们有时会把这篇申辩辞与伯里克利的《葬礼演说》相比较。和苏格拉底一样，伯里克利也确实作过这样的演讲，但他并没有把这篇演说写成文字，而是当时在听众中的修昔底德把它记录了下来。因此，多数人认为，修昔底德一定在这篇演说中加进了自己的想法，但这与伯里克利自己的演说并非毫无关系。

不过，柏拉图的《申辩》引发的问题比这要复杂得多。特别是在十九世纪现代柏拉图研究的传统确立以来，这就变得更为复杂了。从古代到现代早期，人们一般是把《申辩》当作苏格拉底思想的表述，而不大考虑它与柏拉图主义之间的关系。但从施莱尔马赫开始，柏拉图的研究者更严肃地思考柏拉图与苏格拉底的关系，并且开始对柏拉图对话作细致的分期。十九世纪到二十世纪之间，《申辩》中的苏格拉底问题开始成为争论的一个焦点。很多学者不仅认为《申辩》可能是记录苏格拉底自己的思想的，而且把柏拉图其他的一些对话也当作对苏格拉底的言行的记录，甚至可能写于苏格拉底生前。认真为柏拉图对话分期的学者们，大多把《申辩》划在前期。但也有学者认为，《申辩》完全是柏

---

① C. C. W. Taylor, "The Origins of Our Present Paradigms," *New Perspectives on Plato, Modern and Ancient*, edited by Julia Annas and Christopher Rowe, Washington, D. C.: Center for Hellenic Studies, Trustees for Harvard University, 2002.

拉图的虚构，和真实的苏格拉底无关。关于这个问题的详细讨论，我们在本"引言"的后面，还会详细叙述。

对于这个问题，我们的基本观点依循斯特里克（Strycke）和施特劳斯（Strauss）等人的理解，认为柏拉图的《申辩》建立在苏格拉底真实申辩的基础上，但柏拉图主要通过它表述自己的思想。柏拉图未必有意虚构出一个苏格拉底来，但他的《申辩》至少可以看作从他的角度出发对苏格拉底的一种诠释。同时，我们也并不认为色诺芬的《申辩》就更接近真实。这只是色诺芬从自己的角度来阐释苏格拉底的言行和他的审判而已。倘若苏格拉底的真实申辩是经典，柏拉图和色诺芬的《申辩》就是对这一经典的不同传注，正如《春秋三传》是对同一部《春秋》的不同传注一样。

基于这样一个前提，我们认为，不必把《申辩》与柏拉图的其他对话，特别是中后期的对话，截然分开。虽然我们不能否认，柏拉图的思想确实可能经历了变化，但其间表达的思想还是有关联的。这只是同一个思想体系发展的不同阶段，而不是像沃拉斯托斯（Vlastos）说的那样，表达了两套完全不同，甚至相反的思想。

在柏拉图笔下，苏格拉底的审判是一个核心事件。不仅《游叙弗伦》《申辩》《克力同》《斐多》这些直接描述这一事件的对话以此为焦点，《泰阿泰德》《智者》《政治人》也明显指涉了这一事件。甚至很多其他根本没有提到这一事件的，往往也和苏格拉底之死有着内在的关联。即使像《法义》这样苏格拉底并未出现的对话，也同样与苏格拉底之死有密切的关系。就像施特劳斯所说的那样，苏格拉底的所有对话，都是对哲学生活的"申辩"。从这个意义上看，直接描写苏格拉底的审判的《申辩》虽然讨论的具体内容未必像后来的对话那么深入，但已经触及了柏拉图思想最根本的问题：哲学与政治的关系。苏格拉底之死的象征意义不仅在柏拉图的体系中非常重要，就是在西方整个思想传统中，都具有核心的意义。这样，理解《申辩》就成为我们理解柏拉图整体思想一个非常关键的步骤。我们后面的义疏，正是围绕这个问题展开的。

我们对《申辩》的理解虽然和西方苏格拉底－柏拉图传统中的很多看法不同，但必须建立在这个两千多年形成的深厚传统之上。因此，我们后面会简单地梳理一下这个传统。和对柏拉图的所有著作的研究一样，对《申辩》的研究大体可以分为两个基本脉络：哲学的与古典学的。前者是从《申辩》得到启发，主要阐发自己的哲学思想，后者是建立在训诂与考证的基础上的文本和历史研究。这两个传统当然会相互交叉、彼此影响，比如施莱尔马赫开创的德国研究传统，就是在德国古典哲学与浪漫主义的基础上建立的，美国沃拉斯托斯及其弟子的柏拉图研究，同样有着背后的哲学和政治理念，而施特劳斯学派由对政治哲学问题的梳理而进入经典解读，他们的很多具体研究正在引起古典学主流学界的关注。因此，我们在梳理过程中很难截然区分开这两个倾向。但在叙述中仍会尽量注意两个传统的不同走向。

三　《申辩》中的几个主题

柏拉图的《申辩》由三次演说组成，即正式的申辩辞、提出刑罚的演说、判死刑之后的演说。有些研究者径直按照这三部分划分结构，但很多研究者更喜欢按照主题和内容划分。我们在翻译和义疏中，将会基于这三次演说的基本结构，然后根据主题阐释。对于更详细的结构、内容及其含义，读者应该在全文的翻译和后面的义疏中来体会。我们在此先勾勒出一个大体的轮廓，使读者在阅读《申辩》的诠释与研究史时不至于摸不清线索。

由于《申辩》是苏格拉底针对美勒托斯等人的控诉所作的辩护，其中的一个核心主题，就是苏格拉底的哲学活动与城邦政治之间的关系。在"义疏"中，我们会把这个问题总结为哲学与政治的冲突。无论哲学还是政治，在当时雅典文明的语境下，都是为了美好的生活。苏格拉底的哲学是对美好生活的思考，政治是对美好生活的现实追求。但因为哲学和政治各有各的逻辑，两种对美好生活的追求就会非常不同。而在历代对《申辩》的诠释中，人们对这对矛盾的理解也不尽相同。比如，罗马的道德楷模老加图站在政治秩序和道德风尚的角度，就认为苏格拉底的哲学是对政治秩序的一种破坏。作为罗马历史中备受尊重的人物，老加图竟然对苏格拉底提出这样的控诉，这至少提示我们，美勒托斯等人对苏格拉底的控诉并不是简单的意气之争或泄私愤，而是体现了一种更严肃的对立与冲突。再比如，当自由民主逐渐成为现代文明的一种意识形态之后，有些人也会批评苏格拉底对民主制的反对。这一控诉无疑继承了伯利克拉底的批评。当然，反过来也会有人认为，苏格拉底面对政治的不屈服，表明了一种高贵的人格和对暴政的蔑视，甚至是现代的公民不服从传统的先驱。

同哲学与政治之争紧密相关的，就是不虔敬的罪状。从表面上看，这是一条宗教罪状；但在当时的雅典，这种宗教罪状仍然是和城邦政治紧密相关的。对城邦诸神的不敬，就是对城邦政治的蔑视。不过，在基督教时代，对这个问题的理解会发生相应的变化，因为在中世纪和现代基督教文明中，至少从理论上，政治与宗教逐渐分离开来。基督教时代的人们常常会为苏格拉底的不虔诚之罪赋予新的意义。比如，早期的一些基督徒批评苏格拉底不虔诚，就是因为他对希腊的多神宗教反对得不够彻底。但有些基督徒认为，苏格拉底之所以被多神论的雅典控告，是因为他在宣讲一种一神论的宗教。在殉道者游斯丁的时代，就已经有了这种把苏格拉底基督教化的倾向，文艺复兴以后，这是更常见的说法。出于类似的观念，苏格拉底与耶稣之间的类比，也一再出现。到了启蒙运动以后，对苏格拉底不虔敬的理解又有了新的倾向，即把苏格拉底与城邦宗教之间的对抗，类比为新的启蒙观念与传统教会之间的对立。

苏格拉底在谈到自己的哲学活动的时候，通过德尔斐神谕讲出了最富苏格拉底特色的智慧观："无知之知"。德尔斐的阿波罗说苏格拉底是最智慧的人，苏格拉底在探访了政治家、诗人、匠人之后，认为神谕的意思是，只有苏格拉底知道，自己什么都不知道；对于不可能有真正智慧的人来说，苏格拉底的这种自知之明就是最高的智慧。苏格拉底由此发明了他独特的否定性求知方法，即并不肯定什么是知识，而只是不断否定各种伪知识。苏格拉底认为，他这样督促雅典人关心自己的灵魂，是一项神圣的使命。在柏拉图的《申辩》中，这种"无知之知"一方面与智者们的专业知识区别开来，另一方面与一般雅典人的强不知以为知相对照。智者们只有专业知识，但是无法探究人的美好生活；雅典人不知道人与神的根本距离，在求知上没有一种必需的谦卑态度。对于这种无知之知，后人也有无数的解释。早在希腊时代，怀疑主义就用这一说法来为自己正名。而基督教用这一观念来理解上帝的绝对不可知和人与神之间的永恒距离。伊拉斯谟在《愚人颂》中用保罗在《哥林多前书》中谈到的智慧与愚拙的吊诡来理解苏格拉底关于知识的这种辩证法。在崇尚理性的时代，卢梭用这一观念批判科学与艺术。康德对于纯粹理性的批判，从更深的角度运用了苏格拉底的否定性智慧，黑格尔更是用他的辩证法思想，重新阐释了苏格拉底与城邦之间的对立。"苏格拉底的辩证法"和"苏格拉底的反讽"这些著名的命题，都是由"无知之知"命题衍生出来的。

苏格拉底不仅把他的哲学活动当成一种神圣的使命，而且在《申辩》中叙述了德尔斐神谕、三次战役、两次政治活动这些早年经历。《申辩》虽然比很多柏拉图对话短，却是唯一一篇包含苏格拉底对自己这些活动的描述的对话。因而，《申辩》成为人们了解苏格拉底其人的重要资料。人们对《申辩》的重新理解，很难说是对苏格拉底这个人的理解，还是对柏拉图思想（或柏拉图笔下的苏格拉底）的理解。特别是，人们总是把这篇对话与《游叙弗伦》《克力同》《斐多》，以及色诺芬的若干著作结合起来读。对于道德化的苏格拉底以及他所宣称的神圣使命，后代也有各种不同的理解。像斯多亚学派，就首先用《申辩》来理解苏格拉底这个道德楷模。进入基督教时代，特别是现代以来，把苏格拉底与耶稣对比成为一种常见的趋势。而蒙田则更看重苏格拉底的人格和对灵魂的关心。到了当代，克尔凯郭尔、福柯、阿多等哲学家都从关照灵魂这一点来理解苏格拉底的独特道德观念。

苏格拉底的使命是一个哲学使命，也是一个教育使命。[①] 他把自己比喻成一只牛虻，不断提醒雅典人关心自己的灵魂。而他的第二个罪名，就是败坏青年。苏格拉底有自己独特的教育方式。他否定了智者们那种在收取学费后才传授的专家式教育，甚至否认自己是老师。他的教育方式，就是辩证的对话。这使他无法为受他影响的青年们的行为负责，尤其无法为阿尔喀比亚德和克里提阿斯等人负责。关于苏格拉底的教育，也一直有不同的理解。在老加图对苏格拉底的批判中，一个重要方面就在于苏格拉底败

---

① 关于教育问题，可以参考 Christopfier Bruell：*On the Socratic Education*：*An Introduction to the Shorter Platonic Dialogues*. Rowman & Littlefield Publishers INC. , 1999。

坏了纯朴的道德风尚。而经受了基督教洗礼的人们常常把苏格拉底与耶稣对比。伊拉斯谟在《愚人传》中甚至把柏拉图与彼得对比。苏格拉底的辩证法也不断得到人们的重新认识，特别是在黑格尔那里形成了一整套新的辩证观念。

"苏格拉底的反讽"在西文中已经成为一个成语。苏格拉底经常表现出自己特有的幽默和谦虚。他说自己什么也不知道，虚心向别人请教，但总是把别人陷入窘境的苏格拉底究竟真的认为自己什么也不知道，还是只是用这种故作谦卑的态度设一个局，让别人往里面跳，这也是一个争论不休的问题。当时的雅典人显然就不相信他真的认为自己无知，而伊拉斯谟的《愚人颂》充分相信他的愚拙，并给以一个非常基督教化的解释。对这个问题最充分的解释，当然是克尔凯郭尔的名著《论反讽概念》。苏格拉底的反讽，充分体现了其哲学思考中的喜剧品格。

苏格拉底在《申辩》和别的一些对话中都不断谈到，有一个精灵的声音总是阻止他做不好的事。游叙弗伦就以为，正是这个精灵导致了苏格拉底不虔敬的控告。新柏拉图主义者阿卜莱乌斯就这个精灵大做文章，把它说成诸神和人之间的一种半神。但恰恰是阿卜莱乌斯的这种演绎，在基督教时代给苏格拉底带来了麻烦，使很多神学家都确信苏格拉底是应该谴责的异教徒。到了现代，这个精灵的命运又发生了变化。法国人贝尔热拉克（Cyrano de Bergerac）在一本幻想小说中让苏格拉底的保护神在月球上教给自己知识。而到了黑格尔、克尔凯郭尔，以及尼采等人对苏格拉底的重新理解中，这个精灵又被赋予了现代哲学的新意义。

死亡是《申辩》中的最后一个主题。苏格拉底说他并不害怕死亡，因为他并不知道死后是不是真的不好。他甚至设想了死亡可能是好事的两种可能：完全失去知觉或移居冥府。这个主题无疑与《斐多》中对灵魂不朽的说法形成对应。对于苏格拉底的死亡观的理解，后来也有各种说法。他对待死亡的镇静态度得到了斯多亚哲学的崇拜，塞涅卡等人甚至效法他的死亡方式。后来，苏格拉底之死经常与耶稣之死并列，基督徒们会认为他是和耶稣一样的牺牲者。蒙田对苏格拉底之死也抱以极大的钦佩。而到了克尔凯郭尔那里，他对死亡的态度则成为其整个反讽概念中的一部分。

以上是对《申辩》主题的粗略勾勒，虽然有一些更细的问题并没有列出来，但历史上对《申辩》的理解大体在这些问题的框架之内。

四 《申辩》从古典到中世纪

亚里士多德在《修辞学》中谈到了苏格拉底提问美勒托斯时的论辩技巧，把这作为一个精彩的例证，但他并没有明确说，这究竟是苏格拉底本人的论辩技巧，还是柏拉图的。① 也是亚里士多德第一个谈到，柏拉图有一套不同于苏格拉底的学说。② 希腊罗马的哲学家普遍接受了他的说法，认为柏拉图主要对话中的苏格拉底并不是历史上的苏格拉底，而只是柏拉图把自己想说的话放在了他的嘴中。

除去色诺芬、柏拉图、亚里士多德，以及学园派和逍遥派的传人之外，希腊哲学中的斯多亚派也受到了《申辩》中的苏格拉底的极大影响。按照第欧根尼·拉尔修的记载，从苏格拉底到斯

---

① 亚里士多德，《修辞学》，1419a2 – 3。

② 亚里士多德，《形而上学》，1：6. 987a29 – b14；Terry Penner, "Socrates and the Early Dialogues," in *The Cambridge Companion of Plato*, edited by Richard Kraut, Cambridge：Cambridge University Press, 1992；W. K. C. Guthrie, *Socrates*, Cambridge：Cambridge University Press, 1971, pp. 35 – 39。

多亚派的主要创建者之间，有一条一直没有中断的传道系统。①
西塞罗在《论学园派》中明确指出斯多亚派思想与苏格拉底和柏
拉图之间的继承关系。② 除去这些具体学说上的继承之外，斯多
亚派还把苏格拉底当成道德楷模。塞涅卡、爱比克泰德、马可·
奥勒留等重要的斯多亚派哲学家都经常引用苏格拉底的故事，特
别是他被处死这件事。③ 他们的主要来源，是柏拉图和色诺芬的著
作，特别是两个人的《申辩》。公元前三世纪的斯多亚派哲学家西
顿的芝诺和安提阿的塞翁都写过《苏格拉底的申辩》。④

在斯多亚派哲学家当中，模仿苏格拉底最不遗余力的，当属
爱比克泰德。他和苏格拉底一样述而不作，其言行由学生记录。
他生活简单而清贫，周围聚集着大批年轻人。他虔诚而正直。他
也学习苏格拉底的模式，把自己打扮成没有知识的人，以表面上
非常谦卑的姿态找高贵煊赫的人去问问题，在对话中驳倒他们，
让他们省察自己的生活，过有德性的生活。他的哲学活动触怒了
当权者，于是他被赶出了罗马。⑤

《申辩》和别的对话中的"无知之知"问题，同样成为怀疑
主义的一个思想来源。虽然我们不能把苏格拉底简单地归结为怀
疑主义者，但怀疑主义却常常奉他为始祖。学园派中最早的怀疑
主义者是阿凯西劳斯（Arcesilaus）。按照西塞罗的记述，他就是

① 第欧根尼·拉尔修，《名哲言行录》，1.15。

② 西塞罗，《反学园派》，1：136。

③ 参考 Eric Brown, "Socrates in the Stoa," in *A Companion to Socrates*, edited by Sara Ahbel – Rappe and Rachana Kamtekar, Malden, MA.：Blackwell Publishing Ltd.，2006。

④ 第欧根尼·拉尔修，《名哲言行录》，7.178。

⑤ Ted Brennan, "Socrates and Epictetus," in *A Companion to Socrates*, edited by Sara Ahbel – Rappe and Rachana Kamtekar, Malden, MA.：Blackwell Publishing Ltd.，2006.

受到了柏拉图的苏格拉底对话，尤其是《申辩》的启发，认为万物都是不可知的。① 他比苏格拉底的"无知之知"更加极端，因为他认为，他连"自己是无知的"这一点都不知道。除去学园派中的怀疑论者之外，皮浪也把他们的怀疑主义追溯到苏格拉底。②

罗马人对苏格拉底的评价要复杂一些。老加图在谈到希腊哲学，特别是希腊哲学对罗马民风的影响时，出于朴素的政治考虑，非常尖锐地批评苏格拉底把人们教育得目无法纪，他的学说败坏了罗马共和国。他说："苏格拉底是个强有力的空谈家，竭尽全力企图废除国家的法律，怂恿国民对法律抱有对立的看法，力图成为国家的僭主。"③ 但西塞罗对苏格拉底评价很高，特别是在《图斯库兰讨论集》中，他说："苏格拉底第一个把哲学从天上呼召了下来，把它放在城邦，引进家庭，用它省察生活和道德、好与坏。"苏格拉底在《申辩》中之所以不向任何人求情，完全是因为他有一个伟大的灵魂。他把《申辩》中的最后一段翻译成了拉丁文，赞美苏格拉底对待死亡的态度。④

在公元一世纪和二世纪的哲学家中，克利索斯当（Dio Chrysostom，45—115）虽然不是很有名的一个，但他是谈苏格拉底最多的。他对苏格拉底的理解明显受到《申辩》的影响。他更加强调苏格拉底作为教育家的角色，赞美苏格拉底激励人们追求德性生活

---

① 西塞罗，《论演说家》，3：67。

② Richard Bett, "Socrates and Skepticism," in *A Companion to Socrates*, edited by Sara Ahbel‑Rappe and Rachana Kamtekar, Malden, MA.：Blackwell Publishing Ltd., 2006；Christopher J. Shields, "Socrates Among the Sceptics," in *The Socratic Movement*, edited by Paul A. Vander Waerdt, Ithaca：Cornell University Press, 1994.

③ 普鲁塔克，《希腊罗马名人传》，"老加图部分"，陆永庭、吴彭鹏等译，北京：商务印书馆，1990，页369。

④ 西塞罗，《图斯库兰讨论集》，5：4；1：29；1：41。

的努力。他还认为，苏格拉底的使命并不限于罗马，而是对全人类都有益。①

罗马时期的新柏拉图主义利用柏拉图的各篇对话来建构他们的哲学学说。但他们对柏拉图的理解受亚里士多德的影响已经很大，因而更多集中于讨论抽象哲学问题的对话。新柏拉图主义的哲学家们很熟悉《申辩》和《克力同》，但一般不用它们来研究柏拉图的哲学思想，而是更多用它们来研究苏格拉底。比如，普罗克洛斯（Proclus）研究柏拉图的著作《柏拉图神学》中，基本没有提到这两篇对话；但在他研究苏格拉底的《〈阿尔喀比亚德〉诠释》中，它们却出现了很多次。

新柏拉图主义在确定柏拉图的教诲时，总是不大使用《申辩》和《克力同》。对《申辩》有兴趣的，往往是诠释苏格拉底的哲学家。比如阿卜莱乌斯（Apuleius），他的《苏格拉底之神》非常细致地考察了苏格拉底的守护精灵。他认为，苏格拉底的精灵是人和神之间的媒介，向诸神递送人们的祭祀和祈祷，向人们发布神的旨意。赫尔斯（Hulse）认为，这是用赫西俄德和毕达哥拉斯的说法来解释苏格拉底的精灵，和《申辩》中对精灵的理解相差很远。而这一点也成为后来基督教攻击的目标。②

此外，阿卜莱乌斯也曾模仿柏拉图的《申辩》，写过自己的《申辩》。当时，有一个追求阿卜莱乌斯的妻子的人曾经对阿卜莱乌斯提出诉讼，说他以魔法妖言惑众。他为此案写了一篇《申辩》（又称《论魔法》）。在他的申辩中，阿卜莱乌斯把自己想象

---

① James W. Hulse, *The Reputations of Socrates: The Afterlife of a Gadfly*, New York: Peter Long Publishing Inc., 1995, p. 55.

② James W. Hulse, *The Reputations of Socrates: The Afterlife of a Gadfly*, New York: Peter Long Publishing Inc., 1995, pp. 57–58.

成苏格拉底的角色，受柏拉图的《申辩》影响很大。

另外，公元二世纪自称柏拉图主义的马克西姆（Maximus of Tyre）也比较重视《申辩》，但这也是因为他对苏格拉底的兴趣。比如在《哲学演说》中，他就有一篇的题目是："苏格拉底不为自己辩护是否正确？"据说，在新柏拉图主义的教育体系中，《申辩》常常成为最早的读物。除它之外，《游叙弗伦》《克莱托普丰》和别的对话也都曾作为入门读物。但我们现在并不知道这样做的用意。①

这个时期大大影响了后人对苏格拉底的理解的，是第欧根尼·拉尔修的著作《名哲言行录》中对苏格拉底的描述。但他更关注的是奇闻逸事，而不是哲学。自他流传下来的很多关于苏格拉底的说法（比如苏格拉底与他的妻子塞西婆的关系），现在证明是大有疑问的。关于苏格拉底的审判，他也提供了一些信息，比如诉状原件、投票的数目等。但很多学者认为，这些也是可疑的。

在犹太－基督教传统进入西方人的视野之后，很多哲学家试图把柏拉图哲学与基督教信仰结合起来。② 而基督徒对待苏格拉底的态度也很复杂。殉道者游斯丁是最不遗余力肯定苏格拉底的。他认为，认识了逻各斯的苏格拉底其实就是认识了圣言，虽然当时被看作不虔敬者。他可能是历史上第一个把苏格拉底和耶稣对比的人。而最激烈地批判苏格拉底的，要数德尔图良。他认为，苏格拉底的精灵，以及他对各种神所发的誓，都充分证明了他是个多神论者。③

---

① Harold Tarrant, *Plato's First Interpreters*, Ithaca, New York: Cornell University Press, 2000, p. 101.

② 参考 James K. Feibleman, *Religious Platonism*, Westport, Connecticut: Greenwood Press, 1971。

③ James W. Hulse, *The Reputations of Socrates: The Afterlife of a Gadfly*, New York: Peter Long Publishing Inc., 1995, pp. 57 - 58.

四世纪的修辞学家利巴纽斯（Libanius）对苏格拉底非常敬重。他也写过自己的《苏格拉底的申辩》，以第三人称对苏格拉底的各种罪名进行反驳，对雅典法庭提出挑战。他还写过一篇《苏格拉底的沉默》，按照某个传统，说苏格拉底在审判中完全保持了沉默，并认为这是一种非常巧妙的论辩方式。他的这两篇文章很可能是出于修辞学教学的目的。利巴纽斯虽然对基督徒态度积极，但在这两篇文章中，基督教的影响微乎其微。①

奥古斯丁确立了基督教传统对苏格拉底的定评。在《上帝之城》卷八，他对苏格拉底的描述简短但内容丰富，而且给以相当高的肯定。他对柏拉图的评价也主要是正面的。这一卷中的很大篇幅则用于反驳阿卜莱乌斯《论苏格拉底之神》中谈到的精灵。他得出结论，古典思想中的神其实是天使，而所谓的"精灵"也是天使，包括堕落的天使。②

在西方中世纪的思想传统中，虽然柏拉图主义被融进了基督教传统中，但《申辩》和《克力同》中的苏格拉底基本上被遗忘了。当然，人们依然记得这个名字，还流传着关于他的一些故事，在东方的绘画传统中，还有一些苏格拉底的形象。但苏格拉底已经无法激起新的思考。人们偶尔谈到苏格拉底时，也超不过奥古斯丁立下的基本框架，甚至会把一些与苏格拉底毫无关系的故事安到他身上。③

与基督教世界不同的是，在中世纪阿拉伯哲学中，苏格拉底

---

① 参 John Ferguson edits, *Socrates：A source Book*, London, Macmillan for the Open University Press, 1970, 251-289。

② 奥古斯丁，《上帝之城》，8：3，吴飞译，上海：上海三联书店，2022，页338。

③ James W. Hulse, *The Reputations of Socrates：The Afterlife of a Gadfly*, New York：Peter Long Publishing Inc. , 1995, p. 71.

仍然有很重要的位置。柏拉图的很多对话被译成了阿拉伯文。在对苏格拉底的理解中，他的审判和死刑占据了很核心的位置。阿拉伯学者基本上按照《申辩》中的描述来理解他的故事，只是涂上了一层很重的伊斯兰教色彩。阿拉伯学者大多把苏格拉底描述成类似先知的虔诚者。人们甚至认为他宣扬对唯一、永恒、创世的上帝的信仰。他的被捕和处死，就是因为他用这种宗教来反对雅典的国家宗教。这使他的故事非常像耶稣的故事。①

五 《申辩》在现代欧洲的复兴

（一）文艺复兴时期

在整个中世纪，西欧都没有柏拉图著作的拉丁译本，人们对柏拉图的了解非常少。在文艺复兴的西欧，古典思想得到了重新重视。人们利用这一传统来攻击亚里士多德主义占主导地位的经院哲学。首先是在意大利，彼特拉克、薄迦丘、赫里索洛拉斯（Chrysoloras）等对柏拉图都产生了兴趣。从 1389 年开始，人文主义者萨留塔蒂（Salutati）在佛罗伦萨宣讲苏格拉底和柏拉图的学说。著名的希腊文教师赫里索洛拉斯与萨留塔蒂及其弟子合作，推动柏拉图著作的翻译。柏拉图主义的这次复兴，被称为"赫里索洛拉斯复兴"。但苏格拉底和柏拉图并不是一开始就受到欢迎的，毕竟，按照基督教的正统观念，苏格拉底和柏拉图的学说中

---

① Ilai Alon, "Socrates in Arabic Philosophy," in *A Companion to Socrates*, edited by Sara Ahbel – Rappe and Rachana Kamtekar, Malden, MA.：Blackwell Publishing Ltd.，2006.

有太多异教的色彩，不是可以轻易被接受的。为了回应多明我派教士多米尼奇（Dominici）的攻击，萨留塔蒂的弟子布鲁尼（Leonardo Bruni）把柏拉图的《申辩》《克力同》《斐多》《高尔吉亚》和色诺芬的《申辩》都翻译成拉丁文，后来又翻译了很多别的对话。布鲁尼的一个目的，是反驳多米尼奇，证明苏格拉底的学说和基督教是吻合的，因而《申辩》和《斐多》中关于死亡和灵魂的说法就尤其重要。所以，他在翻译中也就把与基督教教导不合的内容删去了。随后，布鲁尼的弟子马奈蒂（Giannozzo Manetti）出版了《苏格拉底传》，这是古典时代以后苏格拉底的第一本传记。他在强调苏格拉底的公民德性的同时，也指出他的学说与基督教丝毫没有矛盾。

菲西诺（Marsilio Ficino）是文艺复兴时期最伟大的柏拉图学者，推动了柏拉图研究在哲学和基督教神学中的复兴。在他的巨著《柏拉图神学》中，菲西诺用基督教的方式考察了《申辩》中著名的"无知之知"问题。他认为，苏格拉底得到了上帝的启示，因此不可能是真的无知的。他所谓的"无知之知"，就是人在上帝面前的谦卑。他用这个表明，他的知识不是靠自己的理性自然生长出来的，而是上帝通过他的守护精灵启示给他的。在此，菲西诺是以伪狄奥尼索斯的否定神学来解释苏格拉底的无知之知。①

"赫里索洛拉斯复兴"也逐渐波及其他欧洲国家，引起了人们对苏格拉底、柏拉图、色诺芬的兴趣。而正像我们在意大利所

---

① James Hankins, "Socrates in the Italian Renaissance," in *A Companion to Socrates*, edited by Sara Ahbel - Rappe and Rachana Kamtekar, Malden, MA.：Blackwell Publishing Ltd. , 2006；另可参考 Hankins 研究文艺复兴时期的柏拉图的名著, James Hankins, *Plato in the Italian Renaissance*, Leiden：E. J. Brill, 1991。

看到的，这些对苏格拉底的兴趣并没有动摇基督教的基础。人们一般会为苏格拉底的思想赋予基督教的色彩，给以新的理解。比如伊拉斯谟，一生都对苏格拉底非常有兴趣。① 与《申辩》尤其相关的，是《愚人颂》中对苏格拉底的无知之知的基督教式理解。愚人模仿地上的智慧的口气谈到，并不智慧的德尔斐神说苏格拉底是最智慧的，然后他嘲笑苏格拉底不肯自担智慧之名，反而把智慧还给了神。他的愚拙总是招来人们的嘲笑，而正是这种愚拙使他遭到了审判，并最后送了命。当谈到耶稣的时候，也说世人如何把他当作愚蠢的人。愚人是把苏格拉底和耶稣作了比照，认为他们都因为具有神性的圣愚，而无法得到世人的理解。② 显然，伊拉斯谟在此完全是通过保罗在《哥林多前书》中的"神岂不是叫这世上的智慧变成愚拙吗"（1：20 及以下）这个基督教式的反讽，来理解苏格拉底的"无知之知"的反讽。他这种世人认为的无知状态，正是神给的智慧。在这里，愚人又借用了第欧根尼·拉尔修描述的审判中的一个场景：苏格拉底的弟子柏拉图虽然近在咫尺，但是迫于众人的喧哗，他无法为老师说一句话。愚人的讲述方式使这个情景隐然与彼得不认耶稣形成了对应。

在文艺复兴的思想家中，对苏格拉底谈得最多的应该是法国的蒙田。蒙田在 1570 年代写著名的《雷蒙·塞邦赞》的时候，可能还并不了解苏格拉底。但他在其中表达的人永远不可能获得真知的态度与苏格拉底在《申辩》中的说法非常相似。1580 年左右，苏格拉底逐渐成为蒙田的偶像。他在很多文章中表现出对苏

---

① Lynda Gregorian Christian, "The Figure of Socrates in Erasmus' Works," in *The Sixteenth Century Journal*, III, 2 (1972).

② 伊拉斯谟，《愚人颂》，许崇信译，沈阳：辽宁教育出版社，2001，页 23 - 24。但这个中译本有重大问题。

格拉底的浓厚兴趣，而他主要依靠的材料是《申辩》和《会饮》。他在这以后的随笔中，继续批判人对自己的理性和智慧估计过高，其中很多来自对苏格拉底的无知之知的反思。在大约1588年写的《论相貌》中，蒙田尤其多地谈到了《申辩》。他以自己的方式概括了《申辩》全篇的内容，虽不很确切，但基本包括了其中的主要观念。他评价说，虽然吕西阿斯为苏格拉底起草的申辩辞①可能更符合规范，但只有柏拉图记下来的这一篇才是一个伟大人物的申辩。他盛赞苏格拉底的高尚情操和他面对死亡时的豁达态度，而这些都丝毫不受他丑陋的外貌的影响。后来爱默生的评价颇能体现蒙田对苏格拉底的态度："他的作品没有热情，没有雄心；只表现出一种满足、自尊和所奉行的中庸之道。不过只有一个例外——表现在他对苏格拉底的爱里。一谈到苏格拉底，他顿时双颊通红，笔下洋溢出激情。"②

就在蒙田盛赞苏格拉底的同时，法国学术界对古典思想的兴趣也越来越浓厚。值得一提的是著名的出版家和古典学家亨利·埃蒂安纳（Henri Estienne），他继承了父亲的古典著作出版和研究事业，不仅编辑出版了希腊文辞典、《为希罗多德申辩》和别的很多重要古典书籍，而且还有三卷本的希腊文《柏拉图全集》，即《斯特方版柏拉图全集》。虽然《柏拉图全集》与希腊文辞典的高额成本几乎毁掉了他的出版社，但他为这本全集划分的页码和字母编码成为后来通用的柏拉图著作的编码方式。

----

① 据说，苏格拉底的朋友、当时著名的演说家吕西阿斯为苏格拉底起草了一份申辩辞，但苏格拉底没有使用，参见本书页73注②。

② 爱默生，《代表人物》，蒲隆译，北京：生活·读书·新知三联书店，1998，页127。

（二）十七、十八世纪的法国

进入十七世纪后，欧洲对古典思想和苏格拉底的兴趣继续增长。在很多时候，苏格拉底虽然仍然被赋予强烈的基督教色彩，但启蒙思想的逐渐兴起已经在改变着人们的理解。

1619 年，法国诗人泰奥菲尔·德·维奥（Théophile de Viau，1590—1626）被告不虔诚和著作淫秽。他在流放中完成了《论不朽与爱，或苏格拉底之死》（*Tracté de l'immortalité de l'âme, ou la mort de Socrates*）。维奥把自己比作基督教化的苏格拉底，针对不虔敬的罪名进行申辩。① 十七世纪中期，法国出现了三本关于苏格拉底的著作。夏庞蒂埃（François Charpentier）主要基于色诺芬著作的《苏格拉底传》出版于 1650 年。巴尔托克（Guez de Balzac）的《基督徒苏格拉底》出版于 1652 年。这两本书都有着明显的基督教色彩。《基督徒苏格拉底》是题献给笛卡儿的。作者在里面证明，一个现代的理性主义者应当接近基督教的真理，苏格拉底的"无知之知"更被赋予了强烈的基督教意义。

这个时期的另一本书是贝尔热拉克（Cyrano de Bergerac）的《另外的世界，或月球与太阳上的国家和帝国》，在作者 1655 年去世时尚未完成。此书的基本出发点与上面两本非常不同。作者假想自己到了月球上，用四条腿走路的月球人把他当成了奴隶。他后来得到一个精灵的解救，而这个精灵就是苏格拉底的守护神。他成为作者的老师，告诉他世界是永恒的，上帝与世界秩序无关，独身和守贞在月球上都是非法的，等等。作者明显是通过精灵之

---

① Daniel R. Mclean, "The Private Life of Socrates in Early Modern France," in *A Companion to Socrates*, edited by Sara Ahbel – Rappe and Rachana Kamtekar, Malden, MA.: Blackwell Publishing Ltd., 2006.

口来批判基督教。据说，斯威夫特的《格列佛游记》就受到了此书的很大影响。

十七世纪末期，法国文学界发生了著名的古今之争。在这前后，柏拉图和色诺芬笔下的苏格拉底也被法国人呼唤起来，参与到了这场争论当中。比如，丰特奈尔（Fontenelle）让苏格拉底与蒙田对话。但有趣的是，他让苏格拉底赞美现代，而让蒙田代表古代，双方都更崇拜对方所在的时代。①

到了十八世纪，苏格拉底成为启蒙运动中的偶像。启蒙主义者更愿意用雅典的哲人苏格拉底，而不是神子耶稣来讨论问题。②由于苏格拉底如此崇高的地位，虔诚的基督徒要捍卫耶稣的地位。因此，苏格拉底遭到的攻击也是前所未有的。在这个世纪，仍然是法国人对苏格拉底的讨论最为热烈。③

在法国的启蒙哲学家中，伏尔泰对苏格拉底的诠释最辛辣和有趣。他在《哲学辞典》中的"苏格拉底"条里，把苏格拉底与孔子、毕达哥拉斯、泰勒斯相并列，说他们都是热爱德性本身的人。伏尔泰富有创造性而又饱含讽刺意味地诠释了苏格拉底的罪名。他描述了苏格拉底与两个雅典人的对话。那两个雅典人很奇怪，苏格拉底为什么不向诸神祭献绵羊和山羊。苏格拉底向他们证明，只有一个神存在，而不是很多个，因而祭祀就是无用的。随后色诺芬告诉苏格拉底，那两个人分别是屠夫和金匠，都要从祭祀中获利。于

---

① James W. Hulse, *The Reputations of Socrates: The Afterlife of a Gadfly*, New York: Peter Long Publishing Inc., 1995, pp. 88 – 91.

② Bruno Böhm, *Sokrates im achtzehnten Jahrhundert*, Neümunster: Karl Wachholtz Verlag, 1966.

③ 参考 Raymond Trousson, *Socrate devant Voltaire*, *Didero et Rousseau: la conscience en face du mythe*, Paris: Minard, 1967。

是，苏格拉底的敌人就以他的一神论为名处死了他。①

后来，伏尔泰又匿名发表了三幕悲剧《苏格拉底》。在这部戏里，伏尔泰借苏格拉底之口攻击天主教和宗教迫害。安虞托斯被描写成一个邪恶的教士，阴谋霸占美丽的女子阿哥莱。阿哥莱的父亲临终前把她托付给了苏格拉底，她爱上了苏格拉底的一个学生。苏格拉底的妻子塞西婆帮助安虞托斯策划这场阴谋，但被苏格拉底识破了。于是，安虞托斯与美勒托斯以渎神、无神论、自然神论的罪名状告苏格拉底。苏格拉底的申辩成为自然神论的宣言和对基督教的攻击。在苏格拉底被判死刑，并喝下了药酒之后，阿哥莱和她的情人成功地说服法官们，苏格拉底是无罪的。于是，苏格拉底劝勉弟子们追求哲学、蔑视迫害，微笑着死去了。②

狄德罗也非常喜欢苏格拉底，尤其是柏拉图的《申辩》。1749年，他因为被怀疑有罪而遭到监禁。他在监狱中翻译了柏拉图的《申辩》，用一根牙签把它刻在一本弥尔顿的《失乐园》的边上。③

狄德罗对《申辩》的翻译之所以成为有名的事件，还因为卢梭对他的探监。当时，卢梭正在思考第戎学院出的一个有奖题目："科学和艺术的进步究竟是败坏了还是净化了道德？"卢梭和狄德罗在监狱里讨论了这个问题，得出结论：科学和艺术的进步败坏了道德。卢梭带走了狄德罗正在翻译的《申辩》。狄德罗的译文

① Voltaire, *Dictionnaire philosophique*, Paris：Impr. nationale editions, 1994；中文本《哲学辞典》中没有翻译这一条。

② Jean‐Mathias Gesner, *Socrates Sanctus Pœderasta*, Paris：Saint Ouen, 1997.

③ Daniel R. Mclean, "The Private Life of Socrates in Early Modern France," in *A Companion to Socrates*, edited by Sara Ahbel‐Rappe and Rachana Kamtekar, Malden, MA.：Blackwell Publishing Ltd., 2006.

后来出现在他的《论艺术与科学》中。①

卢梭对《申辩》的兴趣可能就是狄德罗引起的。但他对《申辩》的理解和运用很是与众不同。当时的启蒙思想家大多让苏格拉底鼓吹理性，但卢梭让苏格拉底支持"无知"。在引述苏格拉底对德尔斐神谕的考察的时候，卢梭略去了关于政治家和匠人的说法，集中于对诗人和艺术家的批评。在卢梭笔下，苏格拉底发现强不知以为知的，是智者、诗人、预言家、艺术家。这样，苏格拉底的"无知之知"所针对的，正是理性知识自身。正像赫尔斯所说的，卢梭笔下的苏格拉底是个"反哲学的哲学家"②。

除去这些重要的启蒙思想家外，十八世纪的法国还出现了另外一种更客观的对《申辩》和苏格拉底的研究传统。弗雷莱（Nicolas Fréret）证明，苏格拉底之所以被处死，就是因为他反对民主制。德莱西格（Siegsmund Friedrich Dresig）通过对文本的历史学研究，得出了相同的结论。卡尼尔（Jean Jacques Garnier）则考察了柏拉图与苏格拉底的哲学之间的关系。这些问题后来都成为当代苏格拉底与柏拉图研究中的重要问题。这几项研究在当时影响不如那些哲学家大，但可能影响了后来的研究传统。

此外，帕里索（Charles Palissot de Montenoy）写了一个题为《哲学家》的剧本，模仿阿里斯托芬的《云》，讽刺爱尔维修、狄德罗、卢梭等哲学家，演出非常成功。③

---

① 后来狄德罗与卢梭发生争议，认为《论艺术与科学》中的观点是他首先提出的。对于这桩公案，我们现在是无法裁判了。参见 James W. Hulse, *The Reputations of Socrates：The Afterlife of a Gadfly*, New York：Peter Long Publishing Inc., 1995, p. 111。

② 同上，页 117。

③ Mario Montuori, *De Socrate iuste damnato*, Amsterdam：J. C. Grieben, 1981；转引自 James W. Hulse, *The Reputations of Socrates：The Afterlife of a Gadfly*, New York：Peter Long Publishing Inc., 1995, p. 118。

（三）《申辩》在德国哲学中

十八世纪的德国对苏格拉底也有很多讨论，但其风格与法国非常不同。克洛卜施托克（Friedrich Gottlieb Klopstock）和艾伯哈特（Johann Augustus Eberhard）都试图把苏格拉底与基督教观念相结合。艾伯哈特的《苏格拉底的新申辩》证明，苏格拉底这样的异教徒也是可以得救的。这些讨论是相对较浅层次的。

康德的朋友和批评者哈曼虽然对柏拉图的著作了解并不多，但他在《苏格拉底言行录》中的观念很接近卢梭。他同样用苏格拉底的"无知之知"来批评启蒙时代流行的理性思想，特别是他的朋友康德的著作。[①] 用赫尔斯的话说，他做了启蒙时代的牛虻。[②] 哈曼后来对歌德、黑格尔、克尔凯郭尔的影响很大。

不过，就在哈曼批判康德的时候，康德还没有成为伟大的哲学家，而是沉浸在自然科学和形而上学之中，不加批判地接受了当时流行的理性主义观念。但当康德着手对纯粹理性的批判的时候，他比哈曼更深刻地接近了苏格拉底。他从自然哲学的研究转入对伦理问题的思考，正如泡尔生（Friedrich Paulsen）所说的那样，是类似苏格拉底的次航的转向。[③]

康德与苏格拉底的相似不仅在于他的哲学转向，而且在于他否定性的哲学方法更深地与苏格拉底的"无知之知"勾连了起来。他在《纯粹理性批判》的第二版序言里明确说："但最重要

---

① James O'Flaherty, *Hamann's Socratic Memoriabilia：A Translation and Commentary*, Baltimore：John Hopkins University Press, 1967.

② James W. Hulse, *The Reputations of Socrates：The Afterlife of a Gadfly*, New York：Peter Long Publishing Inc. , 1995, p. 127.

③ Friedrich Paulsen, *Immanuel Kant：His Life and Doctrine*, New York：Friedrick Ungar, 1963, p. 38.

的是，要考虑到一种无法估量的好处，即在未来所有的时代里，以苏格拉底的方式，也就是说通过最清晰地证明对手的无知来结束一切针对道德性和宗教的争议。"① 他的这种否定性不是一般的辩论和批驳，而是从根本上证明，人的纯粹理性无法认识上帝、世界、灵魂这样的根本问题，因此不可能有真知。人只有在认识到这种知识的不可能之后，才能根据绝对律令建立实践理性。这是在最深的意义上论证了苏格拉底在《申辩》中对人的知识的否定。

正是出于这样的哲学观念，康德也完全颠覆了以前的神学观念。在《单纯理性限度内的宗教》中，康德否定了原罪和一切外在的宗教观念，认为宗教完全是有缺陷的人道德上必需的观念。他在否定了宗教的真理性之后，又通过人的道德需要迎回了这些宗教观念。表面上，他仍然承认宗教的必要和作用，但他已经根本摧毁了旧的宗教基础。正是因此，普鲁士皇帝才会禁止康德进一步讨论宗教问题。在这个意义上，康德又表现出与苏格拉底对待宗教的共同点。他们在外在形式上都没有改变宗教的存在，但实质上却改变了宗教的整个基础，因而被冠以不虔敬的罪名。

这种类比并不是随意的。康德虽然没有像伏尔泰或卢梭那样直接援引或诠释《申辩》，但我们可以把他看作文艺复兴以来现代思想重新解释苏格拉底的一个高峰。他把前人那充满了肤浅、琐碎、荒谬的现代意见和基督教文明的偏见的新解释整合起来，赋予了新的意义，不仅比他们更深地理解了苏格拉底的本意，而且更切身地把苏格拉底的"无知之知"与启蒙时代的精神相结合。康德以及整个德国古典哲学的努力，为建立现代古典学研究

---

① 康德，《纯粹理性批判》（第二版），李秋零译，北京：中国人民大学出版社，2004，页18。

的体系，奠定了思想基础。

黑格尔对苏格拉底和柏拉图同样有一个新的解释。在"耶稣传"和"民间宗教与基督教"这两篇早期文章中，他明确表示，苏格拉底是比耶稣更高明的人物。①

而黑格尔对苏格拉底的最大继承在于他的辩证法。在《哲学史讲演录》中的"苏格拉底"部分，黑格尔充分讨论了苏格拉底的反讽、助产术，以及无知之知："哲学应当从困惑开始，困惑是与哲学与生俱来的；人应当怀疑一切，人应当扬弃一切假定，以便把一切当作概念的产物重新接受。"② 而在黑格尔看来，苏格拉底的哲学方法并不是一般的怀疑主义，而是朝向"善"的原则的辩证法。他认为，苏格拉底的精灵并不是外在的神谕，而是一种内在的东西，"不过被表象为一种独特的精灵，一种异于人的意志的东西，——而不是被表象为人的智慧、意志"。在黑格尔看来，不仅苏格拉底从自然哲学到政治与道德哲学的转变，而且从神谕到这种精灵的转变，都使苏格拉底根本改变了世界历史："苏格拉底的原则造成了整个世界史的改变，这个转变的转折点便是：个人精神的证明代替了神谕，主体自己来从事决定。"他认为，这种转变就是苏格拉底的生活方式和使命。③

黑格尔对苏格拉底自身的评价就充分表现了他的辩证法。虽然他极为推崇苏格拉底哲学的历史地位，但是他并没有因此认为雅典人对他的审判是不义的。相反，他认为雅典人对苏格拉底的控诉和审判都是正当与合法的，因为苏格拉底确实威胁到了城邦，

---

① 　James W. Hulse, *The Reputations of Socrates: The Afterlife of a Gadfly*, New York: Peter Long Publishing Inc. , 1995, p. 166.

② 　黑格尔，《哲学史讲演录》第二卷，贺麟、王太庆译，北京：商务印书馆，1983，页 61 – 62。

③ 　黑格尔，《哲学史讲演录》第二卷，页 89。

城邦就有义务处罚他。所以，苏格拉底和雅典人都是对的。雅典对苏格拉底的审判体现了雅典精神的逐渐解体，而雅典的解体将使它的灰烬中升起一个更高的精神，"因为世界精神已经上升到一个更高的意识了"。①

黑格尔除了充分吸收苏格拉底和柏拉图的辩证法之外，还把他们的哲学放在世界历史中看待。他从另外一个角度充分吸收了前人对苏格拉底的诠释，给出了一个哲学史式的解释。他的工作，对后来从哲学史的角度研究苏格拉底与柏拉图有极大影响。

康德与黑格尔的工作为现代柏拉图研究新传统的建立提供了必要的理论准备。而洪堡等人对德国研究性大学的建设，也为这一新传统提供了基本的制度依托。就在黑格尔的同时，德国的另外一个哲学家施莱尔马赫已经开始奠定这一新传统的研究基础。

六　现代《申辩》研究中的三个问题

在十九世纪的德国，随着浪漫主义传统和德国古典哲学对哲学史的强调，以及洪堡建立现代研究性大学的努力，柏拉图研究逐渐形成了系统的现代模式。而其中的开创性人物当然要数施莱尔马赫。施莱尔马赫翻译的柏拉图著作从 1804 年开始出版，到 1828 年完成。每篇对话前面都有一篇研究性导言。从施莱尔马赫之后，古典学与哲学史研究相互依托，逐渐建立起现代的柏拉图研究传统。对柏拉图全集的编辑、翻译与注疏也在欧美各国逐渐展开。这个研究传统将古典学和哲学史的方法相结合，强调客观、系统地理解苏格拉底和柏拉图在整个希腊文明中的位置，使柏拉图笔下的苏格拉底成为

---

①　黑格尔，《哲学史讲演录》第二卷，页 107。

严肃的学术研究对象，而不再是可以随意塑造的文化人物。以后对苏格拉底与柏拉图的理解都必须建立在这样逐渐累积的研究成果之上。哪怕对苏格拉底的哲学解释，也不再可能过于随意。像把苏格拉底基督教化这样的倾向，就逐渐消失了。

随着这样的研究传统的建立，除了我们在本"引言"第三部分所谈到的几个主题被不断重新解释之外，有几个针对苏格拉底的历史问题逐渐成为学者讨论的新焦点。一方面，这些问题涉及对苏格拉底和柏拉图的历史理解；另一方面，由于没有足够的文献材料充分证明其中的哪个说法正确，所以围绕这些问题的争论似乎永远不得休止。这样，很多对苏格拉底的哲学理解，就会从这些具体历史问题出发。这样的问题很多，我们无法一一列举，这里仅简单梳理其中三个比较重要且与《申辩》密切相关的：一、柏拉图对话的分期；二、苏格拉底与柏拉图思想的关系；三、雅典审判和处死苏格拉底的历史原因。

（一）分期问题

我们首先来看对第一个问题的回答。施莱尔马赫对柏拉图的研究就建立在对柏拉图对话的分期之上。他认为，柏拉图的对话相互关联，是个统一的整体，而不同的对话之间有一个发展过程，但他并不认为这种发展是由外在事件导致的，即，并不是苏格拉底之死或柏拉图的游历导致了他的思想变化。在他看来，对话之间的关联完全是一种思想的内在关联，后面的对话是前面的对话的发展结果。按照他的这种划分，柏拉图对话共有早、中、晚三期。第一个阶段是初级的准备阶段，代表了不成熟的柏拉图思想；第二个阶段是探讨阶段，体现了柏拉图思想的发展过程；第三个阶段是建设性的阶段，表达了成熟的柏拉图思想。而《申辩》和《克力同》都被放在了第一个阶段的附录里，甚至无法进入这三个阶段的总体计划。他说，《申辩》完全是偶然之作，在柏拉图的哲学体系中根本没有位置。甚至有可能，这根本不是柏拉图的著作。①

在施莱尔马赫之后，多数学者不会认为《申辩》不是柏拉图的作品，但他们仍然为柏拉图的著作划分出三个时期。比如，索切尔②、赫尔曼③和尤柏伟阁④认为，柏拉图的思想有明确的发展阶段，柏拉图早、中、晚三个时期的对话呈现出明显的不同。他们大多结合外在事件、思想发展、语言风格来划分时期，而不是像施莱尔马赫那样，完全依据思想脉络。他们认为，柏拉图最早的对话是在苏格拉底生前就写出来的，因而反映了真实的苏格拉底；而苏格拉底之死，则成为柏拉图思想发展中的一个重大事件。这之后的对话是他的中期对话。作于苏格拉底死后不久的《申辩》，是中期对话中最早的一篇。

但也存在第三种倾向，以格罗特⑤为代表。他认为，柏拉图的对话就像莎士比亚的戏剧一样，并不是一个连续的整体。每个对话自成一体，其间并没有紧密的关联。除了书信之外，我们见

---

① Friedrich Schleiermacher, *Schleiermacher's Introduction to the Dialogues of Plato*, New York: Arno Press, 1973, p. 134. 施莱尔马赫的具体分期方式虽然没有得到很多人接受，但他从思想脉络出发的理念得到了二十世纪一些学者的继承。参考 Charles Kahn, *Plato and the Socratis Dialogue*, Cambridge: Cambridge University Press, 1996。

② Joseph Socher, *Über Platons Schriftens*, Munich: I. J. Lentner, 1820.

③ Karl Friedrich Hermann, *Geschichte und System der Platonischen Philosophie*, Heidelberg: C. F. Winter, 1839.

④ Friedrich Ueberweg, *Untersuchungen über Plato*, Stuttgart: W. Kohlhammer, 1888.

⑤ George Grote, *Plato, and the other companions of Sokrates*, London: J. Murray, 1865.

不到柏拉图个人的观点，对话中呈现的都是不同人物的观点。不过，他对柏拉图对话还是有一个大体的划分。他认为，写于苏格拉底死后不久的《申辩》是柏拉图最早的对话，而《蒂迈欧》《克里提阿斯》《法义》是最晚的对话，其他对话的时期都无法确定。但格罗特还是承认，有一些观念在不同的对话中反复出现，可以代表柏拉图一些一贯的主张。①

不论十九世纪德国的哪个学派，都热衷于将柏拉图的对话划分为早、中、晚三期。人们的划分大体依照这样几个标准：写作风格、哲学主题、与历史事件的关系。起初，不同的学者有自己的划分方法。但到十九世纪末二十世纪初的时候，英国的坎贝尔②、德国的里特③、迪滕贝格④等学者经过细致的研究结束了这场争论。他们的划分虽然还是会遭到一些质疑，但大体上成为以后公认的分期方式。⑤ 虽然今天仍然有人在重新划分柏拉图对话

---

① 后现代的研究者的一些说法，可以追溯到 Grote，如 Michael Stokes，*Plato's Socratic Conversations*，London：Baltimore，Md. ：Johns Hopkins University Press，1986。

② Lewis Campbell，*The Sophistes and Politicus of Plato*，Oxford：Clarendon Press，1867；"Review of Ritter 1888，" Classical Review，1889，p. 3；"On the Place of the *Parmenides* in the Chronological Order of the Platonic Dialogues，" *Classical Review*，1896，p. 10.

③ Constantin Ritter，*Untersuchungen über Platon*，Stuttgart：W. Kohlhammer，1888；*Neue Untersuchungen über Platon*，Munich：Beck，1975.

④ Wilhelm Dittenberger，"Sprachliche Kriterien für die Chronologie der platonischen Dialogue，" *Hermes*，1881，p. 16.

⑤ 关于当代学者对历史分期的研究，参考 Leonard Brandwood，*The Chronology of Plato's Dialogues*，Cambridge：Cambridge University Press，1990；Charles Kahn，"On Platonic Chronology，" *New Perspectives on Plato*，*Modern and Ancient*，edited by Julia Annas and Christopher Rowe，Washington，D. C：Center for Hellenic Studies，Trustees for Harvard University，2002。

的分期，但他们大多不会偏离这个模式太远。在这样的分期中，《申辩》一般被当成柏拉图早期对话中的一篇。①

（二）苏格拉底与柏拉图

我们再来看第二个问题，即柏拉图与苏格拉底思想之间的关系问题。在十九世纪，这个问题与上面的分期问题是紧密相关的；同时，它也涉及柏拉图和色诺芬的记述究竟哪一个更真实这个老问题。

施莱尔马赫认为《申辩》与柏拉图思想不符，甚至猜测它可能不是出自柏拉图之手。那么，它出自谁的手笔呢？施莱尔马赫的结论是，《申辩》只能是苏格拉底自己的申辩辞，只不过由柏拉图记录下来而已。他由此认为，可以通过柏拉图的《申辩》了解苏格拉底的思想，而不是柏拉图本人的。但这并不意味着色诺芬的说法就是假的。施莱尔马赫弥合色诺芬与柏拉图对苏格拉底的不同描述，认为色诺芬强调苏格拉底的伦理方面，而柏拉图强调他的道德方面，这两个方面并不冲突。

施莱尔马赫之后，关于《申辩》中的思想究竟是谁的，也成为一个争论不休的问题。十九世纪的德国学者霍恩菲尔（Horneffer）是其中比较极端的一个代表。他认为，柏拉图的《申辩》就是对苏格拉底思想的忠实记录。② 二十世纪初，苏格兰两个伟大的柏拉图研究者伯内特（John Burnet）和泰勒（A. E. Taylor）持相对温和的态度，但也认为，《申辩》中所讲的，应该是苏格拉

---

① C. C. W. Taylor 指出，当时的德国的柏拉图研究界对待柏拉图对话的三种态度，在当代都有继承人。C. C. W. Taylor, "The Origins of Our Present Paradigms," *New Perspectives on Plato*, *Modern and Ancient*, edited by Julia Annas and Christopher Rowe, Washington, D. C: Center for Hellenic Studies, Trustees for Harvard University, 2002, p. 82.

② Ernst Horneffer, *Der junge Platon*, Giessen, A. Töpelmann, 1922.

底的想法。

伯内特用语文学方法为柏拉图的对话作出了自己的分期。他认为，早期对话和后期对话之间确有区别，但并非截然不同。柏拉图一直试图精确传达苏格拉底的思想，只是前期善于写戏剧，后期更擅长哲学表述。伯内特认为，"样式"说是苏格拉底的发明，而不是柏拉图的。①

而泰勒认为，苏格拉底思想的核心根本不是道德观念，他熟悉俄耳甫斯和毕达哥拉斯的神秘学说，从毕达哥拉斯那里得到了样式说。他认为《申辩》与后面的对话并不矛盾，是那些大对话的思想准备。②

但与此同时，也出现了另外一个声音。有很多学者主张，柏拉图的《申辩》是虚构的。比如，英国学者里德尔（Riddell）③和德国学者杉兹（Shanz）都持这样的看法。里德尔在英国编辑的注释本《申辩》和杉兹在德国编辑的注释本《申辩》是十九世纪末期最重要的两个希腊文本《申辩》。他们都认为，《申辩》不可能是苏格拉底真实的申辩辞。比如杉兹在他所编辑的《申辩》的前言中指出，不可能有哪个人会作出如此对自己不利的法庭申辩。他认为，色诺芬的《申辩》应该更接近本来面目。④ 英国学者海科福斯（Hackforth）在他著名的《柏拉图〈申辩〉的写作》中也

①　John Burnet, *Platonism*, Berkeley: The University of California Press, 1928, p. 12 以下。

②　A. E. Taylor, *Socrates: First Series*, Oxford: Parker, 1911；泰勒，《苏格拉底》，赵继铨、李真译，北京：商务印书馆，1999；泰勒，《柏拉图：生平及其著作》，谢随知等译，济南：山东人民出版社，1991。

③　James Riddell, *The Apology of Plato: with a revised text and English notes, and a digest of Platonic idioms*, Oxford: Clarendon Press, 1867.

④　Martin Shanz, *Sammlung ausgewählter Dialoge Platos mit deutschem Kommentar. Drittes Bändchen. Apologia*, Leipzig: Tauchnitz, 1893.

认为，色诺芬的《申辩》是对苏格拉底的申辩辞更真实的记录，而柏拉图的《申辩》是以虚构为主的。①

此外，也有一些学者持相对中立的态度。比如德国学者维拉莫维茨－默伦多夫（Wilamowitz－Möllendorf）就认为，柏拉图是在苏格拉底真实的申辩基础之上，加以润色，放进了自己的一些观念。②

对这个问题的争论仍然在继续着。出生于土耳其的美国著名学者沃拉斯托斯在他的名篇"苏格拉底"中列出了柏拉图对话中十个方面的思想，认为在其中每个方面，柏拉图前期对话中苏格拉底的观念都和中后期的不仅截然不同，而且完全相反。他由此得出结论，柏拉图前期对话中表达的是苏格拉底的思想，后期对话中表达的是自己的观念。这样，他也把《申辩》中的苏格拉底主要当作历史上的苏格拉底，与后期对话中的苏格拉底不同。③他在去世前出版的《苏格拉底：反讽家与道德哲学家》，更集中地体现了这一观念。④

沃拉斯托斯被很多人认为是二十世纪最重要的柏拉图学者，同时又是美国自由派哲学的重要人物。他弟子众多、影响巨大，因而其观点得到了普遍接受。把苏格拉底与柏拉图分开，将《申辩》当作苏格拉底思想，而不是柏拉图思想的表述，现在已经成为美国思想界的主流。比如近年影响很大的布里克豪斯（Brick-

---

① R. Hackforth, *The Composition of Plato's Apology*, Cambridge：Cambridge University Press, 1933.

② Ulrich Wilamowitz－Möllendorf, *Platon*, Berlin：Weidmannsche Buchhandlung, 1920.

③ Gregory Vlastos, "Socrates," in *Socrates* (1), edited by William Prior, London：Routledge, 1996.

④ Gregory Vlastos, *Socrates, Ironist and Moral Philosopher*, Ithaca：Cornell University Press, 1991.

house）和史密斯（Smith）的《被审判的苏格拉底》，在充分讨论了各派观点之后还是认为，我们首先应该把《申辩》当作苏格拉底说过的话。①

但这一说法并未成为定论。努桑－勒特里（Luis Noussan－Lettry）用德文出版的《申辩》与《克力同》的研究就认为，不必刻意区分苏格拉底和柏拉图，更重要的是从主题来研究。② 在美国学界，另一本重要的疏解，里夫（Reeve）的《申辩中的苏格拉底》，也不完全同意这个看法。虽然此书在很多其他问题上受沃拉斯托斯影响不小，但在这个方面，却认为不必过于追究苏格拉底与柏拉图的关系，而应直接从文本入手。③ 当代著名的柏拉图研究学者卡恩（Charles Kahn）也认为，柏拉图前期和中后期的对话并没有沃拉斯托斯说的那么大的断裂，其主题呈现出连贯性。④

近年来另一本疏解，斯特里克（Strycker）著、斯凌斯（Slings）在他死后编辑和完成的《柏拉图的〈苏格拉底的申辩〉》的"导言"中非常明确地讲，尽管苏格拉底有可能说了《申辩》中的一些话，甚至每一句话，但我们仍然没有理由认为，这不是柏拉图对话中的一部。而对于历史上的苏格拉底问题的过分关注，往往妨碍了我们考察文本中的主要内容。因此，他们不会把这个

---

① Thomas Birckhouse and Nicholas Smith, *Socrates on Trial*, Oxford：Clarendon Press, 1989.

② Luis Noussan－Lettry, *Spekulatives Denken in Platons Frühschriften：Apologie und Kriton*, Freiburg：K. Alber, 1974.

③ C. D. C. Reeve, *Socrates in the Apology：an essay on Plato's Apology of Socrates*, Indianapolis：Hackett, 1989.

④ Charles H. Kahn, *Plato and the Socratic Dialogue：The Philosophical Use of A Literary Form*. Cambridge University Press, 1996.

问题当作主要讨论的对象。①

近来越来越受到柏拉图研究界关注的施特劳斯学派的一个基本出发点是，不仅不要过分关注历史问题，而且不把对柏拉图的研究建立在历史分期的基础上，而是深入思想内部，看柏拉图著作的内在关联和思想深度。

（三）苏格拉底的罪状

除了这两个问题之外，围绕《申辩》还有第三个焦点问题，那就是，苏格拉底究竟为什么被控告和处死。这个问题和上面的两个问题一样，也是一个历史问题，而不只是文本内部的问题。很多试图理解苏格拉底的人即便认为可以回避掉上述两个问题，但他们很难不回答这第三个问题，因为它对于我们理解《申辩》中的实质含义，有着至关重要的作用。

这个问题之所以成为一个争论不休的历史问题，主要是因为两个模糊点：一、苏格拉底的守护精灵究竟与不虔敬的罪名有什么关系；二、苏格拉底与阿尔喀比亚德等人的关系究竟是不是导致他被告的真实原因。关于精灵与"不虔敬"之罪的关系，《游叙弗伦》和《申辩》中的苏格拉底都曾经模糊谈到，但并未认真肯定。而在色诺芬的《回忆苏格拉底》中，苏格拉底的守护精灵就更认真地被当成了苏格拉底被告的理由。至于苏格拉底与阿尔喀比亚德等人的关系，最有力的证据当然就是伯利克拉底的演说。从现代柏拉图研究传统建立以来，学者们用新的解读方式重新理解这个问题，对苏格拉底的审判的原因提出了种种新的解释。

---

① Emile de Strycker and Simon R. Slings, *Plato's Apology of Socrates: a literary and philosophical study with a running commentary*, Leiden: E. J. Brill, 1994.

比如里德尔就认为，是苏格拉底的守护精灵导致了他的被审判。但伯内特在自己的注释中针锋相对地指出，苏格拉底说到美勒托斯可能是因为他的守护精灵而告他时，是开玩笑的语气。在《申辩》中的几处，苏格拉底坦然地谈到他的精灵，而一点也不认为这恰恰证实了对他的指控。由此可见，守护精灵不应该是一个认真的罪名。伯内特的继承者泰勒同样不认为守护精灵是一个真正的罪名，但他认为"不虔敬"确实是一个认真的罪名，其所指是苏格拉底与外邦哲学家过从甚密，接受了他们关于灵魂不朽等问题的神秘学说。雅典人是因为这一点，认为苏格拉底破坏了雅典旧有的宗教秩序，从而处死了他。① 泰勒对后来的柏拉图研究影响很大，但他的这个观点并没有得到广泛的认同。

在民主政治已经成为意识形态的二十世纪，特别是自由民主成了一个政治神话的美国，人们更关心的并不是宗教异端问题，而是苏格拉底对民主制的态度，因而苏格拉底与雅典民主的关系得到了更热烈的讨论。这个问题显然不仅是一个古典学问题，而且与现实政治紧密相关。因此，对它的讨论就尤为激烈。

在苏格拉底与雅典政治的关系问题上，布里克豪斯和史密斯代表了一种极端态度。他们在"苏格拉底的邪恶朋友及他的审判和判刑的动机"一文中认为，伯利克拉底的演说完全是他的一己之见，与安虞托斯等人的观念无关。他们更主张从字面上理解苏格拉底的诉状。安虞托斯既然颁布了赦令，就不可能追究苏格拉底在三十僭主期间的行为，更何况苏格拉底在三十僭主期间同样

① 伯内特那里也有类似的说法，泰勒应该是进一步发展了他的想法。参见本书页100注①。

受到了克里提阿斯的迫害。① 这篇文章后来被分开，成为他们影响很大的《被审判的苏格拉底》的 2.4.1 – 5 和 4.1.1。

但多数学者还是认为苏格拉底对民主制的不友好和他与阿尔喀比亚德等人的交往是他被审判的原因。既然色诺芬、伊索克拉底等人如此认真看待伯利克拉底的演说，就很难认为那是空穴来风。所谓安虞托斯不会违背自己颁布的特赦令的说法，更是没有说服力的书生之见。因此，更多的讨论围绕的是如何理解苏格拉底对雅典民主政治的反对，以及雅典对他的惩罚。

沃拉斯托斯的文章"历史上的苏格拉底与雅典民主制"已成为研究这个问题的经典。他认为，苏格拉底并不是真的反对民主制度和赞成寡头制。从苏格拉底与凯瑞丰等民主派的交往和对待三十僭主的态度来看，他应该是更赞成民主制，反对寡头制的。他确实看到了雅典民主中的很多问题并有严厉的批评，但这并不意味着他从原则上反对民主制。②

虽然沃拉斯托斯在柏拉图研究界得到广泛尊重，他的这篇文章也引起了很大反响，但如此否定苏格拉底曾明确讲过的反对民主的观点，未免还是有些牵强。于是，E. M. 伍德和 N. 伍德很快作出回应，在"苏格拉底与民主制"一文中批评沃拉斯托斯的观点。他们首先不同意沃拉斯托斯把柏拉图笔下的苏格拉底当成历史上的苏格拉底，认为柏拉图笔下的苏格拉底（或柏拉图）批评民主制是确定无疑的，但这种批评是哲学对民主制的批评，并不

---

① Brickhouse & Smith, "Socrates' Evil Associates and the Motivation for his Trial and Condemnation," in *Socrates*（2）, edited by William Prior, London: Routledge, 1996.

② Gregory Vlastos, "The Historical Socrates and Athenian Democracy," in *Socratic Studies*, Cambridge: Cambridge University Press, 1994.

是从意识形态上对民主制的否定。这篇文章虽然与沃拉斯托斯的具体结论不同，但仍然意在调和《申辩》中的苏格拉底与民主制度之间的关系。①

除此之外，关于苏格拉底的一些通俗著作，如斯东（I. F. Stone）的《苏格拉底的审判》、格林（Ricky Green）的《苏格拉底的审判与死亡中的民主德性：古典雅典中对帝国主义的反抗》，以及克莱雅各（James Colaiaco）的《反对雅典的苏格拉底》，围绕的都是苏格拉底与民主制度之间的关系问题。这些著作在学术上并不成功，所以我们在此不作详细讨论，留待下一节再作介绍。

施特劳斯学派面对的，同样是苏格拉底为什么受审判的问题。但他们已经不再停留在调和苏格拉底与民主制的层面上，而是把这个问题追问到更深的哲学问题，讨论哲学与政治之间必然的冲突。其中，阿纳斯塔普罗（Anastaplo）把苏格拉底问题直接与现代美国政治勾连，而且把苏格拉底与梭罗的公民不服从的传统联系起来。但他更看重的，不是苏格拉底与民主制的关系，而是哲学中的德性基础与政治权威的关系。② 关于这个问题，我们下一节还会涉及。

中国学界理解苏格拉底的审判，同样不能回避上述三个问题。我们认为，柏拉图著作的分期并不是一个完全无意义的问题，而且基本上接受三个时期的说法。但这并不意味着苏格拉底与柏拉图应该截然分开。就柏拉图对话之间的关系而言，我们更强调哲学问题的内在关联，而不是对历史时期的考察。我

---

① E. M. Wood and N. Wood, "Socrates and Democracy," in *Socrates*, edited by Willian Prior, London: Routledge, 1996.

② George Anastaplo, *Human Being and Citizen: Essays on Virtue, Freedom and the Common Good*, Chicago: The Swallow Press, 1985.

们基本上把《申辩》当作柏拉图的思想，而不刻意区分苏格拉底与柏拉图。至于苏格拉底被审判的原因，我们承认苏格拉底对民主制的批评应该认真对待，但并不认为这是根本性的。更根本的问题，应该是哲学对美好生活的追问与政治对同一问题的解决方式之间的冲突。在此基础上，我们来看当代哲学对《申辩》的思想性解读。

七 《申辩》与现代哲学

除了上述这种学术性的研究之外，很多现代哲学家仍然重视对苏格拉底和柏拉图的哲学诠释。但在现代的柏拉图学术传统建立之后，这种诠释不再那么随意了。哲学家们大多是在古典学和思想史家的研究基础上，来理解苏格拉底的某个方面。我们在这一部分主要考察克尔凯郭尔、沃拉斯托斯、福柯、阿多、施特劳斯等哲学家对苏格拉底的诠释。

（一）克尔凯郭尔

在这些哲学家当中，对《申辩》最重视的，应该是克尔凯郭尔。克尔凯郭尔一生对苏格拉底都很有兴趣，特别是他的硕士论文《论反讽概念：以苏格拉底为主线》。这本论文的上篇集中在苏格拉底身上，分别考察了《会饮》《普罗塔戈拉》《斐多》《申辩》和《理想国》第一卷。他认为，《申辩》整体就建立在反讽的概念之上。苏格拉底的申辩并不是针对对他的指控的辩护，而是一系列针对控告者的反讽。苏格拉底的罪行根本不该处死，因此他的死刑就是一个反讽。而最大的反讽在于，由于苏格拉底并不怕死，死刑对他而言毫无意义。在克尔凯郭尔看来，苏格拉底的反讽是一个无限的绝对否定，通过苏格拉底的辩证法，成为一种无与伦比的解放活动。①

作为一个基督徒，克尔凯郭尔对苏格拉底的理解仍然有着强烈的基督教色彩。不过，他不会像前人那样，牵强地把苏格拉底也解释成一个基督教的圣徒，而是把自己与苏格拉底对比。② 按照明奇（Paul Muench）指出的，克尔凯郭尔曾在一些著作中把自己与《申辩》中的苏格拉底作了对比，包括：（1）当时自称基督徒的牧师和神学家被比作智者；（2）自称基督徒但并不按照基督徒的方式生活的大众，被比作雅典人；（3）克尔凯郭尔自己被比作苏格拉底，他知道自己还不足以做一个基督徒，并且告诉他周围的人，他们其实不是基督徒；（4）基督教的上帝被比作德尔斐的阿波罗，他出于爱，派遣克尔凯郭尔做牛虻，来警醒哥本哈根的基督徒们；（5）克尔凯郭尔的读者，被比作苏格拉底与之对话的一个个雅典公民；（6）作为作家和批评家的克尔凯郭尔被比作柏拉图，由他来决定如何安排苏格拉底的演说，以及如何来解释其中的含义。在此，克尔凯郭尔把他著名的"我不是基督徒"的宣称类比于苏格拉底的"无知之知"，说自己的使命是上千年的基督教历史中从未有过的。③

---

① 克尔凯郭尔，《论反讽概念》，汤辰曦译，北京：中国社会科学出版社；参考 Sarah Kofman, *Socrates：Fictions of a Philosopher*, London：The Athlone Press, 1998, pp. 175－178。

② Harold Sarf, "Reflections on Kierkegaard's Socrates," *Journal of the History of Ideas*, Vol. 44, No. 2, 1988.

③ Paul Muench, "Kierkegaard's Socratic Point of View," in *A Companion to Socrates*, edited by Sara Ahbel‑Rappe and Rachana Kamtekar, Malden, MA.：Blackwell Publishing Ltd. , 2006.

（二）沃拉斯托斯与美国自由派

沃拉斯托斯不仅是一个哲学史家，而且有着明确的政治关怀。他一方面将分析哲学的方法运用到对苏格拉底与柏拉图的研究中，另一方面也把对现实政治的关怀融入对古典哲学的思考中。他说，马克思对"哲学家只是用不同的方式解释世界"的批判可以用在亚里士多德、休谟、康德这些大哲学家上，却不能用在苏格拉底身上，因为苏格拉底在根本上挑战了他那个社会关于正义的观念（179—180）。沃拉斯托斯指出，在各个社会中，人们都把以牙还牙、以眼还眼当作正义，而《申辩》和《克力同》中的苏格拉底却在根本上挑战了这个观念。苏格拉底完全拒绝了人们使用不义的权利，而彻底诉诸道德生活。苏格拉底这样做的目的，是过上美好的生活。在古希腊的所有诗歌和哲学当中，我们找不到比苏格拉底和柏拉图更幸福的生活。①

沃拉斯托斯哲学工作的一个目的，就是通过苏格拉底和柏拉图的哲学来理解现代的自由民主观念。我们在前面一节看到，沃拉斯托斯极力证明，苏格拉底并不是反对民主制的，甚至在一定程度上还是支持民主制的。沃拉斯托斯笔下的苏格拉底，已经成了一个自由民主的道德哲学家，认为德性是最高的，即使坚持德性的代价是死，也不能放弃德性。沃拉斯托斯把这称为"德性主权"（Sovereignty of Virtue）。②

也正是基于他的自由主义立场，沃拉斯托斯对苏格拉底仍然是有批评的。他无法忽视苏格拉底不时呈现出的与现代自由平等

---

① Gregory Vlastos, *Socrates*, *Ironist and Moral Philosopher*, Ithaca：Cornell University Press，1991.

② 同上，209 – 214。

观念相冲突的说法，比如对女性、外邦人、奴隶的歧视。苏格拉底只把他的德性和正义观念用在与他同等的人身上，却并不抗议这些歧视。

对于维护现代自由民主制度而又推崇苏格拉底的德性生活的现代人，特别是美国知识分子而言，如何理解民主的雅典与苏格拉底之间的矛盾确实成为一道难题。很多自由派知识分子试图理解这个矛盾，沃拉斯托斯只是他们当中的代表。除了沃拉斯托斯的学术论文之外，近年来还出现了一些相对通俗的关于苏格拉底之死的书，主要集中在这个问题上。比如，斯东于1988年出版的饱受赞誉的《苏格拉底的审判》就起于这样一种困惑，而作者最后得出的结论是，苏格拉底确实威胁到了雅典，雅典对他的审判是正当的。① 再比如格林（Ricky Green）出版于2001年的《苏格拉底的审判与死亡中的民主德性：古典雅典中对帝国主义的反抗》则采取了完全不同的立场。作者认为，审判苏格拉底的雅典并不代表民主。他不认为苏格拉底受审是因为他与阿尔喀比亚德、克里提阿斯等人的关系。相反，他认为当时的雅典政治在发生变化，有很强的帝国倾向，苏格拉底是代表了民主的德性，来反抗这种倾向。② 与这两种倾向不同，克莱雅各（James Colaiaco）出版于2001年的《反对雅典的苏格拉底》虽然在学术上并不是一本很成功的著作，但作者表现出一个更复杂的立场。他继承了黑格尔的命题，认为苏格拉底和雅典之间是两种正义之间的冲突，是德

---

① 斯东，《苏格拉底的审判》，董乐山译，北京：生活·读书·新知三联书店，1998。

② Ricky Green, *Democratic virtue in the trial and death of Socrates: resistance to imperialism in classical Athens*, New York: Peter Lang, 2001.

性与民主制度之间的冲突。① 这几本著作，以及众多关于苏格拉底与雅典的关系的讨论，是在自由民主的意识形态下展开的。虽然这些作者表面上立足于对《申辩》与《克力同》的客观学术研究，但他们对待苏格拉底的态度与中世纪后期那些基督徒颇有相似之处。由于过于急切地用自由民主这把尺子来衡量，他们笔下的苏格拉底和当初那些基督教化的苏格拉底没什么两样，都是简单的、牵强的、肤浅的。当然，他们这种并不成功的努力本身倒是可以反映一个更深刻的问题：在现代政治与苏格拉底的古典德性之间，确实存在着极大的张力。但要理解这个张力，是不应该靠取消它来实现的。

（三）福柯与阿多

在当代哲学家中，也有很多人采取了与此完全相反的路径，用苏格拉底来批判和诊断现代社会。其中，对《申辩》及相关对话有着浓厚兴趣的当推福柯。不过，福柯对《申辩》以及整个古典哲学的研究出现在他的晚期。因此，他没能完成对此的系统研究，而只是在一些演讲、课堂笔记和访谈中表达了部分相关思想。

福柯对比《申辩》与《阿尔喀比亚德》前篇，认为苏格拉底有一套"自我照看"的技术，是神赋予的、不要任何报酬的、对城邦有益的。在此，"自我"的核心是灵魂，与政治、教育、知识都有密切的关系。而这样一套自我照看的技术后来经过希腊化时代和基督教时代的两次转换，最后变成了现代社会当中对自我

---

① James Colaiaco, *Socrates against Athens: philosophy on trial*, New York: Routledge, 2001.

的理解。① 虽然福柯对他的用意并没有特别清楚的表述，但我们还是大体可以看到，他追溯自我技术的谱系学，是要对照古典的自我技术与现代人的自我技术，形成对现代自我观念的一种批判。

福柯虽然没有完成对苏格拉底的自我技术的研究，但法国的另外一个哲学家阿多对古代哲学的研究与他有很多相近的地方。阿多的基本观点是，在古代哲学中，哲学作为精神操练（spiritual exercise），是一种生活方式。苏格拉底和柏拉图之后的各个哲学学派都这样理解哲学，而他们所针对的，也都是这样一个目的。但是从基督教以后，哲学与精神（灵修，spirituality）分开了，于是哲学不再被当作生活方式。现代的哲学观念都是建立在这样一个基础之上的。②

阿多并没有严格区分苏格拉底与柏拉图。他认为历史上的苏格拉底究竟说了什么是不得而知的，但柏拉图笔下的苏格拉底是一贯的。因而《申辩》中苏格拉底对知识与无知的说法与《会饮》中对"哲学"的定义也是一致的。他强调，对哲学的定义就是从柏拉图笔下的苏格拉底开始的，在这之前的智者的学问还不是严格意义的哲学。他从德尔斐的阿波罗那里得到了"苏格拉底是最智慧的"这个神谕，然后起而与各种自诩为有知识的人交谈，发现只有自己知道自己是毫无知识的。于是，他把这种不断的交谈和反思当成了一种神圣的使命。

阿多说，苏格拉底对知识的重新理解是革命性的。这种革命意义并不在于其对自诩的知识的质疑，而在于对自身以及指导生

---

① Michel Foucault, "Technologies of the Self," in *Ethics*（1）, edited by Paul Rabinow, New York: New Press, 1997.

② Pierre Hadot, *Philosophy as a Way of Life*, Oxford: Blackwell Publishers, 1995.

活的价值的省察；真正的问题不在于知道这个还是那个，而在于以这种方式还是以那种方式存在。苏格拉底的哲学活动不仅不在于他的提问和对话，甚至也不在于他的反讽，而是在于他的存在方式、生活方式，乃至他的存在本身。① 柏拉图之后的古代哲学，虽然未必会继承苏格拉底的对话方式和反讽，未必继承苏格拉底和柏拉图的很多具体说法，但他们对哲学的基本理解是一致的，都把哲学当成一种生活方式。

（四）施特劳斯学派

最后，我们还要谈一下施特劳斯及其弟子们对《申辩》的研究。单从时间上看，施特劳斯的研究比阿多要早很多，甚至也并不比沃拉斯托斯晚，但是，施特劳斯的哲学形成一股影响很大的思潮，却比沃拉斯托斯、福柯、阿多都晚一些。因此，我们把他放在最后来讨论。

在对苏格拉底的现代研究中，施特劳斯不仅重视色诺芬，而且在阿里斯托芬的研究上都花了很大力气，反而是对柏拉图，他写的东西并不多，而且主要集中于晚年。但这并不意味着他更喜欢阿里斯托芬所写的苏格拉底，更不证明，他接受了那种把柏拉图与苏格拉底完全分开的说法。施特劳斯对这个问题的基本态度和斯特里克、阿多比较类似。他更关心的是苏格拉底作为一个哲学问题，而不是苏格拉底作为一个历史人物；他与施莱尔马赫以来的柏拉图研究有着重大区别，② 主要从问题，而

① Pierre Hadot, *Whats if Ancient Philosophy*, Cambridge, MA.：Harvard University Press, 2002, pp. 18 – 29.

② Seth Bernadete, "Strauss on Plato," in *The Argument of the Action*, Chicago：The University of Chicago Press, 2000.

不是年代分期出发。在他看来，阿里斯托芬、色诺芬、柏拉图
是从不同角度来思考苏格拉底所体现的哲学问题，因此都值得
重视。而柏拉图对这个问题理解得最深刻，因而也是最不易理
解的，所以他把自己一生钟爱的柏拉图留到老年来研究。更重
要的是，施特劳斯对苏格拉底的兴趣，更多是来自他对整个西
方文明的整体判断。因此，他把很多与柏拉图看上去无关的文
章与研究柏拉图的几篇文章收在一起，题为《柏拉图政治哲
学》，是颇有深意的。而对《申辩》与《克力同》的解读，就
收在了这本文集中。

　　施特劳斯谈到，《苏格拉底的申辩》是柏拉图笔下唯一一篇
"苏格拉底"出现在题目中的对话，而柏拉图所有的对话的主角
都是苏格拉底，不论他是否出场了；所有柏拉图对话，都是苏格
拉底的申辩。《申辩》是理解柏拉图的苏格拉底问题的门径，因
为它描述了苏格拉底的一生、他的生活方式，以及他与雅典城之
间的关系。虽然《申辩》表面上更像一篇独白而不是对话，它
其实是苏格拉底与雅典城之间的对话，也就是哲学与政治的
对话。①

　　施特劳斯把对苏格拉底的审判和他的申辩放在哲学与政治的
冲突这个更大的主题之下来思考。他甚至认为，雅典人固守他们
的成见未必就是坏事。苏格拉底之所以被审判，并不是因为雅典
人误解了他或美勒托斯诬告他，而是出于哲学与政治之间更深的
矛盾。施特劳斯认为，阿里斯托芬笔下那个城邦无法容忍的苏格
拉底，是值得仔细看待的。而色诺芬与柏拉图关于苏格拉底的写

---

　　① Leo Strauss, "On Plato's *The Apology of Socrates* and *Crito*," in *Studies in Platonic Political Philosophy*, Chicago：The University of Chicago Press, 1986, p. 38.

作，正是为了回应阿里斯托芬，为哲学辩护，从而使城邦变得对哲学家更安全。① 因而，一方面，《申辩》中的苏格拉底与城邦之间有着不可调和的冲突；另一方面，柏拉图笔下的苏格拉底比阿里斯托芬笔下的要聪明得多，他懂得如何让城邦接受这个本来与城邦必然冲突的哲学。而这样一种努力，对于现代人至关重要，因为现代人是在"洞穴之下的洞穴"。施特劳斯要先告诉人们洞穴是什么，然后才谈得上如何走出洞穴。②

施特劳斯主张细读文本，从戏剧场景中发现隐秘的教诲。这不仅反映了他的哲学主张，而且意味着一种新的治学态度。因而，施特劳斯学派对古典文本的翻译和细读有着特别的重视。他们反对意译，主张翻译尽可能忠实于原文；解读则重视字里行间的含义。施特劳斯学派对柏拉图的研究虽然还没有进入西方柏拉图研究的主流，其影响尚无法和沃拉斯托斯的学派相比，但近些年对他们的引用和讨论越来越多，已经成为研究苏格拉底和柏拉图不能忽视的一股思潮。而他们的翻译因为极为严格，也越来越得到广泛的使用。其中，施特劳斯的弟子韦斯特（Thomas G. West）翻译了《申辩》，于 1979 年出版。③ 后来，这个译本收入韦斯特夫妇的《关于苏格拉底的四个文本》，包括《游叙弗伦》《申辩》《克力同》，以及阿里斯托芬的《云》。④ 这个本子是相当可靠的一

---

① Thomas Pangle, "Introduction," in Leo Stauss, *Studies in Platonic Political Philosophy*, Chicago: The University of Chicago, 1983.

② Seth Bernadete, "Strauss on Plato," in *The Argument of the Action*, Chicago: The University of Chicago Press, 2000.

③ Thomas West, *Plato's Apology of Socrates: An Interpretation*, Ithaca: Cornell University Press, 1979.

④ Thomas West and Grace West, *Four texts on Socrates*, Ithaca: Cornell University Press, 1984.

个英译本。

此外，阿纳斯塔普罗也是施特劳斯学派当中一个相当出色的人物。他本来是研究美国政治问题的专家，他对美国宪法的研究和详细疏解被公认为该领域内极为深刻的原创性研究。阿纳斯塔普罗对美国现实政治的研究同样基于他深厚的古典修养和哲学思考。他的文集《人与公民：论德性、自由和公益》的主题是对美国政治的研究，但其开篇却起于对雅典政治的思考。其中的"人与公民：柏拉图的《苏格拉底的申辩》初探"与结尾的"公民与人：梭罗、苏格拉底，与公民不服从"相互呼应，成为思考美国政治的哲学基础。在这篇文章里，阿纳斯塔普罗细致考察了《申辩》中不同的称谓及其含义，把着眼点仍然放在哲学与政治之间的矛盾上，而哲学的核心问题是"人"，雅典城邦的核心问题是公民。他在文章末尾指出，苏格拉底最后没有向雅典人说话，仿佛把问题提给了全人类，需要所有思考美好生活的公民认真对待。①

施特劳斯学派的柏拉图研究无疑给了当代柏拉图研究一个新的出发点。我们并不赞同他们对现实政治问题的判断，甚至也未必同意他们对柏拉图的一些具体解释。对中国学界来说，他们给我们的最大启发有两个，一个是通过细读经典思考哲学问题，即"为往圣继绝学"的思考取向，一个是深入探讨哲学与政治之间的关系，即"为万世开太平"的研究进路。《申辩》中苏格拉底的命运当然体现了哲学与政治之间错综复杂的矛盾；而苏格拉底之死极深地反映了这种矛盾的不可调和。但这并不意味着，施特劳斯给出的是化解这一矛盾的唯一方式。从苏格拉底入手，归根

---

① George Anastaplo, "Human Being and Citizen: A Beginning to the Study of the *Apology of Socrates*," in *Human Being and Citizen: Essays on Virtue, Freedom and the Common Good*, Chicago: The Swallow Press, 1985.

到底还是为了理解政治作为美好生活的方式的可能，寻找"风雨如晦，鸡鸣不已"新的立足点。

八 西方当代《申辩》研究的版本情况

我们前面已经提到了当代西方学界关于《申辩》的一些研究，现在集中梳理一下版本情况。对于《申辩》这样一篇极为重要而又简洁优美的对话，西方各种语言的学界中的翻译、注疏、研究，甚至通俗的介绍和演绎都非常多。我们在此不可能穷尽所有相关的版本，只能在笔者所知的范围内，简单介绍比较重要，以及我们引用比较多的本子。

十九世纪出现过很多种带注疏的希腊文《申辩》。其中比较重要的有 1867 年在英国出版的里德尔的注疏本 *The Apology of Plato*。杉兹于 1893 年在德国编辑出版的版本《柏拉图全集》注疏本的第三卷（*Sammlung ausgewählter Dialoge Platos mit deutschem Kommentar.*）。这两个版本都有很详细的研究性导言，都有非常详细深入的注疏，对后来的《申辩》研究影响都很大。

苏格兰的著名学者伯内特在编辑和注解了《斐多》（1911）之后，又于 1924 年编辑注解了《游叙弗伦》《申辩》《克力同》。① 虽然现在柏拉图对话的希腊文大多出自伯内特之手，但这四个文本尤其幸运，不仅得到了伯内特的编辑，而且还经过了他的仔细校勘和注释。伯内特充分吸收了十九世纪的《申辩》研究，他的本子至今仍是使用最广泛的。笔者比较过伯内特和里德

---

① John Burnet, *Plato's* Euthryphro, Apology of Socrates, and Crito, Oxford: Clarendon Press, 1924.

尔的本子，发现伯内特的《申辩》注疏很多直接脱胎于里德尔的本子，有许多批评也是针对里德尔的。因没能见到杉兹的本子，我不知道伯内特在多大程度上吸收了杉兹的成果。但从他对杉兹的引用来看，也应当对他的注本相当熟悉。

另外，最早出版于 1914 年的娄卜丛书中的柏拉图第一卷包括《游叙弗伦》《申辩》《克力同》《斐多》《斐德鲁斯》五篇，其希腊文用的是杉兹的本子。娄卜丛书虽然名气很大，但它的柏拉图部分并不是最好的版本，学者一般不会主要依靠它来做研究。①

此后《申辩》的希腊文大多使用伯内特的版本。后来在这个基础上又出现了几个新的本子。1989 年，罗斯（Gilbert Rose）编辑注解的两卷本《申辩》是现在美国古典学专业学生的通用本，其语法和思想注释都相当详细。② 另外，赫姆（James Helm）修订了伯内特版本的希腊文，于 1999 年出版了一个新的希腊文本，带有非常详细的语法注释。③ 虽然这个本子的本意只是给古典学的学生用的，很多人认为，这个版本的希腊文已经可以取代伯内特的本子。

十九世纪，各种版本的英译和希英对照的《申辩》都非常多。其中一些，比如乔伊特（Benjamin Jowett）的译本，沿用到了二十世纪，但我们这里无法一一介绍，因而主要限于二十世纪以后的版本。

我们首先来看当代使用比较多的四个通俗本。乔伊特的柏拉

---

① Plato, *Euthyphro*, *Apology*, *Crito*, *Phaedo*, *Phaedrus*, introduction and translation by Harold Fowler, Cambridge Mass. : Harvard University Press, 2001 (1914).

② Gilbert Rose, *Plato's Apology*, Bryn Mawr: Thomas Library, Bryn Mawr College, 1989.

③ Plato, *Apology*, edited by James Helm, Wauconda, Il. : Bolchazy – Carducci Publishers, Inc. , 1999.

图译文优美流畅，曾经非常有名。但是它的最大问题在于做不到
"信"。这个译本只能作为通俗读物，学者已不大使用。① 相对而
言，娄卜丛书中弗勒（Fowler）的译文要准确很多，但也不是最
好的译文，注释尚欠精详。其希英对照的特点对于初学希腊文的
人很方便，但对于严肃的学术研究却很不够用。"企鹅丛书"中
的《苏格拉底的最后日子》由著名柏拉图专家特雷德尼克（Hugh
Tredennick）和塔兰特（Harold Tarrant）译出，虽然作为通俗读物
出版，译者也下了很大的功夫。这个版本的最大特点是文笔流畅
优美，但译者为了适应一般读者群，翻译用字也并未完全遵照原
文。② 在库珀（John Cooper）主编的《柏拉图全集》中，《苏格拉
底的审判和死亡》一卷由格鲁伯（G. M. A. Grube）翻译，包括
《游叙弗伦》《申辩》《克力同》《美诺》和《斐多》中的一部分，
有一些注释，经库珀校订，至今已经修订过三版，注释不断增加，
现在是公认的权威版本。③

二十世纪带注疏的英文译本也有很多。比如 1929 年英国出版
了布莱克尼（Edward Blakeney）编辑、翻译、注疏的希英对照的
《申辩》。④ 另外，我们前面已经提到，1979 年，施特劳斯的弟子
韦斯特出版了他的《申辩》译本与疏解。这个译本后来收入他与
夫人合译的《关于苏格拉底的四个文本》。1980 年，艾伦（Regi-

① 乔伊特的《柏拉图全集》出版过很多版本，也有很多单行本，笔者
所见较近一版全集本当为 1953 年的本子：Plato, *Dialogues*, translated by Ben-
jamin Jowett, Oxford: Clarendon Press, 1953。《申辩》在其中的第一卷。

② Plato, *The Last Days of Socrates*, New York : Penguin Books, 2003.

③ Plato, *The Trial And Death Of Socrates*, translated by G. M. A. Grube,
Indianapolis: Hackett Press, 2001.

④ Plato, *The Apology of Socrates*, the Greek text of Plato, edited, with intro-
ductory notes, commentary, and English translation, by Edward Henry Blakeney,
London: The Scholartis Press, 1929.

nald E. Allen）在明尼苏达大学出版社出版了《苏格拉底与法律义务》一书，其中包括他翻译的《申辩》和《克力同》，并在此书中把对两篇对话的翻译与他的研究结合在了一起。① 1984 年，艾伦又将这两篇对话的译文收入了他在耶鲁大学出版的《游叙弗伦、申辩、克力同、美诺、高尔吉亚、默涅克塞诺斯》，作为柏拉图对话的第一卷，其中包括一些疏解。② 1997 年，斯托克斯（Michael Stokes）编辑、翻译、注疏的希英对照本《申辩》出版。③

此外，英语学界还有很多单独的研究和义疏。比如我们前面提到的海科福斯于 1933 年出版的《〈申辩〉的写作》就是一本非常重要的研究。圭艾迪尼（Guaidini）于 1962 年出版的《苏格拉底之死：对柏拉图对话〈游叙弗伦〉〈申辩〉〈克力同〉〈斐多〉的解释》的疏解时有独到见解，是一本不错的研究。④ 沃拉斯托斯的很多文章，对苏格拉底与柏拉图的研究影响很大。施特劳斯及其弟子们的疏解，也越来越受到柏拉图研究界的重视。近二十多年来，出现了关于《申辩》的很多研究。除去前面谈到的斯东的《苏格拉底的审判》（1988）、格林的《苏格拉底的审判与死亡中的民主德性：古典雅典中对帝国主义的反抗》（2001）、克莱雅各的《反对雅典的苏格拉底》（2001）等半通俗性的研究外，还有三本很严肃的学术著作，受到了《申辩》研究者的一

---

① R. E. Allen, *Socrates and Legal Obligation*, Minneapolis: University of Minnesota Press, 1980.

② Plato, *Euthyphro*; *Apology*; *Crito*; *Meno*; *Gorgias*; *Menexenus*, translated with analysis by R. E. Allen, New Haven: Yale University Press, 1984.

③ Plato, *Apology of Socrates*, edited with an introduction, translation and commentary by Michael C. Stokes, Warminster : Aris and Phillips, 1997.

④ R. Guardini, *The Death of Socrates: An Interpretation of the Platonic Dialogues: Euthyphro, Apology, Crito, and Phaedo*, New York: Meridian Books, 1962.

致重视。

布里克豪斯和史密斯的《被审判的苏格拉底》① 和里夫的《〈申辩〉中的苏格拉底》② 都出版于 1989 年。两本书的作者都宣称他们要从更字面的意思来理解苏格拉底。《被审判的苏格拉底》的作者一方面从历史环境来考察苏格拉底的审判，一方面试图把苏格拉底的原话都当真。于是，他们得出的结论是，苏格拉底并不像人们想象得那么高大狂傲，他并不想挑战陪审团，而是真心要为自己申辩，但是失败了。两位作者多年合作研究柏拉图，后来又出版了很多关于苏格拉底的著作，比如 2002 年的《苏格拉底的审判与处决：资料与争论》和 2004 年的《鲁特利芝哲学指南：柏拉图与苏格拉底的审判》都是对《申辩》研究的继续和深化。③ 两本书都提供了更多的材料，但在观点上并没有很多变化。里夫的《〈申辩〉中的苏格拉底》则放弃了三次演说的结构模式，而把整篇演说重新分为三部分："假的苏格拉底""讯问美勒托斯""真的苏格拉底"。他认为，苏格拉底在最后一部分所呈现出来的面貌，才是法官们判罪的依据。里夫后来又编辑了《苏格拉底的审判》，包括《游叙弗伦》《申辩》《克力同》《斐多》、阿里斯托芬的《云》、色诺芬的《申辩》。其中的柏拉图对话，由里夫自己翻译。④ 这两个研究都产生自当代美国的苏格拉底研究传统，深

---

① Thomas Brickhouse and Nicolas Smith, *Socrates on Trial*, Oxford：Clarendon Press, 1989.

② C. D. C. Reeve, *Socrates in the* Apology, Indianapolis：Hackett, 1989.

③ Thomas Brickhouse and Nicolas Smith, *The Trial and Execution of Socrates：Sources and Controversies*, New York：Oxford University Press, 2002；*Routledge Philosophy Guidebook to Plato and the Trial of Socrates*, London：Routledge, 2004.

④ Plato, Aristophanes, Xenophon, *The Trials of Socrates：Six Classic Texts*, edited by C. D. C. Reeve, Indianpolis：Hackett, 2002.

受沃拉斯托斯的影响，其分析路径也有浓烈的分析哲学的味道，特别是里夫的研究。

第三本书，我认为是近年最重要的《申辩》研究，是荷兰学者斯特里克和斯凌斯于 1994 年出版的《柏拉图的〈苏格拉底的申辩〉：一个语文与哲学研究并逐句注释》。斯特里克很早就开始研究《申辩》，但后来发现伯内特的本子虽仍然无可取代，但还是有些缺陷，于是从 1948 年开始准备独立出一本关于《申辩》的研究，一方面为《申辩》写很详细的疏解，一方面作新的注释，以补充和纠正伯内特的本子。1978 年去世时，斯特里克的书完成了大半。后来此书几经周折，到了荷兰自由大学的斯凌斯的手里。斯凌斯发现自己的想法与斯特里克非常相似，于是慨然应允完成这本英文的《申辩》研究。他完成了斯特里克没有完成的部分，并对全书作了修订，吸收了近年来的《申辩》研究成果，最后于莱顿大学的博睿学术出版社（E. J. Brill）出版。斯凌斯教授虽为此书付出了巨大努力，但仍然谦卑地把自己的名字署为编辑者。两位教授的合作在《申辩》研究史上传下了一段佳话。虽然美国学者批评此书过于琐碎，且未能充分吸收近些年的研究成果，但从总体上，此书不仅极为细致严谨，而且时有新见。作者基本上按照两个线索来作疏解：语文体裁与哲学问题。在语文体裁上，作者广泛征引希腊的各种演说词，细致说明《申辩》与它们的异同。在哲学上，作者认为，苏格拉底对第一拨控告者更加认真，全书的核心是讯问美勒托斯之后对苏格拉底使命的讲述。而书末所附的注释，虽然意在补充伯内特，但其考证之精详、见解之独到，足以自成系统。这个本子堪称伯内特以来最好的《申辩》研究。

以上是英语学界的大体情况。在法语、德语、意大利语、西班牙语等学界，对《申辩》的翻译与研究同样都很活跃，我们无法穷尽。在此仅简单介绍德语学界的几个研究。

1920 年，柏林出版了沃尔福（Erwin Wolff）的《柏拉图的〈申辩〉》，被公认为杉兹之后极为优秀的德文研究。① 1962 年，斯图加特出版的梅耶（Thomas Meyer）的《柏拉图的〈申辩〉》也有非常详细的疏解。② 斯特里克教授曾认为，这是伯内特之后最重要的《申辩》解释。1971 年，韦伯（Franz Josef Weber）出版了新编辑的希腊文本《申辩》，带有详细的注释。③ 一个有些传奇色彩的学者是阿根廷的努桑 – 勒特里。他先是出版了西班牙文的《申辩》与《克力同》的注释本翻译，又于 1974 年用德文出版了对这两个对话的疏解，而且在德语研究界引起了不小的影响。④ 他的主要主张是，要从主题来研究柏拉图，而不是过分拘泥于历史问题。1994 年起，德文的《柏拉图注疏全集》开始编辑，其中海契（Ernst Heitsch）翻译并注疏的《申辩》于 2002 年出版。这个版本因为出版较近，充分吸收了前人的各个研究，包括上述的几个英文本和德文本。它集中了翻译、注释、疏解三部分，是一个非常好的版本。⑤ 另外，2004 年，罗斯科（Kurt Roeske）出版了一个新的译本，分章极细，每章都有详注，是一个比较扎实，也有思想深度的研究。⑥ 因笔者的德文并不好，而且对德语学界了解并不多，所以只能大体介绍这些版本和研究。

------

① Erwin Wolff, *Platos Apologie*, Berlin：Weidmann, 1929.

② Thomas Meyer, *Platons Apologie*, Stuttgatt：W. Kohlhammer, 1962.

③ Platon, *Platons Apologie des Sokrates*, Paderborn：Schöningh, 1971.

④ Luis Noussan – Lettry, *Spekulatives Denken in Platons Frühschriften：Apologie und Kriton*, Freiburg：K. Alber, 1974.

⑤ Platon, *Apologie des Sokrates*, Göttingen：Vandenhoeck & Ruprecht, 2002.

⑥ Kurt Roeske, *Nachgefragt bei Sokrates：ein Diskurs über Glück und Moral；Text und Interpretation der Apologie Platons*, Würzburg：Königshausen & Neumann, 2004.

九　中国学界对《申辩》的翻译与研究

（一）民国时期

在中国学界十九世纪末译介西学的开始，由于人们关心更多的是政治革命和思想启蒙，柏拉图并没有得到太多的关注。正如最早翻译《申辩》的景昌极先生所言："吾国自翻译西籍，达尔文、赫胥黎、穆勒、斯宾塞之名，已家喻户晓。译柏拉图书者，尚不多见。"景昌极不仅意识到柏拉图的文章"希腊散文作家莫之与京，兼有吾孟子、庄子之长"，而且把他当作"西洋精神文化之源泉"，主张"非熟读原书，心知其意，固未可断章取义、率尔比附也"，"读其全集，研究其思想之全部，此在今日学殖荒落、曲解西洋文化之中国，有志之士，所宜自勉者矣"。① 重视与近代自由民主思想相去颇远的柏拉图，从希腊的经典理解西方，在文化上，而不只是政治与经济制度上改造中国，在当时确为远见卓识。

于是，在吴宓的推动下，学衡派重要人物，兼通儒学、佛学、西学的景昌极开始了柏拉图对话的翻译。他最早译出了《苏格拉底自辩篇》（《申辩》），民国十一年（1922）发表于《学衡》杂志第三期。此后，景昌极还在《学衡》杂志上陆续发表了《克利陀篇》（《克力同》）和《斐都篇》（《斐多》），郭斌和又翻译了《筵话篇》（《会饮》）和《斐德罗篇》（《斐德若》）。1933 年，《学衡》杂志上发表的这五篇对话被结为《柏拉图五大对话集》，

---

① 《柏拉图五大对话集》，"导言"，郭斌和、景昌极译，南京：国立编译馆，民国二十三（1934）年，页 7－8。

由国立编译馆出版。景昌极的翻译主要根据乔伊特的英译本，参以其他译本。吴宓又曾经参照希腊文原文和各种英译本校勘过。从景昌极的"导言"看，他对当时德英学界的柏拉图研究应该比较熟悉。他的译文中有少量行间注，大多是解释人名、地名、掌故、制度等。

民国十五年，张东荪也着手柏拉图翻译的计划。原计划译出二十六种，他的友人张师竹根据乔伊特的英文本译出八种的初稿，然后由张东荪校阅。张东荪用了别的一些英译本，尤其是娄卜本，据说把张师竹的译本改了十之七八，最后将其中的《欧雪佛洛》（《游叙弗伦》）、《苏格拉地之辩诉》（《申辩》）、《克利托》（《克力同》）、《菲独》（《斐多》）、《普洛塔过拉》（《普罗塔戈拉》）、《曼诺》（《美诺》）六篇结为《柏拉图对话集六种》，于民国二十二年（1933）由商务印书馆出版。① 其中也有若干尾注，除掌故等之外，还有一些义理的解释。

民国时期，除了这两个译本外，中国的哲学界对《申辩》和苏格拉底的介绍与研究也基本上同步进行着。民国十五年，上海光明书局出版了张东荪序、何子恒著的《希腊哲学史》。按张序的说法，在当时是关于希腊哲学最好的著作。此书中的"苏格拉底斯"（苏格拉底）部分大大倚赖《申辩》的记述，详细介绍了苏格拉底的生平和哲学，认为他是智者流行时代一个"众醉独醒"的思想家。虽然书中有些细节的错误，但对苏格拉底的无知之知、申辩、死亡的描述是基本准确的。②

---

① 《柏拉图对话集六种》，"序"，张师竹初译，张东荪改译，上海：商务印书馆，民国二十二年（1933）。

② 何子恒，《希腊哲学史》，上海：光明书局，民国十五年（1926）。另外，民国二十九年（1940）开明书店出版的李仲融《希腊哲学史》中"苏格拉底"部分与何著大同小异。

朱公振先生于民国十九年出版的《希腊三哲》①，是对苏格拉底、柏拉图、亚里士多德的生平和学说的通俗介绍。其中的"苏格拉底"部分，材料很多来自《申辩》，如对三次战役的描写，对苏格拉底不服从僭主的概括，以及对苏格拉底的审判的叙述。作者应该是受了何子恒的一些影响，把苏格拉底描写成了一个出身贫寒、不耻恶衣恶食的志士。书中有些说法是错误的，理解也显得幼稚，但在当时的中国，应当是对苏格拉底的审判的较早介绍。

民国二十年，商务印书馆的"万有文库"出版了黄方刚著的《苏格拉底》。比起朱公振的书来，黄著更严谨。作者大量参考了伯内特、泰勒的研究，并对希腊文化与社会的相关研究多有涉猎。针对苏格拉底的审判一事，黄方刚非常详细地重述了柏拉图《申辩》的内容，然后指出，苏格拉底被控诉的真实原因，是他对雅典民主制的反对，以及与阿尔喀比亚德（黄译"阿尔悉拜地"）和克里提阿斯（黄译"克利提厄斯"）的关系。对于苏格拉底之死，黄方刚应该有过更深的思考，而不像朱公振那样，简单地把苏格拉底当成受屈冤死："他所殉的是自己的节，亦可以说是神所给他的使命的节——但是我们不能把杀人的罪加在告他的人身上，亦不能把这罪名加在雅典民众身上，因为他们亦自有他们的不得已的苦衷在，在他们眼里苏格拉底确是目中之钉，确是有碍于他们自己的发展的。我所认为不幸的就是为什么他们两方面要起这种冲突呢？难道这种冲突是万不能免的吗？"② 显然，黄方刚至此已经问到了最关键的问题。而他得出的结论是，雅典人文化太低，

---

① 朱公振，《希腊三哲》，上海：世界书局，民国十九年（1930）。

② 黄方刚，《苏格拉底》，上海：商务印书馆，民国二十年（1931），页82–83。

不能认识苏格拉底的伟大价值。现在看来，这个回答虽然略显幼稚，但还是触及了哲学与政治这一核心冲突。

民国期间学者对苏格拉底的审判的理解已经大体形成了一个传统。学者们普遍把《申辩》当作研究苏格拉底的可信史料，把苏格拉底理解成一个道德高尚的志士。而在对柏拉图的专门研究中，很少利用《申辩》的资料。

（二）八十年代以来

从八十年代以来，国内对柏拉图对话的翻译和研究恢复了起来。其中，《申辩》也出现了几个新译本。

严复的后人严群先生多年从事柏拉图研究，陆续翻译出了不少对话。1983 年，年高体弱的严先生在商务印书馆翻译出版了《游叙弗伦》《苏格拉底的申辩》《克力同》三篇对话。这个译本根据的是娄卜本的希腊文，并参照了几个英译本。严群的本子开始有了斯特方页码，译文有少量脚注，而且还翻译了乔伊特的提要，放在每篇对话前面。这个本子翻译比较准确，但是文白夹杂，读来有些拗口。

1988 年，上海三联书店出版了根据 1969 年企鹅丛书中的 *The Last Days of Socrates* 翻译的《苏格拉底最后的日子》一书，其中包括《欧梯佛罗》（《游叙弗伦》）、《申辩》、《克里托》（《克力同》）、《费多》（《斐多》），译者为余灵灵和罗林平。① 这个译本意在把几篇对话当成通俗读物来翻译，文笔流畅，但随意性较大，没有注意英译本的文字中一些重要的区别，加上了一些本来没有的修饰语。译本中有少量对掌故的注释。

---

① 柏拉图，《苏格拉底最后的日子》，余灵灵、罗林平译，上海：上海三联书店，1988。

1991 年，台湾的书林出版有限公司出版了吕健忠编译的《苏格拉底之死》一书，包括《苏格拉底答辩辞》（《申辩》）、《柯赖陀篇》（《克力同》）、《费多篇》（《斐多》）三篇对话。[①] 译者根据的主要是乔伊特的译本，参以艾伦的译本。这个译本的毛病同样是过于随意，译者添加了很多原文中没有的修饰语，大大违背了柏拉图朴素有力的文风。但这个译本有比较多的尾注，对一些掌故的解释非常详细，有些地方甚至抄录所引原文。作者也有不少义理上的解释，为这个本子的长处。

1998 年，水建馥先生翻译的《辩护辞》（《申辩》）由西安出版社出版，是从娄卜版的希腊文译出的。[②] 2000 年，这篇对话收入水先生的《古希腊散文选》，由人民文学出版社出版。[③] 书边没有斯特方页码，但对掌故有较详细的脚注。由于水建馥先生文学功底深厚，这个译本文笔非常流畅优美。但是有些地方似乎以雅妨信，使得中文表达并不准确。还有的地方加入了原文没有的修饰语，也有一些误译之处。

2002 年，王晓朝先生的《柏拉图全集》由人民出版社出版。[④] 书边附有斯特方页码，译文中有少量关于掌故的脚注。这是第一部中文的《柏拉图全集》，无疑是中国柏拉图研究史上的一个里程碑。其中第一卷第一篇就是《申辩篇》。译者依据的是娄卜丛书的希腊文和汉密尔顿编辑的英文本，而且也应该参考了很多其他的英译本，很多中文旧译中相沿已久的误译被改了过来。但白

---

① 　柏拉图，《苏格拉底之死》，吕健忠译，台北：书林出版有限公司，1991。笔者对台湾出版的《申辩》版本不甚了解，这是我唯一见到的本子。

② 　柏拉图，《辩护辞》，水建馥译，西安：西安出版社，1998。

③ 　水建馥编译，《古希腊散文选》，北京：人民文学出版社，2000。

④ 　柏拉图，《柏拉图全集》（第一卷），王晓朝译，北京：人民出版社，2002。

璧有瑕，从其中的《申辩篇》来看，译文对"信"的原则的遵守还是差强人意，一些地方用词并不精确。

2004 年，王太庆先生的《柏拉图对话集》由商务印书馆出版，①《苏格拉底的申辩篇》是其中的第二篇。王太庆先生酝酿了几十年，准备一举译完柏拉图全集。可惜出师未捷，突然辞世，这本书里只收录了部分对话和未完成的片断。译文中有部分脚注，书边有斯特方页码，王先生原计划为每篇对话写简介，但是没来得及实行。另外，因为王先生自己没有为书写导言，我们也看不出他是根据哪个本子翻译的。虽然王先生未竟其功，但在笔者看来，这是现有柏拉图对话的中译本中最好、最准确的。王太庆先生已经形成了一套相当成熟的翻译理论，几十年来浸淫在柏拉图的著作之中，因此译文相当精确，译笔极为简洁。我在《申辩》的翻译中曾仔细对照过王太庆先生的翻译与希腊原文，发现王先生在很多细节上都经过了一番斟酌。

国内对希腊哲学、苏格拉底、柏拉图的研究和介绍不可避免地会涉及《申辩》以及苏格拉底之死。因此，对当代的中国知识分子而言，《申辩》中描写的故事已经成为常识。但直接从这个角度入手的研究并不多。据笔者所见，分量比较重的研究有两个，叶秀山先生的《苏格拉底及其哲学思想》和姚介厚为《希腊哲学史》写的"苏格拉底"部分。

叶秀山先生的《苏格拉底及其哲学思想》出版于 1986 年。②作者熟悉西方学界关于苏格拉底和柏拉图的主要论述，对希腊的社会政治历史也下过大功夫，因而此书能够从雅典政治的变迁、

---

① 柏拉图，《柏拉图对话集》，王太庆译，北京：商务印书馆，2004。
② 叶秀山，《苏格拉底及其哲学思想》，北京：人民出版社，1997 [1986]。

希腊思想的发展、苏格拉底的政治立场和哲学转向等几个方面全面介绍苏格拉底。他基本上接受了伯内特和泰勒的说法，认为柏拉图对话中保留了苏格拉底的一些真实思想。此书对苏格拉底之死的评价很大程度上依靠黑格尔的说法，即认为苏格拉底之死并不是一个简单的错误，"而是反映了雅典公民已经无力自身解救自己"，因而，雅典公民与苏格拉底都有自身的悲剧性。① 叶先生的研究显然已经超出了一般的生平描述，也不只是对黑格尔观点的介绍，而具有中国学者独到的眼光，对于我们进一步理解苏格拉底与柏拉图的相关问题，奠定了必要的基础。

汪子嵩、范明生、陈村富、姚介厚合著的《希腊哲学史》无疑是中国希腊哲学研究，乃至整个西学研究中的一部经典巨著。出版于1993年的第二卷中姚介厚先生所写的"苏格拉底"部分参考了大量原始文献和西方各种研究资料，对不同的说法细加甄别，无论从广度、深度、篇幅上都足以成为一本独立的苏格拉底研究。作者基本上接受了西方学界的主流看法，把柏拉图的前期对话当作对苏格拉底思想的表述。其中对《申辩》有非常详尽的重述与分析，对于苏格拉底的审判也有非常详细的讨论。姚介厚先生和叶秀山先生一样，大大依赖于黑格尔的评价。他列举了从伯利克拉底和色诺芬以来关于苏格拉底罪状的种种说法，详细分析了当时雅典的社会政治局面，认为苏格拉底属于奴隶主阶级内部的有识之士，主张变革，以维护奴隶主阶级的长远利益，但是无法被雅典公民所理解。苏格拉底之死，既是他个人的悲剧，也是雅典城邦的悲剧。另外，他在谈到苏格拉底的哲学思想时，也使用了

----

① 叶秀山，《苏格拉底及其哲学思想》，北京：人民出版社，1997[1986]，页46。

包括《申辩》在内的柏拉图"前期对话"中的很多材料。①

　　八九十年代对苏格拉底的审判的研究大体继承了民国以来的传统，把《申辩》当成理解苏格拉底的生平和思想的史料，而与柏拉图的思想分开。在叶先生和姚先生的理解中，我们都可以看到很重的黑格尔的影响，这可以看作对黄方刚的理解的进一步深化，也可以理解为国内德国古典哲学研究传统较强的缘故。

　　进入二十一世纪以后，对苏格拉底的研究又呈现出一些新的变化。中国学界开始注意从政治哲学的角度理解柏拉图对话和苏格拉底问题。特别是施特劳斯关于苏格拉底的几篇演讲的翻译，②使中国学者可以在原有的哲学史框架之外来思考苏格拉底审判的意义。新近出现的一些探讨这一问题的文章表现出了这一倾向。③但这并不意味着我们可以跳过国内外前辈学者的研究积累，随意去解读柏拉图对话中的微言大义。我们的这个翻译注疏本，就试图在尽可能吸收前人研究成果的基础上，从哲学与政治关系的角度理解苏格拉底的审判这一事件。

---

　　① 汪子嵩、范明生、陈村富、姚介厚，《希腊哲学史》（第二卷），北京：人民出版社，1993，页 300 – 591。

　　② 刘小枫、陈少明编，《经典与解释·苏格拉底问题》，北京：华夏出版社，2005。

　　③ 如强世功，"民主制度下的自由实践：读《苏格拉底之死》"，http：//www. tszz. com/thinker/socrates/socrates000. doc. html；黄洋，"雅典凭什么判苏格拉底死刑"，《万象》，第三卷，第三期，2001，3；王海燕，"苏格拉底之死"，http：//www. tszz. com/thinker/socrates/socrates004. doc. html；胡平，"苏格拉底之死散论"，http：//www. tszz. com/thinker/socrates/socrates006. doc. html；陈国刚，"民主的审判：苏格拉底之死"，http：//www. tszz. com/thinker/socrates/socrates005. doc. html。

十　本书的翻译与义疏

本书的翻译首先以伯内特的希腊文为底本，同时参考娄卜本和赫姆本的希腊文，还有福尔曼（Manfred Fuhrmann）的希德对照本①，这个本子最大的好处是，其编号在正文中，而不是在页边，因而我们对编号的划分主要参考它。英文译本主要参考了娄卜本和韦斯特的版本。在现有的中文本中，主要参考了严群本、水建馥本、王太庆本、王晓朝本。同时，适当参考了海契的德文本。但由于译者的德文并不好，所以对这个本子的参考并不系统。

相关注释，首先参考伯内特本，同时用了很多斯特里克和斯凌斯的注释。很多地方的译法，也根据两个本子的注释作出裁度。斯特里克和斯凌斯的疏解对于我们的理解帮助极大，我也大量参考。布里克豪斯与史密斯的疏解和里夫的疏解是近年来影响很大的研究，我也倚靠较多。另外，在整个翻译完成之后，我又找到了十九世纪出版的里德尔本，并没有细读其中的希腊文，主要是参考了它的注，插进已有的注释中。

本书最后的义疏部分，虽然参考了上述诸本和另外一些研究性文章，但总体上讲，是一个相对独立的解读和思考，希望能从自己的角度，理解《申辩》中哲学与政治之间的关系。

以上是这个中文本《申辩》的导言，希望能够给读者一个较为总体的概念，而不至于过于简单地进入阅读。在现代的学术语境下，这样的翻译与义疏首先要求的，是扎实的学问功底和仔细

①　Platon, *Apologie des Sokrates*, Übersatzt von Manfred Fuhrmann, Stuttgart：Philipp Reclam jun., 1986.

认真的态度。我辈小子，古典学的修养自是极为薄弱，无法和从小学习古典语言的西方学者相比。因此，更详细地了解《申辩》的研究史，既是现代学问的基本要求，也聊可弥补我们的先天缺陷。

另外，这除了是一门古典学问，苏格拉底问题还具有更普世的思想意义，否则我们也没有必要介绍和研究它。《申辩》中的苏格拉底和《福音书》中的耶稣一样，早已化为了一种思想符号。虽然这个思想符号有着很独特的故事性，但索隐式的历史学努力是不足以穷究其中的文明意义的。我们翻译注疏的目的，并不是恢复历史上的苏格拉底，而是尝试理解这个思想符号中的哲学内涵。正如西方人自觉地用古典思想来理解现实处境，我们也可以借助西儒的经典思考，逐渐回归中国自身的问题。因此，除了当代的译注疏解之外，我们也不应忽视古今的义理追问。虽然有些说法现在看来显得幼稚荒唐、牵强附会，其间未必没有更深的文化意涵。当然，对这些内容，我们都只能借助于现有的研究，限于相当简单的介绍，若要更深理解其中的深意，恐怕还需要专门的细致辨析。

笔者每每翻看民国期间的翻译和研究，虽然感到其所用版本和所作注疏都有些陈旧，但思及前辈学者在国难深重、动荡革命之中，犹能翻译这些没有现实用处的老书，其眼光高远，令我辈无限崇敬。而在今天这歌舞升平的盛世，这些西人旧书的意义，应当不会有人怀疑了。然而，正如汉代经学繁盛屡出曲学阿世之辈，明季讲论相尚不乏素隐行怪之徒，唯恐今日学风再度陵迟芜乱，使前辈努力，反被滥用，只愿长记景昌极先生最初翻译柏拉图对话时的担忧，以为我辈学者诫：

　　默察国人心理，缺乏想像崇拜物质者，必不喜柏拉图。他日喜柏拉图者，又将为神思恍惚、放诞不羁之徒，是可忧也夫！①

---

　　①　《柏拉图五大对话集》，"导言"，郭斌和、景昌极译，上海：国立编译馆，民国二十三年（1934），页8。

缩写对照表

R 本 = 里德尔（Riddell）的注释本希腊文《申辩》

B 本 = 伯内特（Burnet）希英对照本《申辩》注解

L 本 = 娄卜（Loeb）版希英对照本《申辩》

S 本 = 斯特里克（Strycker）与斯凌斯（Slings）的《申辩》注疏

BS 本 = 布里克豪斯（Brickhouse）与史密斯（Smith）的《申辩》疏解

RE 本 = 里夫（Reeve）的《申辩》疏解

H 本 = 赫姆（Helm）的注释本希腊文《申辩》

HE 本 = 海契（Heitsch）的德文《申辩》翻译注疏

W 本 = 韦斯特（West）的英文《申辩》翻译注疏

严本 = 严群译本

水本 = 水建馥译本

王甲本 = 王太庆译本

王乙本 = 王晓朝译本

孙本 = 孙仁朋译本

为方便起见，凡是逐字逐句解释《申辩》原文的，我们称为"注"；凡是研究性的疏解，不论书籍还是文章，我们都称为"疏"。这与中国经传传统中的"疏"并不完全一致，请读者留意。

苏格拉底的申辩*

[一　真理与修辞]

[*17a*] 雅典的人们①，控告我的人②是怎么影响你们的，我不

---

* ［译按］从忒拉绪洛斯编订的《柏拉图全集》开始，本篇即题为《苏格拉底的申辩》，但这一篇是所有柏拉图对话中唯一没有副标题的。至晚从第欧根尼·拉尔修开始的第三名称，又把它称为"伦理的"。（参见王宏文、宋洁人，《柏拉图研究》，济南：山东人民出版社，1991，页113、122。）另，对话的分章，我们主要参考 B 本和 HE 本，但最后的分法和这两个版本都不同，比 B 本更复杂，但比 HE 本简略。小标题都是译者所加，用方括号标出。下同。

①　［B 本注］在这种场合，一般的称呼是"法官们"。虽然苏格拉底的称呼也并不是独一无二的，但在后文（40a2），苏格拉底指出，他是有意回避了"法官们"（直译是"正义者"）的说法。多兹（Dodds）在对《高尔吉亚》522c1 – 2 的注释中也详细讨论了这一问题（参见本书页152 注③［译按］本文中注释互引均为中译者所为。下同）。雅典的法官一般是200—2500人。苏格拉底的案子大概有 500 人。这个数字不一定是奇数。如果双方投票数目一样，则判被告胜。法官必须是三十岁以上的男性公民。

②　［BS 本疏］按照雅典法律，案件可以分成 γϱαφή 和 δίϰη 两类。二者之间并不等同于今天的民事与刑事案件之间的区分，但是略有相似处。在 γϱαφή 之中，任何人都可以告发被告；但在 δίϰη 之中，只有被害者自己或他的最近的男性亲属可以控告。苏格拉底这个案子就是一个 γϱαφή，在《游叙弗伦》2b7 – 9 中，苏格拉底说，他以前从来没见过美勒托斯；美勒托斯不是以被害者的身份告发苏格拉底的。在这样的案件中，原告既是控诉人，又是主要的证人。

知道。可我自己也有点茫然自失了,① 他们说的可真是充满说服力（πιθανῶς）。② 而他们说的话里，简直没有真话。③ 他们信口雌黄，有一句［a5］尤其让我惊讶，就是所谓的你们必须当心被我欺骗，［17b］因为我说话很聪明。他们真不害羞，不怕会被我用事实马上驳倒（ἐξελεγχθήσονται），即，我无论如何不像说话聪明的④——这在我看来是他们做的最可耻的事——除非是，他们把说真话叫做［b5］说话很聪明。而如果他们这么说，我会承认我是个演说者，但不是他们那种。而这些人，如我所说，他们说的话里，很少或根本没有真的，但你们听我说的都是真的。宙斯在上，雅典的人们，你们听我说的并不像他们精心设计的词句那样，不是刻意修饰⑤

———————————

　　①　［S本注］此处不应该像 B 本所理解的那样，是"忘了我自己是谁"的意思，因为那样，就好像苏格拉底也认为自己有罪了。

　　②　［S本疏］苏格拉底的控告者们所使用的论辩术，正是高尔吉亚及其弟子们的技艺。这里的副词 πιθανῶς 暗示了高尔吉亚派的关键词"说服"（πείθειν），可以参见《高尔吉亚》452d1 - 454b7。苏格拉底在《高尔吉亚》中指出，讲究修辞学的论辩术的主要特点是依靠意见，而不是知识（454e3 -9），其目的是说服人们相信，而不管所相信的是真是假。《默涅克塞诺斯》的开头（234c1 - 235c5）描述了这种论辩术的神奇作用，即，让人们相信并不真实的东西，让人忘了自己。《会饮》198c1 - e2 也谈到了高尔吉亚的这种技艺。另外，πάθος 也有"情绪""情感"的意思，而"说服"往往是靠鼓动情绪，不是运用理性。

　　③　［译按］对这句话的理解有些争议。此处的 ὡς ἔπος εἰπεῖν，L 本、严本、水本、王甲本、王乙本都理解为"一句话"，因而全句就是"一句真话也没说"。但 H 本将这个词组理解为"总之一句话"，W 本和 HE 本都是这样翻译的。经过一番斟酌，译者认为这种理解应该是对的，故将这个词组译为"简直"。

　　④　［译按］王甲本、水本都把此处理解为，苏格拉底要举出事实来驳倒此说。但苏格拉底真正的意思是，他要用自己不善言辞这个事实来驳倒此说。但严本和王乙本不误。

　　⑤　［S本注］前文已经说了"词句"，此处的"修饰"是指用比喻、象征等方式来修饰言辞。

的［*17c*］辞令和名目，① 都是我临场口占的字句②——我相信我说的是实事求是（*δίκαια*）的——你们中谁也不要期待别的说话方式。③

当然，诸位，在我这［*c5*］个年纪，是不该像孩子一样到你们这里来胡扯了。④ 雅典的人们，我热切地求你们、恳请你们，如果你们听到我申辩的这些话，觉得和我在市场上的钱庄柜台边⑤或别的地方常说的是一样的——你们中很多人在那里听到过——你们不要［*17d*］因此而惊讶或叫喊（*θορυβεῖν*）⑥。因为是这样：现在我第一次到法庭上来，⑦ 已届七旬，垂垂老矣。对于

---

① ［R本、B本、S本注］在修辞学中，这里说的"辞令和名目"指的是有意拐弯抹角的表达方式，其中，"辞令"是用一个词组表达一个词，"名目"是用单独的词。比如，高尔吉亚用"技艺"指代战争（《高尔吉亚》82b6）。亚里士多德在《修辞学》第三卷第二章列出了一长串这类的用法。

② ［译按］色诺芬在他的《苏格拉底的申辩》里指出，苏格拉底的守护神不准他准备申辩的稿子，所以他当时是临场发挥。第欧根尼·拉尔修在《名哲言行录》2.41 指出，当时著名的演说家吕西阿斯已经为苏格拉底准备了一篇申辩辞，但是苏格拉底拒绝使用。

③ ［S本注］苏格拉底的意思是，"你们不能期待我不用临场发挥的方式申辩"，而不是"你们不能期待我说别的内容"，因为上下文说的都是讲话风格，而不是内容。而且，这里的"别"（*ἄλλως*）也是副词。

④ ［B本注］这里的"胡扯"就是"讲故事"的意思。［S本注］B本的说法以为这是指的内容，但苏格拉底延续上面的主题，仍然是在谈说话风格，不是内容。

⑤ ［S本注］根据 1970 年的一项考古发现，这种桌子往往放在一个界线明确、很紧凑的区域。它很可能在市场的西北角。［HE本注］《希琵阿斯》后篇 368b 中也同时提到了市场和钱庄柜台。

⑥ ［B本注］这个词的本义就是大声喊。此处可以译为"打断"。［S本注］在修辞学中，这个词往往用来指厌恶的反应。［译按］如果译为"打断"，27b5 谈到美勒托斯时，就不恰当了。所以，我们译为"叫喊"。在雅典，由于没有特定的规则限制，法官和听众都有可能叫喊和打断演讲。这是非常普遍的事情。因此，雅典人对苏格拉底叫喊，并不是很特别。

⑦ ［B本注］我们不可把这理解为，苏格拉底从未到过这种审判大会。他当然到过，只是从未当过被告。

这里的言辞方式，我完全是个门外汉。① 比如，要是我在这儿真的是一个外邦人，你们一定 [d5] 同意我用从小习惯了的 [18a] 口音和方式说话，② 那么，同样，我现在向你们提出这个正当请求——至少在我看来，它是正当的——你们不要管我的说话方式，它也许更糟，也许更好，只是观察和思考这一点③：我说得是 [a5] 否正当。④

---

① [S本疏] 苏格拉底无疑是非常熟悉当时的修辞学和论辩术的。从《理想国》和《斐德若》中，我们都可以看到，苏格拉底和当时的著名辩论家吕西阿斯非常熟悉。《斐德若》中也显示，苏格拉底和演说家伊索克拉底关系密切。另外，根据本篇中的说法，既然苏格拉底省察了政治家、诗人、匠人等各色人等，很难想象他不会省察这些辩论家。而在《高尔吉亚》中，苏格拉底就直接与辩论家高尔吉亚对话，而且还战胜了后者。阿里斯托芬在《云》中谈到了苏格拉底教授辩论术。而色诺芬在《回忆苏格拉底》（1：2.15）中，也说克里提阿斯与阿尔喀比亚德之所以和苏格拉底交往，就是为了学会最漂亮地说话做事。虽然色诺芬也讲到，没有见他认真地教这门技艺，但他应该熟悉论辩术，并可以激起他的学生对论辩术的兴趣，应该是没有疑问的。[译按] S本讲的主要内容是有道理的，但苏格拉底未必就省察了智者和辩论家。政治家、诗人、匠人代表了雅典的各个阶层，但智者大多是外邦人。苏格拉底与他们的对话，应该和与雅典人的对话意义不同。详见"义疏"。

② [译按] 强调自己并不擅长公共的说话方式，在雅典的公共演说中是经常出现的修辞方式，所以苏格拉底的这句话并不特别。当然，苏格拉底后面的演说方式是与众不同的。

③ [译按] 译文参考孙本。

④ [译按] 这里所谓的苏格拉底的说话方式，就是苏格拉底的辩证法。[S本疏] 苏格拉底在此以他的辩证法来对抗法庭辩论术。如本书页72注②所示，高尔吉亚派的法庭辩论术的目的是说服，而不顾所说是不是真理。但苏格拉底强调，演说者真正的美德是说真话，这就在根本上不同于法庭辩论术。所以，虽然苏格拉底表面上在说，他的说话方式不重要，重要的是说话内容；但这两种说话方式，已经决定了所说的内容不会一样。既然目的是说真话，那么就一定要运用辩证法，而不是法庭辩论术。而这个"辩证法"的主题，则与后面苏格拉底的"智慧"问题相互呼应，形成了这篇对话的哲学主题。

这是法官们的德性,① 而演说者的德性就是说真话。②

[二 案情的真相]

那么，雅典的人们，我要申辩，就应该③先针对那些最初的虚假控告和那些最初的控告者，然后针对后面的控告和后面的 [*18b*] 控告者申辩。④ 很多年前，你们面前就有了很多控告我的人，说的根本不是真话。比起安虞托斯这伙人，⑤ 我更怕他们，

---

① ［S本注］当ἀρετή与某种职业并用时，指的往往是"职责"。此处应该兼有"德性"和"职责"的意思。

② ［R本注］苏格拉底的开场白和演说家们常用的演说结构完全对应。我们可以列举出很多著名演说家的演说词，其结构与《申辩》都是平行的。［S本疏］自从R本提出这一说法来，经过了B本、梅耶等人的补充材料，现在已经不会有人怀疑，柏拉图是有意把苏格拉底的《申辩》写成与这些演说词结构相当的。

③ ［译按］苏格拉底此处在继续讨论上面说的正确演说方式的问题。［S本注］这一点是很重要的。雅典的有些案件是因为申辩方式不妥当而败诉的。

④ ［译按］苏格拉底对两种控告者的申辩是相互关联的。这样一来，他就不是简单地在驳斥美勒托斯的控告，而是告诉大家，美勒托斯的控告，只不过是长期以来的偏见的一个结果而已。［S本注］对最初的控告的驳斥，比对美勒托斯的驳斥更重要。［译按］不过，S本的这一说法并没有得到普遍接受。特别是受到BS和RE的著作影响的学者，尤其不这么认为。参见沃特菲尔德（Waterfield）为S本写的书评（见于 *The Classical Review*, Vol 45, No. 2, 1995）。

⑤ ［B本注］这句话暗示，安虞托斯，而不是美勒托斯，才是控诉的真正发起者。美勒托斯是他的圈子中的一个年轻人。在《美诺》中（这篇对话中描述的场景应该发生在苏格拉底的审判之前一两年），柏拉图向我们揭示了安虞托斯的意图。当时，因为苏格拉底批评公元前五世纪当权的民主派，安虞托斯提出抗议（94e3以下）。安虞托斯和他周围的人正在努力恢复伯罗奔半岛战争之前的温和民主制，因此苏格拉底的批判让他觉得危险。而色诺芬在他的《申辩》中认为，安虞托斯之所以控告苏格拉底，是因为苏格拉底指责他对儿子的教育完全是为了自己制革的生意。

虽然安虞托斯他们也可怕。诸位，那些人更可怕，你们中 [*b5*]
很多人从孩童时代就被他们说服了，被他们左右，听他们控告我，
其中同样没有真话，① 他们说，有个苏格拉底，是个智慧的
人，② 是关心天上的事③的学究④，还考察地下万物，⑤ 把弱的说
法变强。⑥ [*18c*] 雅典的人们，他们散布这谣言，⑦ 真是我可怕
的控告者。而听到这些话的人认为，考察这些东西，就是不信

---

① ［B本注］这里可以证明，苏格拉底作为智者的这种名声，并不
应该完全归罪给阿里斯托芬的《云》。这是长期以来人们的一贯看法。
按照雅典的法律，只有三十岁以上的人才能做法官，因此，当阿里斯托
芬创作《云》的时候（公元前 423 年），审判苏格拉底的法官中，最小
的也是 7 岁（苏格拉底被审判是在公元前 399 年）。而当时的法官在 50
岁以下的很少，所以，他们在公元前 423 年大多不是小孩。他们的"孩
童时代"应该远远早于创作《云》的时期。阿里斯托芬是根据当时流行
的观点刻画苏格拉底的。

② ［B本注］在当时的雅典，说某人是智慧的人（σοφὸς ἀνήρ）并不是
什么恭维话。

③ ［B本注］"天上的事"（μετέωρα），包括今天气象学所研究的对象
和天文学所研究的对象。气象学（meteorology）就来自这个希腊词。研究这
些事物，是东部伊奥尼亚学派、阿纳克萨戈拉学派、阿波罗尼亚的第欧根尼
的共同特点，因此，他们被称为μετεωρολόγοι，但雅典人谈到这个词时，往往
有不屑的语气。

④ ［B本注］φροντιστής是人们经常加给苏格拉底的绰号。在伊奥尼亚
方言里，这个词的意思有"思考""思想"的正面含义，但是在安提卡方言
里，它的意思是"照顾"，《云》里用这个词造了"思想所"的说法，并一
再出现这个词，会给雅典观众留下一个很刺耳的印象。

⑤ ［B本注］研究地下事物，是意大利学派、西西里学派，尤其是恩
培多克勒的主要特点。

⑥ ［B本注］这是普罗塔戈拉学派的特点，阿里斯托芬在《云》里以
此嘲讽苏格拉底。弥尔顿后来在《失乐园》中也运用了这个说法（见《失
乐园》Ⅱ，112）。

⑦ ［B本注］这个说法是很强的，如同往睡梦中的人身上倒垃圾。

神的。① 其次，这些控告者数量多，而且在很久以前［c5］就在告我了，他们在你们最轻信的年龄里——你们儿童或少年时——对你们说的那些控告，都被想当然地接受了，根本无人申辩。这一切当中最没道理的是，我根本不［18d］知道，也说不出他们的名字，除了其中一个喜剧诗人。② 很多人出于嫉妒或诬蔑中伤我，说服了你们——或是先说服自己，再说服别人。③ 所有这些人都是极难相处的。也不可能［d5］让他们中哪一个来此当面对质，那我就简直要像空拳练习④一般申辩，质疑他们，却无人回答。你们要把我所说的当真，有两拨［18e］控告我的人。其中一拨刚刚控告我，另外一拨就是我所说的很久前控告我的那些。你们知道，我应该首先针对后者申辩，因为你们最先听到了后者的控告，

---

① ［B本注］这指的不是他们不相信神存在，而是他们不崇拜神。［S本注］虽然这种区分在语法上是成立的，但在柏拉图和色诺芬的著作中，应该没有作出严格的区分。此处既指不相信神存在，也指不参与对神的崇拜。［译按］中文的"不信神"应该能够包括这两层含义。而苏格拉底的情况与这些哲学家非常不同。他是参与对神的崇拜的，但被美勒托斯认为不相信神的存在。

② ［R本、B本注］一般认为，这里指的就是写作《云》的阿里斯托芬。但也有别的喜剧诗人阿梅希亚斯（Ἀμείψιας）于公元前423年，和尤博里斯（Εὔπολις）于公元前421年写了剧本来讽刺苏格拉底。阿里斯托芬的《云》写于公元前423年。这些喜剧诗人大约在同时取笑苏格拉底，而这恰恰是苏格拉底在德利昂战役（公元前424）中有惊人表现之后不久。阿梅希亚斯和尤博里斯都嘲笑了苏格拉底的贫穷。但苏格拉底在服兵役的时候，不可能很穷，否则就无法提供武器。可见，在德利昂战役之后的一年之中，他应该遭遇了什么大事，从而陷入了贫困。

③ ［B本注］于是，这里有了三类控告者：讽刺他的喜剧诗人、恶意中伤者、真心攻击他的人。

④ ［B本注］在《法义》830c3中，雅典的陌生人谈到，拳击者在没有对手可练习的时候怎么办，也说到了这种情况。在现代拳击中，仍有"空拳练习"（shadow-boxing）。

听得比前者的多得多。

好了。雅典的人们，我是要申辩的，要试着［*19a*］在这么短时间里从你们中间打消那么长时间持有的恶意。如果能对你们和我都好，① 我能圆满完成申辩，我当然愿意。但我认为这［*a5*］是很难的，这根本不会逃过我的眼睛。一方面，神愿意怎样，就怎样发生吧；另一方面，我要遵守法律来作申辩。

［三　哲学生活的根据：针对第一拨控告者的辩护］

［A. 智者之知］

那么，是什么引起了对我的诬蔑？还是让我们从头讲起。② 美勒托斯③［*19b*］在写下现在这份诉状时，他信④的就是

---

①　［S本注］苏格拉底此处预示了后来说的，他为雅典带来的好处（30c6 -31b5；36c2 -e1）以及神对他的眷顾（30c8 -9；35d7 -8；39e1 -42a5）。

②　［S本注］苏格拉底把对自己的控告分为三个阶段：（1）一小撮人的诬蔑；（2）因为这些人的诬蔑，苏格拉底名声不好；（3）美勒托斯的正式控告。在这一部分的末尾（23c7 -24a1），另外一组三阶段与此呼应（见本书页 97 注⑤）。

③　［译按］美勒托斯是个年轻而无名的雅典人（见《游叙弗伦》2b8）。他父亲或许是诗人美勒托斯，所以苏格拉底认为他代表了诗人。在苏格拉底被审判的同年（公元前 400/399），还有一个叫美勒托斯的人控诉一个叫安多齐德的人不虔诚。这两个美勒托斯是不是同一个人，存在很大争议。美勒托斯并不是一个很常见的名字，因此，很多研究（包括 B 本）倾向于认为这两个美勒托斯是同一个人。那么，美勒托斯就应该是很狂热的宗教捍卫者。但这个美勒托斯曾和苏格拉底一同接受逮捕勒翁的任务（32c6），苏格拉底就早该认识他，而不应该对游叙弗伦说，自己不认识这个美勒托斯。

④　［S本注］此处的"信"（πιστεύων），并不是"信以为真"的意思，而是"依赖它提供支持"的意思。

这些诬蔑。①② 好了。那些诬蔑者究竟讲了什么诬蔑？他们若来控告，③ 那他们起誓后的状辞一定是：④ "苏格拉底行了不义，⑤ 忙忙碌碌，⑥ ［b5］寻求地上和天上之事，把弱的说法变强，［19c］并把这些教给别人。⑦"大体如此。你们自己在阿里斯托芬的喜剧里看到了这些：有个苏格拉底被搬到那里，吹嘘说他在空气里走路⑧，

---

① ［译按］美勒托斯所信的究竟是"诬蔑"还是"控告"，各个译本颇多争议。希腊原文此处也很含糊，因为两个词都是阴性单数。根据上下文，我认为，影响了美勒托斯的应该是诬蔑，而不是控告本身。

② ［译按］此处点明，两拨控告者并非没有关系。后来的控告者正是依赖于苏格拉底以前的名声。从这个意义上讲，美勒托斯等人并非出于陷害和诬告，他们对苏格拉底的态度，代表了城邦长期以来对他的态度。［S 本疏］美勒托斯的控告本身毫无意义。苏格拉底的真正目的，在于批驳这第一拨控告者。［BS 本疏］虽然第一拨控告者很重要，但并不能说第二拨不重要。安虞托斯和美勒托斯等人应该是都相信他们自己提出的指控的。［译按］虽然 S 本早就开始准备，但其出版晚于 BS 本。而且一般认为，BS 的说法更有道理。

③ ［S 本疏］此处的逻辑是，这些诬蔑者本质上是控告者，因此，苏格拉底要像正式对待原告一样，研究他们可能给出的诉状。

④ ［译按］苏格拉底在这里把人们对他的偏见想象成正式的诉状。

⑤ ［译按］ἀδικέω诉状中的常规用词，意在指出被告人的罪过究竟是什么。它的字面意思既可理解为"犯法"，也可理解为"行不义之事"。我们既要注意这个词和"正义"之间的关联，也要看到它和"法律""法官""法庭"的关系。在希腊文中，"正义"和"法律"是紧密相关的，行不义就是犯法，而"法官"的字面意思就是"正义者"。中文难以完全传达这几层含义，暂把这个词译为"行不义"。请读者注意。

⑥ ［S 本疏］这里在"行了不义"之后加上"忙忙碌碌"一条，是因为，虽然雅典人不喜欢那些自然哲学家和智者，但是他们并没有真的触犯雅典法律。因此，在前一拨的控告者看来，苏格拉底并没有真的触犯了法律，而是违背了雅典公民一般的生活规范。

⑦ ［译按］这个想象的诉状虽然和美勒托斯的诉状不同，但是其控告的罪状大致相当。［S 本注］这里是把当时的几派自然哲学家和智者的主张都放在一起。

⑧ ［译按］在伊奥尼亚学派里，空气是一个非常重要的问题。

还胡说好些别的胡话，但对于这些，我闻所未闻，无论［c5］大小。① 但我不是说，如果谁是擅长这些的智者，我就看不起这些学问——但愿美勒托斯不会告我有这么重大的罪②，让我争辩③！但是，雅典的人们，这些事情和我都没有关系。［19d］并且，我可以让你们中的很多人做证人，我觉得你们应该相互告知，相互展示，你们那些听到过我怎么说的人——你们中有很多听我说过的④——相互展示，无论听多听少，［d5］你们中是否有谁听我对此说过什么，因此你们就知道，很多人给我编造的别的罪名，也是这样莫须有的。⑤

----

① ［R本注］虽然苏格拉底在这里这么说，但在另外的地方，他对这种学问的批评是非常严厉的。一方面，他认为人性是更值得研究的，另一方面，他认为物理世界是人的心志无法研究透的。参见色诺芬《回忆苏格拉底》1：1. 12；4：6. 6 – 7。［译按］R本的判断完全依赖色诺芬的记载。但在柏拉图笔下，苏格拉底对自然哲学的态度更加复杂些。参见《斐多》96a6以下，苏格拉底在那里更明确地谈到了他对自然哲学的态度。苏格拉底对当时的自然哲学不满意，但是从未全盘否定。苏格拉底虽然不承认自己是智者，但也不吝啬对智者的尊重。

② ［译按］苏格拉底这句话颇含讽刺意味。他的意思是，完全看不起那些学问，是更大的罪。而雅典人并不会这么认为，美勒托斯更不会因此而控告苏格拉底。

③ ［译按］φεύγω的原意是"逃跑"。［HE本注］这里的φεύγοιμι是法庭用语，就是在法庭上辩护的意思。［S本注］法庭辩论经常和体育比赛比较，因此，这里的"逃跑"也含有苏格拉底和美勒托斯赛跑的意思。［译按］但是中文很难把这层意思翻译出来。38d5中的"逃跑"也是这个词。除了L本和HE本之外，诸家译本都没有译出这个意思。

④ ［R本注］这是委婉地表示"你们全部"。

⑤ ［B本注］柏拉图对话中的苏格拉底确实没有当众谈过这些问题。在《蒂迈欧》中，苏格拉底只是默默地听着关于这些问题的谈话。只有在《斐多》中，他才表现出，他对当时的这种知识很熟悉。不过，色诺芬在《回忆苏格拉底》中却表明，苏格拉底一度和智者过从甚密，而且这不像是色诺芬的杜撰。由此可以得出结论，《云》中的描述并非毫无根据。

但这些都不是真的；如果你们听说，我试图教育人，从中牟利，①［*19e*］那也根本不是真的。而在我看来，谁要是能教育人们，这还是很高贵的，② 就像勒翁提诺伊人（*Λεοντῖνος*）高尔吉亚（*Γοργίας*）、科俄斯人（*Κεῖος*）普罗狄科（*Πρόδικος*）、厄利斯人（*Ἠλεῖος*）希琵阿斯（*Ἱππίας*）那样。③ 诸位，他们当中的每一个，都走［*e5*］到各个城邦的年轻人中去④——本来，这些年轻人只要愿意，就可以免费和城邦里的任何人交往⑤——并且能说服他们，不和自己城邦中那些人在一起，［*20a*］而和他们在一起，得

---

① ［B本注］苏格拉底这里明确否定的，似乎只有"收钱"这一点；而他之所以不收钱，是因为他认为自己没有能力教别人。在色诺芬的《回忆苏格拉底》（1：6.2）中，安提丰以更加严肃的口吻也提到了这一点。

② ［S本疏］能教这些，并不仅仅是把自然知识传授给青年，而且要像自然哲学家自己宣称的那样，把德性也教给青年。苏格拉底说，如果他们真的能教这些，那他们是高贵的。但是这些智者真的能做到这一点吗？在这篇对话中，隐藏着一个教育的主题。苏格拉底虽然说他不是教师，但是他一直在探索一种教育方式。这种方式中包含着很多悖谬，其中一点就是，并不通过做老师来教育。

③ ［B本注］苏格拉底之所以提到这三个人，是因为他们当时还活着。已经去世的，比如普罗塔戈拉，就没有提。

④ ［B本注］这句话道出了雅典人对智者的偏见的缘由。他们都是外邦人，却在雅典造成了很大影响。在《普罗塔戈拉》316c5 中，普罗塔戈拉自己就提到了这一点。在公元前五世纪，雅典人完全处在外邦智者们的影响下；但是到了公元前四世纪，整个希腊的年轻人都坐在了两个雅典人的面前：柏拉图和亚里士多德。而这种变化完全是因为苏格拉底。不过，除了他们两个之外，别的雅典人都没能达到这个程度。

⑤ ［S本注］在智者派之前，希腊的年轻人学习公共生活的方式，只有与自己城邦中的大人物交往，听他们在公共的政治和法律场合讲演。苏格拉底指的就是这种情形。

给他们财物，还要为此感激他们。①

这里还有另外一个智慧的人，是帕罗斯人（*Πάριος*），听说他还在这里。② 我恰好遇到了这么一个人，他在智者们身上花的钱 [*a5*] 比所有别人都多，就是希珀尼科斯（*Ἱππόνικος*）的儿子卡利阿斯（*Καλλίας*），③ 他有两个儿子。

我问他："卡利阿斯，如果你的两个儿子是马驹④或牛犊，我们会给它们找个教练，雇用他，只要他愿意让它们按照自己 [*20b*] 的德性（*ἀρετή*）⑤ 变得美且好，这个人就是一个马术师或者农夫；而今，你的儿子们是人，那么，你心里想给他们找什么人来做教练呢？⑥

----

① ［译按］在对《高尔吉亚》的注中，多兹指出（519b3 – 521a1），虽然在公元前五世纪，靠教学收钱还遭到非议；到了公元前四世纪，这就已经被普遍接受了。所以，在当时的雅典看来，苏格拉底对收取学费的攻击颇有些不合时宜和过于老套了。

② ［译按］这位智者，就是《斐多》（60d3）中刻贝斯提到的欧厄诺斯（*Εὔηνος*）。可见，他在一个月后，即苏格拉底死的时候，还在雅典。

③ ［译按］卡利阿斯是雅典的巨富。在《普罗塔戈拉》中，他同时款待普罗塔戈拉、希琵阿斯和普罗狄科。色诺芬的《会饮》就在卡利阿斯家中举行。此外，还有很多雅典作家提到过他。

④ ［S 本注］用驯养动物作比喻，是苏格拉底一贯的风格。可以参考《申辩》25a13 – b6，《游叙弗伦》13a4 – c5，《高尔吉亚》516a5 – b3；《理想国》335b6 – 12 等处。

⑤ ［译按］这里的"德性"，就是符合各自的能力和特点的意思。［S本注］这种用法在当时很常见，此处并没有反讽的意思。

⑥ ［S本疏］在此，苏格拉底用他的惯常手法，打了一个看似荒唐和可笑的比喻。但是，他用马驹和牛犊来比喻卡利阿斯的两个儿子，并不是看轻他们，而是恰恰体现出对人的尊重：既然对马驹和牛犊都不可草率，要好好挑选马术师和农夫，那么对于教育小孩，就更该仔细考虑和挑选教师了。

是一个精通这样的德性，即关于做人和做公民［*b5*］的德性①的教练吗？我想，你既然有两个儿子，应该已经考量过这一点了。是这样，"我说，"抑或不是？"

"当然。"他说。

"他是谁？"我说，"从哪里来，要多少学费？"②

"是欧厄诺斯（*Eΰηνος*），苏格拉底，帕罗斯人，③ 五个米纳。④"

如果欧厄诺斯真有这技艺，并且收费低廉，那我祝福他。⑤

---

①　［S本注］此处的原文是 *τῆς τοιαύτης ἀρετῆς, τῆς ἀνθρωπίνης τε καὶ πολοτικῆς*。苏格拉底在别处常常用"民众和政治的德性（*δημοτικὴ καὶ πολιτικὴ ἀρετῆς*）"的说法，来指与哲学的或真正的德性相对的政治德性（《斐多》68c5－69c3，82a10－b3；《理想国》500d4－9）。两处的用法虽然非常像，但是用意很不同，不可混淆。

②　［S本疏］苏格拉底的这三个问题并不是那么简单，而是蕴含了更深的质疑。卡利阿斯虽然回答了三个问题，但是他并没有理解苏格拉底的意思。他自认为，他已经把问题都解决了。

③　［译按］在《斐多》中，西米阿斯说欧厄诺斯是个诗人（60d9），而在《斐德若》中，他又是一个修辞学家（267a3）。［B本注］现存欧厄诺斯的一些挽歌残篇，其风格似乎在机械模仿另外一个诗人泰奥格尼斯。泰奥格尼斯的诗歌经常用于教育目的，只是并不适用于民主制的雅典。《斐多》（61c6）还告诉我们，毕达哥拉斯学派的西米阿斯把欧厄诺斯当成哲学家，而欧厄诺斯的家乡帕洛斯恰恰是毕达哥拉斯学派比较集中的地方。

④　［译按］一个米纳相当于一百个德拉克马。［B本注］在当时的雅典，这是很低的学费。普罗塔戈拉是一个以智者为业并收取报酬的人，据说他要收一百个米纳。到了公元前四世纪，智者们的学费降了很多。按照伊索克拉底的说法，长寿的高尔吉亚死去时，身后也只有两万德拉克马的家财。［R本注］相比而言，欧厄诺斯收的学费应该是高于平均水平的。

⑤　［S本注］苏格拉底这里似乎在质疑，欧厄诺斯和别的智者是否真能完成德性教育。智者有重要的两点是成问题的：第一，人与公民的德性究竟是什么，他们并没有明确的知识；第二，他们只能通过机械的教和训练来教育。可以对比此处与《欧蒂德谟》273d8－e1与274a6－7中的场景。

[*20c*] 如果我懂这些，我就会美滋滋的，自我膨胀。① 但我并不懂，② 雅典的人们。③

[B. 无知之知]

那么，也许你们当中有人会插话说："那么，苏格拉底，[*c5*] 你到底是怎么回事呢?④ 对你的诬蔑都从何而来呢? 也许你没有做多少出格的事，但如果你所做的真的和大多数人没有不同，那就不会出现这些流言和说法。那么告诉我们你出了什么事吧，[*20d*] 以免我们武断地对待你。"

我看说这话的人说得很对，我会试着向你们揭示出来，是什么给我带来了这名声和诬蔑。听清楚了。也许在你们中的一些人看来，[*d5*] 我是在说笑话。⑤ 但你们要明白，我要告诉你们的都是真的。

雅典的人们，我得到这个名声，不为别的，正是因为智慧。

----

① ［B本注］苏格拉底说的这种自我膨胀，与上文的"收费低廉"相对，暗示了他可能会收更高价格。

② ［S本注］苏格拉底这里在实践他的辩证法。他所否定的地方，并不是简单否定。当他说他"不是"的时候，也蕴含了他"是"什么。

③ ［B本注］苏格拉底在这里对当时的自然哲学家的说法，与他在《斐多》96a6以下所讲的完全一致。而色诺芬对这个问题的记述并不一样。

④ ［译按］此处依照传统的译法，把πρᾶγμα理解为"麻烦""事情"。［B本注］这里的意思是，你是从事什么职业的。用πρᾶγμα来指代哲学，是因为哲学是一种生活方式。这在柏拉图的对话中出现过多次。如《斐多》61c8，《泰阿泰德》168a8。［S本注］B本的说法不对。传统的读法完全是站得住脚的，而且符合上下文。

⑤ ［S本疏］苏格拉底在说笑话，主要是因为此处关于"智慧"的讲法。他说自己智慧，好像在说大话；但后面可以看到，他所谓的"智慧"，其含义是非常谦卑的。他不仅是在对听众说笑话，而且简直是在对读者说笑话。但同时，他也是很严肃的。他这里说的"智慧"，其含义都是实实在在、真真切切的。

这种智慧到底是什么样的？也许就是一种凡人的智慧。① 也许我确实善于这种智慧。② 而我刚刚提到的人，[*20e*] 要么确实有比凡人更高的智慧，因而是智慧的，③ 要么我说不出那是什么。因为我不懂这些，而谁说我懂，都是在说谎，制造对我的诬蔑。雅典的人们，不要叫喊，哪怕我好像在对 [*e5*] 你们说大话。我说的这话并不是我自己说的，我是借用你们认为值得信赖的（ἀξιόχρεως）一个说的话。④ 我的这些，究竟是否真是智慧，是什么样的智慧，我要向你们举出的证人，就是德尔斐（Δελφοί）的神。你们该知道凯瑞丰（Χαιρεφῶν）

---

① ［B 本注］这是苏格拉底的教诲的基调，且不可简单理解成"尘世的智慧"。其中包括逻辑学、关于知识的理论（σκέψις ἐν λόγοις），以及伦理学（ἐπιμέλεια ψυχῆς）。［S 本注］柏拉图这里理解的"人间智慧"，即无知之知，是介于神的绝对知识和一般人的自以为是的知识之间的；但就知识的内容而言，并不限于探讨人间事务。而色诺芬在《回忆苏格拉底》中所说的"人间智慧"，则是关于人的知识，不涉及人之上和与人无关的知识。

② ［S 本疏］在这段看似吹嘘的大话里，苏格拉底的语气却是非常谦卑的。

③ ［B 本注］这里指的是高尔吉亚等人。苏格拉底此处不是在讲自然科学，而是用普罗塔戈拉为这个词所限定的含义，指那些伟大智者的教诲。

④ ［W 本注］苏格拉底好像是在引用欧里庇得斯已佚的悲剧《智慧者莫兰尼帕》中的话"这故事不是我说的，我是借用我母亲讲的故事"。这讲的是一个关于世界创造的故事，但是非常理性化，没有任何地方谈到神。但苏格拉底用"话"（λόγος）代替了"故事"（μῦθος）。另外，欧里庇得斯的《海伦》中也有类似的话："因为这不是我自己的话，乃是一个智慧者所说的：世间没有比可怕的必要更强的东西了。"（周作人译本，有改动。）［S 本注］欧里庇得斯在《俄瑞斯特斯》中也用"值得信赖的"来描述德尔斐的阿波罗。俄瑞斯特斯在绝望的境地中问，那个命他杀死自己母亲的阿波罗是否值得信赖（597–598）。

的。他和我从年轻时就是伙伴①，［*2Ia*］他也是你们大家（*πλήθει*）②
的伙伴，③ 一起在新近的逃亡中出逃，又和你们一起回来。④ 你们
知道凯瑞丰是怎样一种人，⑤ 知道他无论做什么事时，都是多么
莽撞。有一次他到了德尔斐，竟敢提出了这 ［*a5*］ 个问题⑥——

---

① ［B 本注］哲学家的朋友和他的学派的成员都可称为 *ἑταῖρος*，一个政
治派别的成员也可用这个词。我们必须区分凯瑞丰这样的苏格拉底早年的同
伴，和后来受到苏格拉底影响的富裕的年轻人。［S 本注］*ἑταῖρος* 有非常宽泛
的含义，在下面一句里，并不是指政党的核心成员。

② ［S 本注］在演讲中，这个词可以指公众集会或议会，也可以指民主派。
苏格拉底此处的意思是，凯瑞丰是个民主派。

③ ［B 本注］我们要注意到，苏格拉底后期影响的年轻人大多反对民主
制。如果我们接受阿里斯托芬的描述，凯瑞丰似乎更多接受了苏格拉底接近毕
达哥拉斯学派的一面，以及他关于苦行和灵魂的学说。这类宗教性的学说更容
易吸引一般人，而不是贵族子弟。毕达哥拉斯学派本身就有这样的特点。

④ ［译按］这次出逃发生在公元前 404 年，也就是苏格拉底的审判前
五年，他们八个月后回到雅典。当时，雅典在伯罗奔半岛战争中战败了，斯
巴达人为雅典建立了寡头制，而这些寡头为自己攫取了绝对权力，因此被称
为"三十僭主"。参见本书"引言"、《申辩》32c 及注。于是，很多民主派
逃离雅典。苏格拉底反对民主制，但也不支持寡头制，不过苏格拉底一直留
在了雅典城。［B 本注］从政治上讲，虽然苏格拉底提醒凯瑞丰与民主派的
关系更有利，但他提到出逃一事，就未必有好处了。

⑤ ［S 本疏］苏格拉底的早年同伴凯瑞丰举止怪异，是雅典人所熟知的。
他不仅出现在《申辩》中，而且还出现在很多喜剧当中。阿里斯托芬的《云》
《鸟》《蛙》等作品都讽刺了他。在《云》的第一版中，他是苏格拉底的学生；
在第二版中，他帮助苏格拉底管理学校。［译按］凯瑞丰也出现在《卡尔米德》
和《高尔吉亚》的开头。在《卡尔米德》中，苏格拉底说他是个"疯子"。

⑥ ［S 本疏］凯瑞丰问这么一个问题，并不是非常奇怪的。有很多人在
德尔斐神殿向皮提亚问过类似的问题。波斐利在《论心灵的平静》中记载，
有三拨人曾经在那里问谁是最虔诚的。另外，还有人在那里问过谁是最幸
运、最成功、生活最美好的。还有一个农民米森，阿波罗神说他比希腊七贤
之一的齐伦还智慧（正是因为这个神谕，柏拉图在《普罗塔戈拉》中把米森
而不是齐伦当成了七贤之一 ［343a4］）。

我说过了，诸位，你们不要叫喊①——他问，是否有人比我更智慧。②于是皮提亚女祭司（*Πυϑία*）③ 拿起签（*ἀνεῖλεν*）④ 说，没有人更智慧⑤。这个人已经死了，但他的弟弟在你们中间，可以作证。⑥

[*21b*] 你们看我为什么说这些。我想要教给你们，对我的诬蔑

---

① ［S本注］本书中的"不要叫喊"出现了数次，有些时候大概是人们已经要叫喊了，有些时候并不是，读者可以根据上下文推断。比如，在20e4 中，听众可能并没有什么反应。但在此处，可能人群中已经有些骚动了。苏格拉底主要在下面几个场合禁止人们叫喊：17c6 - d1（苏格拉底要用自己惯用的方式说话），20e3 - 5（苏格拉底要用阿波罗做证人），本处（凯瑞丰问那个问题），30c4 - 6（苏格拉底要说，美勒托斯等人不能伤害他）。

② ［译按］色诺芬在他的《申辩》里，也说到了这件事。［B本注］这应该确实是苏格拉底说过的话。另外，由此可以推断，在德尔斐神谕之前，已经有些雅典人把苏格拉底当作一个智慧的人了。比照《帕默尼德》（127c5）、《普罗塔戈拉》（361e2）、《会饮》（216e7，219e5）中的说法，以及第欧根尼·拉尔修等人的记载，苏格拉底在三十岁时，甚至更早，就已经有了智者的声誉。

③ ［H本注］阿波罗杀死了德尔斐看守神殿的巨蟒皮同（*Πυϑών*），于是，阿波罗得到了皮同的徽标。他的祭司都被称为皮提亚。

④ ［译按］这个词一般直接译作"回答"，但其本来意思是"拿起"。［S本注］这里指的可能是，所求的签会放在一个三角形的容器的底部。祭司从那里拿起签来回答问题。可对照《理想国》第十卷617c6 - 618a。在那里，死去的灵魂在投胎之前，要拿起各自的命运签。皮提亚女祭司一般是口头回答的，但有时候也会抽一根签。

⑤ ［S本疏］传统上谈到这个神谕时，它的形式是："苏格拉底是所有人中最智慧的。"在苏格拉底看来，凯瑞丰的否定性说法与这种肯定性说法没有根本区别，因为他后面也用了这种肯定性说法（21b5 - 6）。色诺芬在他的《申辩》里也提到了这个神谕，但他可能是从柏拉图这里借过去，并改成了适应他笔下的苏格拉底的形式。

⑥ ［译按］按照雅典的法律，举出这样的神谕，一定要有人作证，所以苏格拉底举出凯瑞丰的弟弟。［B本注］此人很可能就是色诺芬在《回忆苏格拉底》2：3.1 中提到的凯瑞克拉底（*Σαιϱέϰϱατες*）。而凯瑞丰之所以没有出现在《斐多》中，就是因为此处说他已经死了。

是从何而起的。听到这话，我就自己寻思："神说的究竟是什么，①
这到底是什么哑谜？② 我自己知道，我没有大智慧，也没有小 [b5]
智慧。③ 那么他说我最智慧，到底说的是什么意思呢？神又不会说
假话，因为这不是神的做法④。"在好长时间里，我都不明白他说
的到底是什么。随后，我很不情愿地转向下面这样的探讨。⑤ 我

---

① ［S 本疏］苏格拉底在此三次重复同一个问题，这表明了他极为困
惑，一定曾从不同的角度思考。苏格拉底说自己没有知识，并不是谦虚，而
是很认真的；他说神不会说谎，也是很认真的。所以，这一定是个有很深含
义的哑谜，需要破解。

② ［B 本注］在伊奥尼亚方言中，"谜"（αῖνος）的原意是"神话"，所
以αἰνίττεται就引申为用神话出谜语的意思。［S 本疏］苏格拉底在谈到西蒙尼
德的诗歌时（《理想国》卷一 332b9 - c3）说，用谜语说话，就是表面用一
个词，但表示另外的意思。诗人和预言家都喜欢用谜语（见《克里提阿斯》
164e5 - 7；《蒂迈欧》72a6 - b5）。而在本处，苏格拉底并不是在重复希腊神
学中的这个常识，即，神谕都是需要解释的。德尔斐神谕的意义，并不在于
可以让人不必思考和研究。恰恰相反，神谕会促使人进入更深的思考。这应
当是苏格拉底对神的一个重要理解。

③ ［译按］王甲本把此处译为"既没有很多智慧，也没有很少的智慧"，
会让人以为，苏格拉底既不比一般人智慧高，也不比一般人智慧少，暗含着比
较的意味。但希腊文在此并没有比较的意思。他的意思是，无论在大事还是小
事上，他都没有什么智慧。

④ ［译按］这里的θέμις一词，一般是指"风俗，法律"，但同时又往往
与神相关。苏格拉底这里的用法，两个意思都包括。参考本书页 123 注⑥。
［S 本注］苏格拉底用这个词时，总是有着很强的宗教意味。［B 本注］在柏
拉图笔下，神不会说谎是苏格拉底坚信的一点。

⑤ ［B 本注］苏格拉底之所以不情愿，是因为这很可能证明神是错的。但
他并不担心，雅典人会因此认为他渎神。当时，一般的雅典人并不很尊敬皮托
的阿波罗。他的神谕，总是偏向波斯人和斯巴达人，而不偏爱与腓尼基人结盟的雅
典人。后来，神谕又偏向马其顿的腓力，于是雅典人干脆不再求这个神了。所
以，欧里庇得斯在《伊翁》等悲剧里，让皮托的阿波罗充当了很不好的角色。
《理想国》383b 中所提到的埃斯库罗斯戏剧中的片段，也对这个阿波罗很不敬。

去拜访一个据说很智慧的人，［*21c*］好像在那里就可以质疑（ἐλέγχων）那说法，回应神谕①说："这个人就比我智慧，你还说我最智慧。"②

于是我仔细审视了这个人——他的名字我不必说，③ 雅典的人们，但那是一个政治家④［*c5*］——⑤我观察了他并且和他对话之后，得到这么个印象：我看到，虽然别的很多人觉得他很智慧，特别是他自己，但其实不然。⑥ 随后，我试着告诉他，虽然他认为自己智慧，其实他不智慧。［*21d*］结果，我遭到他和在场很多人的忌恨。我离开那里，寻思我比这个人更智慧。也许我俩都不知道美

———————

① ［B本注］这里把"神谕"拟人化了。"你"并不是阿波罗，而是神谕。

② ［S本疏］不久之前，苏格拉底还说神不会撒谎，现在又说，他要证明神谕是错的。之所以如此，是因为苏格拉底知道自己不是最智慧的。他要证明的不是神在撒谎，而是，神谕的表面意思并不对，而需要一个特定的解释，来诠释出其中真正的意思。

③ ［B本注］雅典人很容易会想到，这就是安虞托斯。《美诺》中表明苏格拉底和他很熟，他还参加了讨论。［S本注］B本的说法是没有根据的。苏格拉底在此并无实指，如果一定要猜出他在指某个人，就会偏离他的主要用意。

④ ［R本注］在柏拉图的时代，雅典人所说的"政治家"是指以公务为职业的人，与"演说家"相区别。"演说家"是指在公民大会上演讲的人物。

⑤ ［译按］此处的断句颇有争议。B本把破折号放在"和他对话"（διαλεγόμενος）之后。［S本注］莱因哈德（Reinhard, *Die Anakoluthe bei Platon*［Berlin 1920］）认为，破折号应该在"我观察了他"之前。［译按］S本的这一观点应该是对的。我这里按照莱因哈德和S本的意见断句。

⑥ ［S本注］考察现实和人们的意见之间的差距，是柏拉图后期很多对话中的主题。如《斐德若》275a6 - b2；《智者》229c1 - 10；《斐勒布》48d8 - 49a2；《法义》卷五732a3 - b2 等处。

（καλός）和善（ἀγαϑός），① 但是那个人 [d5] 认为自己知道他不知道的事，而我既然不知道，也就不认为我知道。② 我觉得好像在这件事上总比他智慧一点，即我不知道的事，我就不认为我知道。我离开那儿，到看起来更智慧的某人那里去，[21e] 结果在我看来也是这样，于是我就遭到那人和别的很多人的忌恨。

在这之后，我拜访了一个又一个人，痛苦而恐惧地发现，我被人们忌恨，然而在我看来，[e5] 完成神给的任务一定先于所有别的事——为了考察他说的神谕，就要去找所有 [22a] 好像有知识的人。天狗在上，③ 雅典的人们——我必须对你们说真话④——我经历的就是这类的事。我遵从神考察之后，发现那些声名显赫的人⑤是最无能的，而 [a5] 另外那些看上去更一般

---

① ［S本注］苏格拉底并未明确指出，他究竟知道什么知识。［译按］对美好、善好、正义的考察，贯穿了柏拉图的各篇对话。这里触及了柏拉图思想的核心问题：什么是好的生活。但这个问题不可用一般的学科和知识分类来局限住。

② ［译按］在《美诺》中，有一句与此几乎相同的话（84b1）。

③ ［译按］此处完全照搬王甲本的译法。苏格拉底多次以天狗发誓，比如《高尔吉亚》482b5。他在那里还明确讲，这是埃及的一个神，有些版本，如 W 本认为，这是苏格拉底独特的一种发誓方法。［B本注］（多兹在对《高尔吉亚》的注中也指出），阿里斯托芬的《马蜂》里面的奴隶就有同样的说法。这个说法可能与俄耳甫斯神话有关。［S本注］由于这种说法很可能来自埃及，所以没有什么明显的证据说明这来自俄耳甫斯神话。［译按］多兹在对《高尔吉亚》的注中说，早在希罗多德的时候，希腊人已经知道了埃及人对狗的崇拜。这句誓词并不能证明，柏拉图到过埃及。

④ ［S本注］此处和下面 b5－6 中，苏格拉底都颠倒了传统的被告人的模式，一般的被告不会提到对自己不利的事情，但苏格拉底坚持说真话。可照 17b4－5。

⑤ ［S本注］这指的就是政治家和诗人。匠人们的知识是真实的，但是很有限；而政治家和诗人的知识是虚假的。对生活而言，这二者的作用都是很小的。

的人却好像更明智些（φρονίμως）①。我必须告诉你们，我的奔波真是干苦活，② 我这才觉得那个神谕变得不可置疑了。

在这些政治家之后，我去拜访一些诗人，③ 包括悲剧诗人、[*22b*]酒神的赞美诗人，还有别的诗人，④ 自以为我在那里就可以当场发现，我比他们无知。我拿起在我看来他们最用心写的诗，细细询问他们说了什么，[*b5*]也看我能从他们那里学到什么。⑤ 诸位，我简直羞于说出真相。可我必须讲出来。当时在场的人谈到诗人们花心血写的诗歌，⑥

———————

① ［译按］φρονίμως这个词的含义很宽泛，可以是"明智"（prudent），也可以是"有感觉"。此处在谈智慧，所以译为"明智"。

② ［B本注、S本注］这里的"苦活"一词一定会使希腊人想到赫拉克勒斯所干的活。［W本注］除了赫拉克勒斯之外，这里的"奔波"或许也暗示了古代英雄奥德修斯的艰苦旅行。

③ ［S本注］苏格拉底为什么要到诗人那里考察智慧问题，需要从古希腊的文明整体中来理解。那时候，诗人被当作一种匠人，知道怎样说事，也知道该说什么。从荷马以降，诗人如同预言家一样，享有神的知识。到公元前五世纪后半之前，思想家大多以诗歌的形式来表达思想。到公元前四世纪，散文才逐渐成为表达思想的主要方式。苏格拉底是第一个否认诗人所表达的是"知识"的人。比如在《理想国》卷十599a3－4中，他和《申辩》的这里一样，质疑诗人所传达的知识。另外，也恰恰因为诗人和知识的关系，诗歌也是古希腊教育中的核心部分。荷马的诗歌是课堂上用来提高德性的重要读物。阿里斯托芬的《蛙》中埃斯库罗斯和欧里庇得斯的争论所围绕的就是这个问题。

④ ［S本注］"别的诗人"指的并不是喜剧诗人。在当时的人看来，喜剧诗人并不是传授知识的。这里之所以明确提到悲剧诗人和酒神的赞美诗人，是因为，雅典每年都为这两类诗人举行官方比赛，奖励也很丰厚。而别的诗人，应当是其他各种诗歌体裁的作者。《伊翁》534c3－4中列举了几类。

⑤ ［S本注］苏格拉底本来是为了证明自己不是最智慧而找诗人的；现在，他还想从诗人那里学点什么。不管苏格拉底这种态度是真是假，这里都透露出他特有的幽默。

⑥ ［S本注］或许是在智者派的影响之下，解诗成了当时一项很时髦的娱乐项目。苏格拉底在《普罗塔戈拉》339a6－347a5中对西蒙尼德的诗的歪解，讽刺了当时随意解诗的习惯。

没有几个人不比诗人自己说得好。于是，很快我就也明白诗人们是怎么回事了，作诗①不是靠智慧［*22c*］作的，而是靠某种自然，被灵感激发，② 就像先知和灵媒③一样：他们是说了很多很美的话，但是他们并不理解自己所说的。我明白了，诗人所感到的，也是他们的这种感觉。［*c5*］同时我也看到，他们因为诗歌，就认为自己在别的事情上也是最智慧的人，④ 虽然其实不是。⑤ 于是我离开了他们，结果认为自己更高明，就像我比政治家高明。

最后我走到匠人们⑥当中。［*22d*］我知道，我是所谓的什么也

---

① ［译按］作（*ποιοῖεν*）与"诗人"一词同源。

② ［译按］*ἐνθουσιάζοντες*，原意是，有神在身体里面。

③ ［S本注］此处和《美诺》99c2－3都用了两个冠词，这表明，先知和灵媒并不是同一种人，两个词不是同义词。先知是神殿里被指定的解释神谕者，而灵媒可能只是有异禀的人。

④ ［S本注］此处谈到诗人并没有真正的智慧，他们的成就靠的是智慧之外的东西时，隐隐暗示了，这和政治家是一样的。但是，前面谈到政治家时，仅仅说他们无知，而没有说他们有智慧之外的能力。由于《申辩》中对政治家和诗人的不同处理，人们可能会由此认为，诗人和政治家的情况非常不同。但是，《美诺》99b5－e2中谈到政治家的能力时，说他们在做对事情时，也不知道自己在做什么，和此处谈到的诗人的能力极为相似，不可忽视。《美诺》和《申辩》的写作时间相当接近；而《申辩》经过反复修改，所以会有这样的变化。［译按］这里对政治家与诗人的讨论非常重要，因为政治和诗歌都是柏拉图对话中非常重要的主题。诗人是和政治家一样没有知识，而靠天才获得成就，还是只有诗人靠天才，政治家连天才也靠不得，的确需要我们比照《美诺》和《申辩》，甚至别的对话来仔细参详。我倾向于认为，苏格拉底所用字句虽有差异，但在此处并未严格强调政治家和诗人之间的差别。

⑤ ［B本注、W本注］此处对诗人的讨论，正是《伊翁》中的重要主题。

⑥ ［B本注］这里所谓的匠人，不仅包括手工业者，而且包括画家和雕刻家等。希腊文里并没有一个词来专指艺术家。因此，所谓的希腊文化鄙视手工业者是没什么根据的。而且，习惯上所谓的苏格拉底出身手工业者的说法，在此也得不到支持。在《申辩》里，苏格拉底表现出此前根本不了解匠人的样子。

不知道，而我也知道，我会发现他们知道很多美好的事情。这一点我没弄错，他们知道我所不知道的，在这一点上比我智慧。① 但是，雅典的人们，［*d5*］在我看来，这些能工巧匠们和诗人们有一样的毛病——因为能漂亮地完成自己的技艺，他们一个个就自以为在别的事情上，哪怕天下大事上（*τα.μέγιστα*）②，也是最智慧的——他们的这种自以为是遮蔽了自己的智慧。③ ［*22e*］我从那个神谕的角度问我自己，我究竟是愿意这样是我所是，既不像他们的智慧那样智慧，也不像他们的愚蠢那样愚蠢，还是像他们那样，兼有二者。我回答我自己［*e5*］和神谕说："是我所是"对我更好些。④ 由于这种省察，雅典的人们，［*23a*］我遭到了很多人的忌恨，是最苛刻和最沉重的忌恨，因而其中也就出现了很多诬蔑，于是人们用这么个名儿来说我——"智慧的"。⑤ 每一次，在场的人都认为，

———————

① ［S本注］在当时的雅典，用"智慧"（*σοφός*）来形容匠人虽然不那么常见，但也并不是很别扭的说法。

② ［B本注］这里主要是指，如何治理雅典这样的政治大事。［S本注］这就是20b4－5中所说的"做人和做公民的德性"，甚至是"好"这样的哲学问题。这个看上去很简单的词虽然不怎么像术语，却是一种很固定的说法，出现在柏拉图的很多对话中，包括《阿尔喀比亚德》前篇118a7；《高尔吉亚》451d7；487b5；527e1；《智者》218d2；《政治人》285e4；《理想国》卷六497a3；504e2；卷十599c6－d1；《法义》卷三688c7；卷十890b8；《书简》七341b1等处。

③ ［B本注］在苏格拉底省察过的几种人中，匠人是唯一有一些智慧的。由此，我们要注意苏格拉底对几种人的看法是有区别的。

④ ［S本疏］《法义》卷三中雅典的陌生人表达了相近的观点（689c6－d5），即，如果没有对最重要的灵魂问题的关心，专门的知识是没有什么价值的。

⑤ ［B本注］说苏格拉底智慧，这是对他的主要诬蔑。我们需要更认真地看待这一看法，而不是当作苏格拉底的反讽。这种诬蔑，正来自人们的忌恨。

我在什么问题上驳斥别人，我在那个问题上就［a5］是智慧的。而其实，诸位，神才真是智慧的，① 他在那个神谕里表明的是这个，人的智慧价值很小，几乎什么也不是。他好像是在这样说这个苏格拉底，其实是假借［23b］我的名字，用我做个例子，如同在说："你们中最智慧的，世人啊，② 就是像苏格拉底那样，知道就智慧而言，他真是毫无价值。"正是因此，我现在［b5］还在按照神的意愿，四处寻求和追问每一个我以为智慧的公民和外邦人。③ 每当我发现他并不智慧，我就替神证明，④ 指出此人不智慧。⑤ 因为忙于这些，我没有空闲从事城邦里那些值得一提的事务，也无暇顾及

---

① ［S本注］在柏拉图笔下的苏格拉底之前，有些希腊哲学家也谈过，神是智慧的；也有哲学家谈过，人的知识都是有限的。但是还没有人把这两点结合在一起。关于毕达哥拉斯的传说，即毕达哥拉斯认为只有神可以说是智慧的，因此不肯自称智者，而只称自己为"爱智者"（哲学家），如果是真的的话，对此应当有重要意义。

② ［S本注］这种称呼（ὦ ἄνθρωποι）应当是有意的，即，不是在叫雅典人，而是在和全人类说话。柏拉图凡是用到复数的 ὦ ἄνθρωποι 时，往往是一个神或具有神性的人在说话。见《普罗塔戈拉》343e6，《会饮》192d4，《克拉底鲁》408b1。但单数的情况又不同了。参考28b5。

③ ［B本注］"公民和外邦人"，这是比较严格的法律用语。"外邦人"包括普罗塔戈拉这样的智者，也包括高尔吉亚和忒拉绪马科斯这样的演说家。

④ ［S本注］公元前590年，联邦会议在第一次神圣战争之后，曾经以这种模式发誓。从此以后，这成了希腊联邦会议很固定的誓词模式。柏拉图别的对话中也有类似的说法，如《法义》卷六767c1、《斐多》88e2、《帕默尼德》128c6－7、《斐德若》276c8－9、《拉克斯》194c2－3、《普罗塔戈拉》341d8－9中，都有"替言（λόγος）"的说法。这些情况指的都是，当一种更高的存在无法自己介入人事时，人们替他做事。在此处，德尔斐的神不能告诉人们他们是无知的，所以苏格拉底替神来做这件事。

⑤ ［B本注］此时苏格拉底已经明白了神谕的真正含义，于是不再想驳斥神的说法，而是开始服务于这个神谕。

家里的事，①而是［*23c*］因为服务于神陷入赤贫。②

［C. 诬蔑的形成］

　　此外，有些青年自愿追随我③——他们最有闲工夫，出身豪富。④他们乐于⑤听我省察人们，自己［*c5*］经常模仿我，也试着省察别人。于是，我想他们发现了无数人自以为知道一些，其实知道得很少，甚至什么也不知道。于是，那些被他们省察的人对我生气了，却不对他们自己⑥生气，［*23d*］说什么⑦苏格拉底是最

---

　　①　［S 本注］在后面的 36b6－9，苏格拉底再次提到政治和家事的时候，给出了不同的解释。但是这两种解释未必是矛盾的。苏格拉底的这个态度，可以和伯里克利的葬礼演说中的态度对比（修昔底德《伯罗奔半岛战争志》卷二：40. 2）。伯里克利所讲的，代表了雅典公民一般应有的态度。

　　②　［B 本注］苏格拉底早年不可能很穷。他在公元前 432—424 之间当过装甲步兵，而只有具备一定财产的人才有资格当装甲步兵。苏格拉底自己指出，他之所以陷入贫困，是因为每天忙于神的事务。但我们在前文已经看到，苏格拉底在公元前 424 年到 423 年之间突然陷入贫穷，应该有什么大的变故。

　　③　［B 本注］这里暗示，这些青年是主动追随苏格拉底的，而不像智者的那些弟子们一样，需要智者们的说服才去追随他们，参见 19e6。

　　④　［译按］普罗塔戈拉认为，富人会花更多时间用于教育。见《普罗塔戈拉》326c4－6。

　　⑤　［S 本注］这种快乐（又见 33c2－4；《理想国》卷七 539b2－7）并不是苏格拉底的主要目的。虽然苏格拉底主要不是为了这种快乐而省察人们的，但也会谈到此中的快乐。见 41a8－c4。

　　⑥　［S 本注］被指出无知的人应该对自己生气，这是典型的苏格拉底的态度。在《希琵阿斯》前篇 286d2－4、《泰阿泰德》168a2－6、《智术师》230b8－c2 中，苏格拉底都表现出了同样的态度。［译按］对这一句的理解一向有两个完全不同的意见。传统的译法，如王甲本和水本，都把这理解为"对我生气，但不对那些青年生气"。但 W 本和 HE 本，都认为这应该是指这些人在被暴露出无知后，本应该对自己生气，但反而对苏格拉底生气了。根据 S 本所说的道理，我们按照后一种理解。

　　⑦　［B 本注］苏格拉底在此终于直接指出了诬蔑的起因。

有害的人，把青年都败坏了。有人问他们我做了什么，教了什么，他们没什么可说的，根本不知道，但又不愿表现得毫无根据，于是就说出了所有那些为爱知［d_5］者们（φιλοσοφούντων）① 预备的控诉，说什么"天上地下的事"，什么"不信神"，什么"把弱的说法变强"。我认为他们并不想说真相，非常明显，他们假装知道，其实不知道。同时，我认为他们是爱名者（φιλότιμοι）［23e］，很带劲，人数也多，异口同声（συντεταμένως），② 充满说服力地说我的坏话，灌满你们的耳朵，长期以来，一直带劲地诬蔑我。靠了这些，③ 美勒托斯伙同安虞托斯和吕孔攻击我。其中，美勒托

---

① ［译按］这里不是"爱智者"（φιλόσοφοι），而是"爱知者"（φιλοσοφούντων）。虽然这两个词没有根本区别，但前者强调所爱的是智慧，而后者强调，所爱的是"知"的行为，故我们在译法上略作区别。［S 本疏］在《法义》卷十二 967c5 – d1 一个非常相似的段落里，雅典的陌生人谈到对不接受成说的宇宙学家的指控时，也是用的这个词。在其他地方，柏拉图会用"正确爱知的人"之类的说法来指代苏格拉底式的哲学家，如《斐多》67d8，e4 等处。

② ［译按］对此处的读法存在分歧。B 本和 H 本坚持读为 συντεταγμένως，意思就是"鼓足全身的力气"，HE 本是这样翻译的。而 L 本根据杉兹的读法，认为应该是 συντεταμένως，意思就是"把很多人组织起来，异口同声地"。从前后文看，前面已经说了"很带劲"，此处似乎没有必要又说鼓足全身力气，而且刚刚说了"人数众多"，"异口同声"似乎更恰当。L 本和 W 本都是这样翻译的。在几个中文本中，严本、水本、王甲本都译成了"众口一词"或"异口同声"，王乙本漏掉了这个词。我们也译为"异口同声"。

③ ［B 本注］苏格拉底认为，法庭上的那些控告者借助了旧有的诬蔑。［HE 本注］这里是"在这个基础上"的意思。［译按］大多数传统译本把这里理解为"在他们当中"，但 B 本和 HE 本的说法更有道理。美勒托斯等人并不只是他们当中的几个人，而是借助于这些诬蔑，所以我们采用这个理解。

斯［*e5*］为诗人们不平,① 安虞托斯为那些匠人和［*24a*］政治家②不平,吕孔为演说家③不平④。⑤ 就像我开头说的,我要是能在这么短的时间里消除在你们当中已根深蒂固的诬蔑,那就怪了。

---

①　［译按］美勒托斯是形式上的原告。参见《游叙弗伦》2b9。雅典有个悲剧诗人也叫美勒托斯,写过《俄狄浦斯》三部曲,阿里斯多芬在喜剧《蛙》(1302)里就攻击了这个美勒托斯。［B本注］(尤其参见他对《游叙弗伦》2b9处的长注)我们不能认为那个诗人就是苏格拉底的控告者(这样的说法都是从《申辩》的此处得出的)。控告苏格拉底的美勒托斯可能也写过诗(主要是赞美诗),所以代表诗人;也有人认为,他是悲剧诗人美勒托斯的儿子(美勒托斯这个名字并不是很常见),所以苏格拉底说他代表了诗人。

②　［译按］有些研究者认为此处有误,应该让安虞托斯代表匠人,让吕孔代表政治家和演说家。［B本注］这种读法站不住脚。安虞托斯是个制革匠,同时又是当时最有影响的政治家之一。因此,让他代表这两种人,就是顺理成章的了。他就是苏格拉底所说的那种因为自己手艺好,就认为自己也擅长国家大事的人(22d6)。［R本注］在当时的雅典,匠人或生意人从事政治是很普遍的事。

③　［W本注］这个吕孔,可能就是色诺芬的《会饮》中出现的吕孔。［S本注］此处的"演说家"究竟指什么并不清楚。根据康纳(Connor)对雅典政治的研究,到公元前420年时,"演说家"一词往往指的是"政治家",而不是高尔吉亚那样的修辞教师。而别的文献中记载的吕孔也是个政治家(如第欧根尼·拉尔修《名哲言行录》2.38)(Walter Robert Connor, *The New Politicians of Fifth – Century Athens*［Princeton, 1971］页116)。［译按］因此,有的学者认为,上面的"匠人和政治家"中的"政治家"应该放在这里。不管我们是否接受这一改动,吕孔所代表的,都不是智者当中的演说家。

④　［R本注］这里的"为"不可理解为,这三个人是他们各自所属的阶层派出的代表。只是他们的控告反映了其所属阶层的意见。

⑤　［S本注］苏格拉底此处对旧的诬蔑的反驳,分为三个阶段:(1)被苏格拉底省察的人怀恨在心,散布谣言诬蔑他(23c7 – d9);(2)他们成功地使雅典人不喜欢苏格拉底(23d9 – e3);(3)美勒托斯等人正式控告苏格拉底(23e3 – 24a1)。这三个阶段与这一部分开头的三个阶段相互呼应(19a8 – b2)(参见本书页78注②)。

雅 [a5] 典的人们，这就是你们要知道的真相，无论大事小事，我说出来，都不隐瞒你们，一点儿也不保留。而且我清楚地知道，我也会因为这些招致忌恨。①这也证明我说的是真相，这就是对我的诬蔑，这就是对我的诬蔑的原因。[24b] 无论你们现在还是以后考察这一点，你们都会发现是这样的。

[四　在哲学与政治之间：针对第二拨控告者的辩护②]

[A. 诉状]

那么，针对那些最先对我提出控告的控告者，向你们做这些申辩，就该够了。至于那所谓的好人和 [b5] 爱城者③美勒托斯，④以及后来的控告者，我说过，我随后就要来申辩。既然这些人看来是另外一群控告者，我们就再来看他们宣誓所写的诉状。上面是

---

①　[B本注] 这句话的意思是"这就是我招来忌恨的原因"，即，前面说的就是这些原因。[译按] 但现在大多数人不同意这一读法，认为苏格拉底的意思是，我现在说这些，还会招来忌恨。

②　[B本注] 无疑，这一部分是苏格拉底的真正申辩中所没有的。到28d6 以后，才是苏格拉底真正申辩的内容。在这一部分，苏格拉底主要在逼迫美勒托斯承认，他们对苏格拉底的控告，完全基于先前的诬蔑。而上文已经驳斥了先前的传言。这样，对苏格拉底的控告就不仅毫无根据，而且是法庭无法受理的。在当时，这是法庭申辩中并不罕见的策略。

③　[B本注] 此处的 φιλόπολις 是城邦时期很常用的说法，和现代所讲的"爱国者"并不完全一样。而对于热爱希腊民族的人，后来的作者一般写成 φιλόπατρις。野蛮人是没有城邦的，他们不是城邦的公民（ πολῖται），所以不会是爱城者。

④　[S本注] 在雅典，原告和被告双方吹嘘自己的道德和嘲笑对方的行为是一般的做法。

这样说的:① 苏格拉底行了不义,② 因为他败坏青年,③ 不信④城

---

① ［译按］第欧根尼·拉尔修在《名哲言行录》第二卷的"苏格拉底"部分说,法夫里努斯(Phavorinus,约80—150,演说家,有哲学兴趣,据说写好几本书。第欧根尼引用的他的著作里面,充满了对哲学家的控告)提到,这份诉状当时(罗马皇帝哈德良时期)还被保存在雅典的档案里,其中写道:"庞透斯的美勒托斯的儿子美勒托斯盟誓,状告阿罗佩刻的索弗戎尼斯科斯的儿子苏格拉底,说:'苏格拉底行了不义,因为他不信城邦信的神,而是带进新的精灵之事。他还因为败坏青年而行了不义。判死刑。'"色诺芬在《回忆苏格拉底》中的版本是:"对他的诉状是这样的:苏格拉底行了不义,因为他不信城邦信的神,而是引入新的精灵之事。他还因为败坏青年而行了不义。"两个版本基本一致,法夫里努斯的更像原始文件,但色诺芬的"引入"似乎更像当时普遍的法律用语。［B本注］柏拉图版的诉状与这两个版本最大的区别是,两条罪状的顺序被颠倒了。但是,苏格拉底在此处并不是逐字背诵。如果需要逐字朗读,可以请书记朗读。或许在他看来,败坏青年是更重要的一项,所以先说。而在实际的诉状中,不敬神是一个很重的罪名。败坏青年并不是一个法律上认可的罪名,而只是一种道德性的责难。在很多控告不虔敬之罪的诉状中,都有一些附加的罪名。在这里,也应当是这样的。［S本疏］苏格拉底这里用间接引语来引用状词,已经预设了,所引字句可以不是完全精确的。苏格拉底把两项罪名的顺序颠倒过来。在他的申辩中,对败坏青年的驳斥更加重要,而对不信神的驳斥,则相对次要些了。但是,雅典的法律档案是否真能以传说中的那种形式保存到哈德良时期,是值得怀疑的。

② ［译按］这也可译为"犯了法",会更符合中文习惯。不过,我们为了强调"正义"一词译法的前后连贯,这里译为"行了不义",下同。

③ ［B本注］关于败坏青年的罪状,可以参考柏拉图后来写的《治邦者》299b。在那里,外邦人提到,凡是不按照法定的规则研究航海术和医学的,都不能称为航海家或医生,而应该被控诉,说他败坏青年。成熟期的柏拉图更加理解了安虞托斯控告苏格拉底的原因,是怀疑苏格拉底对城邦不忠。

④ ［B本注］这里的"信"($νομίζει$)指的并不只是思想上信,而且是在行动上和言辞上礼敬神明。色诺芬在《回忆苏格拉底》(3:3,16)中说,苏格拉底违反了"城邦习俗";而在他的《申辩》中,苏格拉底的辩护是,美勒托斯曾亲眼看到他为诸神献祭。

邦［*24c*］信的神，而是信新的精灵之事（*δαιμόνια καινά*）①。那控告就是这样的。我们来一点一点地省察②这份控告。

他说我因败坏青年行了不义。而我［*c₅*］，雅典的人们啊，说美勒托斯行了不义③，因为他把正事当玩笑，④ 轻易地陷人于官

---

① ［译按］这里的两个词都有争议。*καινά* 可以理解为"奇怪"或"新"，B 本一直把它理解为"奇怪"，但多数研究者和翻译者把这里理解为新。苏格拉底的不敬神不是因为他信的神奇怪，而是因为相对于雅典的旧神而言是新的。因此，我们还是翻译为"新"。［B 本注］*δαιμόνια* 是一个复数形容词，不是名词，因此，这里不能翻译成"神"或"精灵"，而是"精灵之事"或"对神的信仰"。另外，在《游叙弗伦》3b2 中，苏格拉底提到这个罪状时，用的是 *θεός*（神），不是 *δαιμόνια*。色诺芬在他的《申辩》（24）中也是这么理解这个罪状的。控告者为什么不用更明确的 *θεός*，而用既可指神又可指精灵的 *δαιμόνια*？*καινοὺς θεούς* 这个说法是伊奥尼亚宇宙论里一种早有的说法。或许安虞托斯有意避免这一用法。另外，安虞托斯已知道，苏格拉底早就和毕达哥拉斯学派有联系，而毕达哥拉斯学派曾试图建立一种超越于各城邦的宗教，因而被驱逐。或许安虞托斯怀疑苏格拉底也在做类似的事，从而会动摇对城邦的忠诚。［译按］从前后文看，此处所说的"精灵"不应该是指苏格拉底自己的守护神。

② ［译按］或可译为"研究"，但为了前后译法一致，我们仍然译为"省察"。

③ ［S 本注］苏格拉底此处有意玩弄 *ἀδικεῖν* 这个词的两重含义。在法律用语中，它一般指的是"犯法""行不义"；但同时，它也可以是体育中"犯规""作弊"的意思。在前面的诉状中，这个词是"行不义"的意思。但是在此处，苏格拉底隐含着"犯规"的意思。在《阿尔喀比亚德》前篇 110b1-5、阿里斯托芬《云》25 中，这个词都是"犯规""作弊"的意思。在《欧蒂德谟》287c7-8、《忒阿格斯》167e1-168a2 中，这个词是"打破辩证法的规矩"的意思。

④ ［译按］直译是"正儿八经地恶作剧"，希腊文中更常用的词是 *σπουδογέλοιος*。［S 本注］苏格拉底对美勒托斯主要的指责在于，他把本来严肃的事情当了玩笑，即，他混淆了正事（*σπουδή*）和游戏（*παιδιά*）。

司①，对他从未关心过②的事情假装正经，无事生非。③事情是不是这样的，我且来指给你们看。④

[B. 败坏青年⑤]

来吧，美勒托斯，回答我。把［*24d*］青年们变得尽可能最好，不是顶重要的事吗？

我同意。

---

①　［译按］ἀγῶνα 一词是"官司"的固定用语。同时，这个词也指"比赛"。或许这里又有双关的意思。参考本书页 137 注①。

②　［译按］"关心"（ἐμέλησεν）与美勒托斯（Μέλητος）的名字同源。［B 本注］苏格拉底在下面一段如此频繁地用"关心"这个词，就是一直在用美勒托斯的名字开玩笑。

③　［RE 本疏］苏格拉底这里说的是三个方面，即（1）把正事当玩笑；（2）轻易把人陷入官司；（3）从未关心过他自称关心的事。后面的讯问，正是围绕这三个问题展开的，只是顺序颠倒了过来。24c9－25c4 针对的是第三个问题，25c5－26b2 针对的是第二个问题，26b2－28a1 针对的是第一个问题。这是苏格拉底的讯问的三个阶段。［译按］RE 本的这个划分确实不无道理。但是，我们认为，这样三个问题还是围绕着两项指控展开的。美勒托斯的指控是一个更重要的主题。特别是在第三个阶段，按照 RE 本，则是在揭露美勒托斯把正事当玩笑，但显然这种概括不如澄清"虔敬"的问题重要。因此，我们在义疏中，按照"教育"和"宗教"两项罪名来理解这里的结构，把 RE 本所说的第一和第二个阶段都当作对"败坏青年"的反驳，把第三个阶段当作对"不敬神"的反驳。

④　［BS 本疏］苏格拉底在此并没有明确说，他要反驳美勒托斯的指控，而只是说，他要证明美勒托斯如何把正事当玩笑，如何不关心青年等等。苏格拉底对美勒托斯的反驳，和他对那些自以为智慧其实并不智慧的人的省察是一样的，因此也是他在雅典的神圣使命的一部分。［RE 本疏］在这样的案件中，既然原告同时也是最主要的证人，苏格拉底如果真能证明他所说的这几点，那么美勒托斯的指控/证据就会丧失效力了。

⑤　［R 本注］按照雅典的法律程序，被告可以正式讯问原告，这和提供证人的权利是相当的。原告也有义务回答这些问题。在吕西阿斯的法庭辩论中，也有这样的段落。在 25d3，苏格拉底指的就是法律的这一规定。这被称

现在，告诉诸位，谁把他们变得更好了？显然你知道，因为①你关心这事。像你说的，［d_5］因为你发现了败坏青年的人，也就是我，所以把我带到诸位面前，提出控告。那么说说，是谁把他们变好的，披露给大家。你看，美勒托斯，你不说话，没什么可说的？这不可耻吗？这不是我所说的话的足够证据吗：你从未关心过此事？但是，［d_{10}］说吧，来吧，谁把他们变得更好的？

法律。②

为 ἐρώτησις。［B 本注］苏格拉底是按照法律程序讯问，而不是在诡辩。他在这一段里的用意，是让原告暴露出，他自己都不知道自己提出的罪名究竟是什么意思，由此可见，这罪名不过是一个借口。在这里，苏格拉底首先就败坏青年一条质问美勒托斯。［BS 本疏］如果苏格拉底向听众证明美勒托斯是一个愚蠢、冲动的年轻人，从而调动起大家对他的愤慨，那么，苏格拉底就能很容易让人们相信他是无罪的。而且从下面的讯问来看，苏格拉底要做到这一点并不难。但是，苏格拉底的目的不是攻击美勒托斯和博得雅典人的好感，而是说真话，所以，他虽然能够把美勒托斯逼得很狼狈，却没有赢得人们的同情，反而让美勒托斯成功地奉承了雅典人。

① ［RE 本疏］此处的意思应该是"显然你知道，或者至少你关心这事"。γε 应该是"至少"的意思。［译按］RE 本这样的理解也可以讲通。但我认为，我们没有充分的理由放弃传统的理解，而这样翻译此处的 γε，所以并没有改过来。谨列于此，以备一说。

② ［B 本注］这个回答是当时雅典的民主派都会给出的。他们也都会继续讲，人们是从同胞那里学到这些的。苏格拉底是在逼迫美勒托斯给出他必然会给出的答案。而安虞托斯则在《美诺》（92e3–6）中经过思考后，给出了同样的答案。［BS 本疏］不能认为苏格拉底在逼迫美勒托斯。无论此处还是后面，苏格拉底都给了美勒托斯充分的选择，而不是使他只能有一种选择。［RE 本疏］苏格拉底此处并没有欺骗美勒托斯，主要是我们需要了解雅典的法律程序。人们之所以觉得苏格拉底的质问没有力量，主要是因为他们从现代法律的角度看待这场审判。［译按］这几种说法都有各自的道理。一方面，美勒托斯给出的，确实是雅典民主派公认的讲法；另一方面，苏格拉底在问出这个问题的时候，并不是以诡辩的方式欺骗美勒托斯。苏格拉底与美勒托斯的对话，反映了苏格拉底与当时很流行的民主派的说法的辩论。在

　　［*24e*］但这不是我所问的，最好的人啊。①我问的是，最先已知道这法律的人，是谁呢？

　　他们，苏格拉底，法官们。

　　你怎么讲，美勒托斯？他们能够教育［*e5*］年轻人成为更好的？

　　当然是。

　　他们都能，还是有些人能，别的人不能？

　　都能。

　　赫拉②在上，你说得好，青年的帮助者真是［*e10*］人才济济了。③那怎样呢？这些听众会把他们变得更好，④［*25a*］还是不会？

　　他们会。

此，他并没有占什么便宜。从法律上，我们需要像 RE 本所说的那样，看到当时的法律程序和现在是不一样的。但同时，我们也不能把这仅仅当作苏格拉底与美勒托斯个人之间的辩论，而要看到其背后的哲学意义。

　　①　［译按］苏格拉底此处称美勒托斯为"最好的人"，一边呼应了前面说的"好人"美勒托斯（24b5），一边和"把青年变得更好"的主题相对应，讽刺美勒托斯根本不知道什么是好的和怎样变好，却自诩为好人。

　　②　［W 本注］由于赫拉司掌婚姻和妇女的生活，所以总是与生育和教育孩子相关。［译按］苏格拉底何时用宙斯发誓，何时用赫拉发誓，何时用天狗发誓，各自不同。这里谈到对青年的教育，所以用赫拉来发誓。

　　③　［译按］在《美诺》92e，安虞托斯说，除了那些智者之外，雅典所有的绅士都可以教育德性。安虞托斯与美勒托斯的说法非常相似。虽然苏格拉底在前文强调自己不是智者，但在那些控告者看来，这种区别未必真的存在。苏格拉底说，美勒托斯根本没有关心过教育的问题，所以会在慌乱中得出这样一个结论。但安虞托斯却未必是没有思考过教育问题的。如本书页102 注②所示，美勒托斯的回答并不仅仅因为他没有思考过教育问题，而且代表了民主制雅典中的一种典型看法。苏格拉底与控告者之间，代表了两种教育观的冲突。

　　④　［译按］关于教育和变得更好，苏格拉底在前面谈到智者时已经讲过了。参见20b1－5。

议员们①又怎样呢？

议员们也会。

[a5] 那么，美勒托斯，在公民大会上呢，参加大会的那些人们，②是不会败坏青年的？或者他们也都会把青年变得更好？

他们也会。

看来，除我之外，雅典人都会把年轻人变得 [a10] 高贵和好，只有我败坏他们。你是这么说吧？

这完全是我说的意思。③

---

① ［译按］雅典的议会一般由 400 到 500 人组成，来自十个部落，掌管日常事务，由抽签选出，每年一届。其中，每个部落的 50 人负责 35 天或 36 天事务，一年轮完 500 人。参见本书页 128 注⑦。

② ［译按］在民主制的雅典，公民大会是最高权力机构，由所有参加大会的成年男性公民组成。凡是公共政治中的大事，都在公民大会上决定。

③ ［S 本疏］除了《美诺》中的安虞托斯（92e3 - 6）外，在《普罗塔戈拉》中，普罗塔戈拉也给出了一个类似的教育观念，而且非常系统（322c - 328c2）。我们也有理由相信，这里所给出的说法，应该就是普罗塔戈拉本人的主张。而这种主张，也恰恰是非常支持普罗塔戈拉的伯里克利的教育观念。伯里克利在著名的《葬礼演说》中强调雅典与斯巴达的区别，指出雅典的一个最大的特点，就是人们不必通过专门的训练来学习德性。由此可见，安虞托斯和美勒托斯说出的教育观，并不是在苏格拉底逼迫之下仓促吐出的，而是代表了雅典民主派的一般看法，值得认真对待。安虞托斯的主张虽然和普罗塔戈拉一致，但未必是从普罗塔戈拉那里学到的，这和他极为仇视智者的态度并不矛盾。另外，苏格拉底对这一教育理念的反对，也并不仅仅是对民主派的反对，而有着对盲目随从习俗的态度的更深的批判。虽然美勒托斯表面上的主张和普罗塔戈拉与伯里克利相同，但他并不理解为什么要这么做，并不知道这一教育理论背后的理论基础。［BS 本疏］普罗塔戈拉在表达出这种观点的同时，也没有否认，智者们可以提供一些更好的教育，而他就是这些智者之一。［译按］这一段关于教育的讨论非常重要，值得与柏拉图对话中多处讨论教育的段落对比。苏格拉底与美勒托斯的冲突，表面上看是专家教育与大众教育的矛盾。但正如 S 本所指出的，苏格拉底虽然并不喜欢民主制，但他对民主制很多主张的批评，都不能简单地看作主义之争。

你可让我倒大霉了。回答我。你是不是认为马也是这样的？所有 [*25b*] 人都可以把它们变得更好，只有一人是败坏者？或者是完全相反，只有特定的一人或很少的人精于驯马，能把马变得更好，大多数人如果和马在一起，使用它们，就会败坏它们？无论是马，还是别的动物，[*b5*] 难道不都是这样吗，美勒托斯？①一定是的，不论你和安虞托斯承认不承认。如果只有一人败坏，别人都帮助，那青年们可是太 [*25c*] 幸运了。但是，美勒托斯，你已足以表明，你从未挂念过青年，还清楚地表现出了你的这种漠不关心。虽然你因此把我带上了法庭，你自己却从未关心过此事。②

[*c5*] 当着宙斯的面，你对我们说，美勒托斯，是在善良的公民中过日子（*oixeĩv*）③好，还是在邪恶的公民中过日子好？④伙计（*τãν*），⑤回答啊！我问的可不是个难题。难道不是恶人总是对身边

另外，在教育问题上，我们尤其可以看到苏格拉底、智者、政治家之间的复杂关系。憎恨智者的政治家在主张上其实和智者更接近，而尊敬智者的苏格拉底反而完全反对智者们的教育主张。不过，从另外一个角度看，不恰恰是普罗塔戈拉这些智者的到来，才给雅典带来了真正的专家教育吗？

① ［B 本注］这里明确体现了苏格拉底要让少数人教育的学说。可以参考《克力同》47b。

② ［BS 本疏］苏格拉底在此隐含着这样的意思：哪怕苏格拉底自己不是无辜的，他的"败坏青年"之罪也应该由几乎所有雅典人来共同承担，因为雅典人虽然或许愿意帮助青年人变得更好，但由于他们并不知道怎么做，所以他们也没有做到，而是有意无意地在败坏青年。如果法官们可以告苏格拉底败坏青年，那他们就也应该告几乎所有雅典人同样的罪名。

③ ［译按］*oixéω* 是居住的意思。［S 本注］在柏拉图这里，这个词与一般指"生活"的动词 *ζáω* 经常没有区别。如《斐多》67c9、《理想国》卷七557a9、《治邦者》301d5、《斐勒布》63b3、《法义》卷九880e1 等处。

④ ［译按］前面，苏格拉底讯问的是青年的教育问题；从这一句开始，苏格拉底开始更直接地讯问美勒托斯败坏青年的问题。

⑤ ［B 本注］这个口语称呼，只在柏拉图的真正著作中出现过这一次。［译按］我们这里依照传统，接受 *τãν* 的形式，而不采取 B 本的 *τáν* 的形式。

的人做坏事，好人做好事吗？①

[*c10*] 当然是。

[*25d*] 那么，是否有人更愿遭到身边的人的伤害，而不是得到帮助呢？回答呀，好人。因为法律命令你回答呢。有人愿意被伤害吗？②

当然没有。

[*d5*] 来吧，你带我到这儿来，是说我败坏青年，把他们变得更坏，我是有意的还是无意的？

我认为是有意的。

那怎样，美勒托斯？难道你小小年纪，比我这么大把年纪更有智慧，知道坏 [*d10*] 人总是对和自己最接近的人做坏事，好人做好事？[*25e*] 难道我反而那么无知，根本不知道，如果我要给身边的人带来痛苦，我就会冒着被他伤害的危险，所以我还是像你所说的，有意做了这些坏事？[*e5*] 我可不信你这一套，美勒托斯，我认为没有一个别人相信。而我要么没败坏他们，要么败坏了他们，[*26a*] 但却是无意的；在两种情况下，你都在撒谎。但如果我无意败坏了他们，法律就不该因为这种 [无意的]③ 过错，让人带我来这里，而应该让人私下教育和警告我。显然，如果我得到了教诲，我就会停止我无意做的事。[*a5*] 而你却回避，不愿意与我交往，不愿意教育我，反而把我带到这里

---

① ［S本疏］在《高尔吉亚》中，苏格拉底从另外的角度讨论了同样的问题（515a4 – 516a3）。他用伯里克利作例子。尽管伯里克利是个优秀的政治家，但是他并没有把周围的雅典人变好，相反，雅典人后来都要处死他。很多别的政治人物也遭到了类似的下场。

② ［译按］柏拉图笔下的苏格拉底的一个基本假定是，任何人做任何事都是为了追求好的目的，没有人会主动追求不好的目的。亚里士多德在《尼各马科伦理学》中也接受了这个前提。

③ ［译按］B本和H本都把"无意"括了起来，疑为衍文，因为"这种"就表明了是无意的，不应该再重复"无意"一词。

来，而法律只要求把需要惩罚的人带到这里，不是需要教育的人。①

　　[C. 不敬之罪]

　　然而，雅典的人们，我说得很清楚，[*26b*] 美勒托斯从未或多或少地关心过这事。②可你要告诉我们，美勒托斯，你说我怎么败坏青年？不过很明显，按照你写的这份诉状，我是通过教给他们不信 [*b5*] 城邦信的神，③而是信新的精灵之事。你说的是不是这个：我用教育败坏他们？

　　我说的的确就是这个。

---

　　①　[S 本疏] 苏格拉底的这一说法会带来一个基本的困难：如果每个人做坏事都不是有意的，而不是有意作恶的人又不必被带到法庭上来，那就意味着，法律根本就没有意义，坏人只要教育就可以了吗？这主要是针对哲学家说的。哲学家虽然是会犯错的，但是他们不需要惩罚，而只需要不断教育；因为他们是不断朝向智慧的。[译按] 这对矛盾非常关键，它触及了哲学与政治之间的一种基本张力。苏格拉底并不只是简单地为自己澄清，而是讲出，对于哲学家而言，法律确实是没有必要的，对此，S 本有非常详细的讨论，并认为，这一点是柏拉图一生坚持的观点；如果在这样的前提之下，再来理解苏格拉底为什么还要遵守雅典的法律，那就会更清楚地看到哲学与政治之间的辩证关系。关于这一问题，可以对照《法义》卷九到卷十二之间对刑法的详细讨论。
　　②　[译按] 从这一句开始，苏格拉底向美勒托斯讯问关于信仰的罪状。[B 本注] 苏格拉底诱使美勒托斯说，苏格拉底是无神论，从而与诉状上"引入新的精灵之事"的罪状不同。在雅典人看来，研究自然科学的人们就是无神论者。阿里斯托芬在《云》里面就认为苏格拉底是个无神论者。
　　③　[BS 本疏] 在雅典，无论是按照习俗，还是按照法律，都并不存在一个城邦确认的"国家宗教"，没有哪些神被规定为雅典人必须崇拜的神。只是，无神论是不允许的。美勒托斯真正控告苏格拉底的，就是无神论，而不是他引进了什么雅典不认可的新神。当时的雅典人对于智者和自然哲学家的一个基本理解，就是认为他们不信神。而当他们误以为苏格拉底是智者时，应当也是这么认为的。明确了这一点，我们就可以理解后文美勒托斯对苏格拉底关于信神的问题的回答。

现在谈的这些神，①当着他们的面，美勒托斯，你说得更清楚些，对我，[26c] 也对这些人们。②我还不能明白，你是不是说我教育人们信（νομίζειν）③有神存在——我自己信有神存在，而并不完全是无神论，没有因为这行不义——但不是城邦信的神，而是别的神，这就是 [c5] 你状告我的原因，说我信别的神？还是你说我根本不信神，并把这教给别人？

我说的是后者，你根本不信神。

[26d] 奇怪的美勒托斯呀，你为什么说这个？④难道我竟不像别的人一样，信日月是神⑤？

宙斯在上，法官们，⑥他说太阳 [d5] 是石头，月亮是泥土。⑦

---

　　①　[译按] 原文 τούτων τῶν ϑεῶν ὧν νῦν ὁ λόγος ἐστίν 直译为 "现在的言（逻各斯）所讲的诸神"。

　　②　[S本注] 这句话的意思应该是 "为了我，也为了这些人们"。[译按] 但我认为这种理解从语法和文意上都无必要，故保留传统的理解。

　　③　[B本注] 苏格拉底再次有意借助了 νομίζειν 一词的模糊性。这个词既是 "信仰" 的意思，也有 "相信" "认为" 的意思。[译按] 中文中的 "信" 字就足以表达这种模糊性。

　　④　[S本注] 美勒托斯指控苏格拉底不信神的字面意思，应该是前者，即他并不按照雅典的习俗崇拜神，而不是彻底的无神论。所以，苏格拉底对他的这一回答会表示惊讶。

　　⑤　[B本注] 在雅典的传统宗教中，日月并不是崇拜的对象。在苏格拉底的时代，雅典人也没有把他们分别等同于阿波罗和阿尔特弥斯，雅典是在后来才开始崇拜日神的。苏格拉底之所以有意提出这个问题，是因为他要解释，美勒托斯所依赖的完全是过去的诬蔑，认为苏格拉底是与阿纳克萨戈拉学派一样的自然哲学家。雅典人并不崇拜日神和月神，但都认为他们是神。在希腊的其他城邦，人们崇拜日神或月神。

　　⑥　[译按] "法官们"（ἄνδρες δικασταί），直译为 "正义者"，是法庭中惯用的称呼。[B本注] 苏格拉底有意回避这样称呼陪审团，但美勒托斯却要用这个词称呼诸人。

　　⑦　[译按] 这是阿纳克萨戈拉的学说。[R本注] 在色诺芬的《回忆苏

你以为你在控告阿纳克萨戈拉（Ἀναξαγόρης）吗，①亲爱的美勒托斯？你还如此看不起在场的人们，认为他们不通文墨，②以至于不知道，这是充斥在克拉左美奈（Κλαζομένιος）的阿纳克萨戈拉的著作的说法？哪怕价格很高的时候，青年们也可以花一个德拉克马，［dro］从乐队那里得到，③难道竟然要从我这里学这些？如果苏格拉底自称这是他的说法，［26e］他们会笑话苏格拉底，

格拉底》4：7.7中，苏格拉底驳斥了阿纳克萨戈拉学派的这个观点。［B本注］这是美勒托斯的真正想法，如今苏格拉底终于诱使他说了出来。在雅典，阿纳克萨戈拉的学说是臭名昭著的。苏格拉底曾经追随阿纳克萨戈拉的弟子，但这不会是苏格拉底被控告的直接原因。

① ［B本注］这里是在强调，美勒托斯的控告太过时了，因为对阿纳克萨戈拉的审判是在公元前450年进行的。［译按］但是一般认为，对阿纳克萨戈拉的审判应该发生在公元前430年左右。［S本注］这里强调的不是过时，而是美勒托斯的无知。

② ［B本注］这句话表明，当时的雅典已经有相当多受过教育的人。

③ ［R本注］欧里庇得斯在《俄瑞克特拉》982中就谈到了阿纳克萨戈拉的这个观点。因此，这里的意思是，人们只要花一个德拉克马，就可以在欧里庇得斯的戏剧里学到这种说法。认为这是说在乐队那里可以买到阿纳克萨戈拉的书是很荒谬的。在那个时代的雅典，书价是很贵的。［B本注］读者们或许会惊讶于当时的书为什么会如此便宜。阿纳克萨戈拉的书非常短，所需成本也很低。书商的主要花费是雇用书写奴隶的钱（一个人五米纳）、羊皮纸和墨水。过去有些研究者认为，这里的意思是，人们只要在剧院里看一场欧里庇得斯的悲剧，就可以从中了解到阿纳克萨戈拉的学说了。但是，这个说法有很多问题。首先，从欧里庇得斯的悲剧里未必可以学到阿纳克萨戈拉的学说；人们都知道，苏格拉底与欧里庇得斯很熟悉，悲剧里也可能传达出苏格拉底的学说。另外，既然上文说到"文墨"，这应该指的是读书。其实，"乐队"这个词既可以专指狄奥尼索斯剧院的乐队，也可以指雅典的广场里的一个部分。虽然我们找不到别的证据说，书市就在广场里的那个地方，但这里应该就是指广场里卖书的地方。［S本疏］这里并不是指的买书，而是说，人们只要花很少的钱，就可以学到那套学说。至于怎样学到这学说，他并没有说清楚。

特别是这么一个奇特的①说法。你面对宙斯，我在你看来是这样的吗？我不信任何神存在吗？

[e5] 不信，宙斯在上，从来都不信。

美勒托斯，你让人无法相信，在我看来，连你自己都无法相信自己。② 这个人，雅典的人们啊，看来是太自负、太放肆了，他就是因为如此自负和放肆，年轻气盛，才如此控告。[27a] 他就像编造了谜语来审查我："智慧的苏格拉底是否会知道，我在开玩笑，说得自相矛盾，还是我会欺骗他和别的听众？"因为在我看来，他 [a5] 在自己的诉状里就说得自相矛盾，他如同在说："苏格拉底因为不信神而行了不义，而他信神。"这真是开玩笑。诸位，一起来看，为什么在我看来他是这么说的。③ 你要回答我们，

———————

① ［R本注］这里强调的意思是"奇特"，而不是"荒谬"。苏格拉底和柏拉图都不会认为这种学说是荒谬的。［B本注］苏格拉底此处的意思是，这个说法是如此奇特，以至于人们不会忘记它的主张者。苏格拉底在《斐多》中提到阿纳克萨戈拉的学说时，也使用了同样的词（98c2）。在公元前五世纪的雅典，阿纳克萨戈拉斯的宇宙论显得非常落后。毕达哥拉斯早已证明了地球是圆的，而且雅典人大多知道这一证明，但阿纳克萨戈拉还认为大地是平的。［S本疏］在《克拉底鲁》397c8 - d4 中，苏格拉底谈到，对日月的崇拜是最早的希腊人的信仰。希腊人一般都承认日月是神，但大多数城邦不会正式崇拜他们。《法义》886d4 - e1 中批判了把日月当成泥土和石头的说法，和《申辩》此处形成明显的呼应。

② ［B本注］苏格拉底的意思是，美勒托斯根本不懂自己所写的罪状，所以他很容易陷入自相矛盾当中。

③ ［S本注］这句话的意思是，"诸位，一起来看，这里怎么会有这样的意思？"他认为，美勒托斯的诉状中有一个明显的自相矛盾，现在已经暴露出来了。苏格拉底要向大家解释的，是这个矛盾是怎样产生的。他认为，美勒托斯是有意用了 δαιμόνια 这个词的模糊性，来欺骗法官们。［译按］在对这句话的理解上，B 本和 S 本存在很大的分歧。S 本的解释可以自圆其说，不一定不对。因此，此处仍然保留 B 本的传统理解，但也将 S 本的说法列出，供读者参考。

美勒托斯。而你们，就像我［27b］一开始就请求你们的，如果我按照我习惯的方式讲话，记住不要叫喊。①

美勒托斯，是否会有一个人，相信有人事存在，但又不相信有人存在？② 让他回答，诸［b5］位，不要让他一次一次地叫喊。③是否有人相信没有马，而有马之事？是否有人不相信有簧管手，却信有簧管之事？没有吧，最好的人？④ 如果你不想回答，⑤ 我替你和别的这些人说出来。但回答这个问题：［27c］是否有人信有精灵之事，而不信有精灵？⑥

_____

① ［S本注］苏格拉底先和众人说话，后转向美勒托斯，最后因想到下面的讨论是按自己的一贯说话方式，故又回过头来告诫大家。柏拉图用这样的转换，是为了制造出苏格拉底所说的都是即席发言的效果。

② ［S本注］从人，到马，到簧管手，最后到精灵，这是苏格拉底常用的类比顺序。

③ ［R本注］这里的"叫喊"指的是，说一些无意义的话而没有实质的回答。［Robert Renehan 疏］这里美勒托斯的"叫喊"有些别扭。在这段讯问中，美勒托斯一般回答得很简短，或是拒绝回答；而在全文中，也是听众叫喊，美勒托斯一个人从未叫喊过。在此，他怎么会一遍又一遍地叫喊？据此可以推测，这里可能有错简，即应该仍然是听众在一遍一遍叫喊，不是美勒托斯（Renehan, Robert, "A Note on Plato 'Apology' 27b4–5," *Classical Philology*, Vol88, No.4, 1993）。［译按］译者虽不敢贸然更改，但认为这样的猜想是有一定道理的。但如果这样理解，就说明，要么听众对苏格拉底现在的提问方式已经非常不满了，要么对美勒托斯的不回答表示不满，因此苏格拉底在下面的27c51才会说，美勒托斯是在众人的逼迫下回答的。

④ ［S本疏］这个称呼并不是讽刺，而是表达了尊重和热情。这是论辩中的一般态度。

⑤ ［S本疏］此处继续了论辩中的礼貌，不说"如果你拒绝回答"，而是说"如果你不想回答"。

⑥ ［B本注］由此可见，24c中的δαιμόνια当为"精灵之事"（见该处注）。［译按］苏格拉底在此又在利用"相信"与"信仰"之间的语义模糊。

没有。①

太好了，你终于回答了，虽然是吞吞吐吐的，在这些人的逼迫下 [c5] 回答的。那么，你说我信仰和教授精灵之事，且不论新旧，按照你的说法，我相信精灵之事，② 你在诉状中已经就此发誓。而如果我相信精灵之事，那么我一定信精灵，③ 不是这样吗？是这样的。[c10] 既然你不回答，我就认为你同意了。④ 而我们认为，[27d] 精灵（δαίμων）当然就是神或神的孩子，⑤ 不是吗？你说是还是不是？⑥

当然是。

那么，倘若如你所说，我认为有精灵，而如果精灵们 [d5] 又是某种神，⑦ 这就是我说的你出的谜和玩笑：⑧ 说我不认为有神，又说我认为有神，因为我认为有精灵。如果精灵们是神的某

---

①　[B 本注] 苏格拉底的三段论需要一个大前提；而美勒托斯终于把这个大前提说了出来。

②　[B 本注] 这是苏格拉底的三段论的小前提。那么（οὐκοῦν）是引出小前提的典型用语。

③　[B 本注] 这是苏格拉底三段论的结论。

④　[B 本注] 苏格拉底完全可以这么认定。美勒托斯既然接受了大前提和小前提，也就不可避免要接受这个结论了。

⑤　[S 本注] 在希腊的宗教概念中，这一说法并不是人们普遍接受的。虽然人们也把"精灵"当成神圣的存在，但往往不会把他们当成崇拜的对象，因为他们的地位毕竟低一个层次。

⑥　[B 本注] 我们需要注意这段论证的两个阶段：（1）信精灵之事，就信精灵；（2）信精灵，就信神。

⑦　[B 本注] 在荷马那里，神和精灵之间几乎没有什么区别。但在后来的作家中，精灵越来越成为人和神之间的过渡类型。而柏拉图尤其如此。特别参见《会饮》202d13。

⑧　[译按]"谜"见 21b3 和 27a1，"玩笑"见 24c5 和 27a2。

种庶子，是仙女所生的，或是无论人们所说的别的什么所生，①
什么人［*d10*］会认为，有神的孩子存在，但没有神存在?② 这太
奇怪了，［*27e*］就如同说认为马和驴的孩子（*παῖδας*）③ 即骡子存
在，而马不存在，驴也不存在。④ 但是，美勒托斯，你做出这样
的控告，难道不是要么为了用这个考我们，⑤ 要么因为不知道
［*e5*］该告我行了什么真的不义? 哪怕那些心灵闭塞的人，你也没
办法说服他们，一个信精灵之事又信神之事的人，却不信［*28a*］

---

① ［B 本注］仙女是一种女神。那里所指的是仙女所生的，就是女神
和男人所生的英雄，比如阿喀琉斯，就是 28c1 所说的"半神"。在 28a1 总
结的时候，会加上"英雄"，隐隐呼应了后面的阿喀琉斯。而"别的什么所
生的"，应该是指男神与女人所生的英雄们。

② ［译按］亚里士多德在《修辞学》1419a2 – 3 中，把这一段当作例
子来说明提问的方式。

③ ［S 本注］这里的"孩子（*παῖς*）"一般是用来指人的；而指动物的
是"崽（*τέκνον*）"。在诗歌里面，"孩子"也会用来指动物的崽；希腊语中
有些动物的名称中会有 *παῖς*。比如，*παιδολέτωρ* 就是夜莺。苏格拉底此处当然
不是在写诗。"孩子"的用法当然和前面说的"神的孩子"相关，同时，也
可能是在戏仿西蒙尼德的诗（参本书页 113 注④）。

④ ［B 本注］这里提到的马和驴都是指母的，因为前面提到的是仙
女和女人。骡子一般是公驴和母马生的，但也有公马和母驴交配生下的
骡子（［译按］在译者家乡冀中一带的方言里，"骡子"一般是指公驴和
母马所生的；而母驴和公马所生的，则称为"驴骡"，比骡子低一个等
级）。而这两种骡子正好对应于女神和男人生下的和男神与女人生下的
两种英雄。对于这两种英雄，可参见《克拉底鲁》398d。这里之所以用
骡子来比喻，是有意要谈半神和英雄。诗人西蒙尼德说，骡子是"马飞
快的女儿"。

⑤ ［S 本注］这里的"考"（*ἀποπειρώμενος*）与 27a1 中的"审查"
（*διαπειρώμενῳ*）相呼应。另外，此处苏格拉底用复数"我们"，就不只包括
苏格拉底，而且包括在场的所有人。

精灵、神、英雄。①

[五 为哲学而死的理由②]

[A. 苏格拉底与阿喀琉斯]

但是，雅典的人们啊，我并不像美勒托斯的诉状上所说的那样行了不义，不必再为此作更多申辩，这些也就够了。我先前[a5]说的，即，很多人对我产生了很多忌恨，你们要清楚地知道，这是真的。就是这一点把我拿下③的，如果有什么把我拿下了，那不是美勒托斯，也不是安虞托斯，而是众人的诬蔑与嫉妒，④ 这曾经拿下了很多别的好[28b]人，我想还会拿下更多人。不必担心，这不会到我为止。

----

① [B本注] 苏格拉底有意把这一段说得很绕，让美勒托斯跟不上，无力招架。尽管如此，这一段的逻辑还是非常清楚的。苏格拉底突然说出"英雄"来，似乎有些突兀。但这在前一段其实已经有了暗示（参见本书页113 注①）。

② [B本注] 这一段是苏格拉底真正严肃的自我辩护。虽然在形式上这有些跑题，但却是最重要的部分。很有可能，苏格拉底真的在法庭上这么说了。会有相当多的陪审团成员听懂他的。而不管这是不是苏格拉底真正过的，柏拉图一定认为，这一段所讲的是对那些控告的真正回应。这一段以阿喀琉斯开头，改变了先前与美勒托斯的对话体，使发言显得更加严肃。[S本疏] 前面关于无知之知的部分，是对苏格拉底使命的否定性阐述，这后面是对这一使命的肯定性阐述。

③ [译按] 这里用的 αἱρέω 一词，诸本大多直接译为"定罪"，因为这个词经常这样用在法律文件中。但它的本来意思是"捉住""擒拿"。我们希望"拿下"的译法能够传达这两层意思。

④ [译按] 与18d2 中的"嫉妒和诬蔑"相呼应。

　　也许有人会说："你难道不羞愧①吗，苏格拉底，为了忙于这些事情（ἐπιτήδευμα ἐπιτηδεύσας）②，现在招来了杀 [*b5*] 身之祸？"

　　我会义正辞严地回应他："这位③，如果你认为有点人格④的人应该计较生死的危险，而不是在做事时仅仅关心这个，即做的究竟是正义还是不义，是好人做的还是坏人做的，那你说得真不美。依着 [*28c*] 你的说法，在特洛亚死去的半神们⑤，包括忒提斯之子，⑥

---

　　①　[S 本疏] 现代读者虽然可能认为苏格拉底的理想主义有点不现实，但一般难以理解，这为什么是应该羞愧的。对于古希腊人来说，最根本的德性是准确的判断能力、头脑的清晰，以及行事中的自我控制，从而能达到中庸。埃斯库罗斯《被缚的普罗米修斯》1036 – 1039 中，歌队对普罗米修斯的批评，还有索福克勒斯《安提戈涅》中伊斯墨涅、克瑞翁和歌队等对安提戈涅的批评（49，67 – 68，95，220，469 – 470，561 – 562）都出于这一逻辑。当然，无论是普罗米修斯、安提戈涅，还是苏格拉底，都不肯接受这种明智。

　　②　[译按] 希腊原文动词ἐπιτήδευμα和名词ἐπιτηδεύσας同源，表现了柏拉图出色的文采。中译很难表达这一修辞方式。

　　③　[译按] 这里是单数的"人"（ὦ ἄνθρωπε），带有很强的蔑视，与 23b2 中的复数的完全不同。[S 本注] 苏格拉底在此表明，他和问问题的人毫无共同之处。

　　④　[译按] 这里的"人格"译的是ὀφελός一词。这个词有"用处""价值"的意思，也可以表示"自尊"。

　　⑤　[B 本注] 用"半神"一词指代《伊利亚特》中的英雄是正确的。荷马《伊利亚特》卷十二：23 就是这么用的；又见赫西俄德《工作与时日》159。

　　⑥　[译按] 即阿喀琉斯。[S 本注] 这里不说"阿喀琉斯"，而说"忒提斯之子"，是为了突出阿喀琉斯的半神身份。在希腊文的非韵文作品中，以某人的父母指代某人很常见，不过一般是用父名，而不是母名。

都是微不足道的①了。忒提斯之子不愿在耻辱中苟活，而是藐视危险，所以，当他急切地要杀死赫克托尔的时候，他的女神［*c5*］母亲对他说了一番话，② 我记得是这样的：'孩子，如果你为你的朋友帕特罗克罗斯之死报仇，杀死赫克托尔，你的死期将至——因为，在赫克托尔死后，马上就是你了，轮到你了。'他听了这话，根本就蔑视死亡和危险。［*28d*］他更害怕过坏的生活，害怕朋友们③得不到复仇。'那就马上死吧，'他说，'我让那行不义者得到惩罚后，不必留在这弓形船旁边让人嘲笑，④ 成为大地上的负担。'你不认为他考虑死亡和［*d5*］危险了吧?"

　　这样就是依循了真理，⑤ 雅典的人们。人无论是自己认为这样

---

　　①　［译按］虽然 B 本建议把此处的 *φαῦλοι* 这个弹性很大的词译成"傻瓜"，但也指出，这个词与上面"有点人格的人"相对应，所以，我们还是译成"微不足道"。

　　②　［译按］关于这个故事，参考荷马《伊利亚特》卷十八：94 以下；在帕特罗克罗斯死后，忒提斯向阿喀琉斯显现，说了下面这一番话。《会饮》179e1 以下也谈到了这个故事。柏拉图是凭记忆引用的，因此用词与原文不尽一致。

　　③　［S 本注］此处"朋友们"的复数不可忽略。荷马笔下的阿喀琉斯的回答和行为都很情绪化，但苏格拉底给了一个道德化的解释。苏格拉底没有把阿喀琉斯当成充满了复仇欲望，而是遵从道德化的行为准则。荷马的文本中并没有"正义"的观念，所以并不能充分支持苏格拉底的解释。苏格拉底此处用复数的"朋友们"，指阿喀琉斯的行为的意义并不限于具体的这次复仇，而有着更普遍的道德意涵。

　　④　［S 本注］羞耻和荣誉本来是荷马笔下的阿喀琉斯的基本动机。苏格拉底给这一段以完全不同的解释；但是，他并没有完全抛弃关于羞耻的观念。

　　⑤　［S 本注］虽然苏格拉底强调无知之知，但他很自信，自己的道德信条是"真理"。除此处外，在 29b6－7、d8－e3、30b2－4、d2－5 都可看出。这一点非常重要，因为我们切不可把苏格拉底的无知之知误以为是怀疑主义、不可知论，或相对主义。

最好,① 从而让自己站在一个岗位上，还是被长官安排在岗位上，在我看来，都应该在危险中坚守,② 不把死亡或别的什么看得比［*dio*］耻辱还重。③ 雅典的人们，④ 当你们选举出⑤来指挥我的长官⑥［*28e*］安排我在某个岗位上时，无论是在波提岱亚（*Ποτείδαια*）⑦、

---

① ［S本注］这里说的"最好"就是"职责"的意思；因为在斯多亚主义兴起之前，希腊文中并没有专门指"职责"的词。［译按］即便如此，我们还是按照字面意思翻译。

② ［S本疏］苏格拉底对诉状的反驳是过渡性的。他对于两项罪名的真正反驳其实体现在话题之中。现在所谈的，才是他关于虔敬的真正想法。［译按］我们并不同意S本的说法，认为前面对美勒托斯的反驳完全是无关紧要的。但S本的说法有些道理，现在这一段确实是对前面关于虔敬与教育问题的说法的进一步深化。

③ ［译按］要把耻辱当作最大的考虑，把死亡当作次一级的，可以参考《克力同》48d3。

④ ［S本疏］28d10－30c1是《申辩》中最核心的部分。它生动地表达了苏格拉底要传给他的同胞们的最重要的信息，并且描述了苏格拉底日常对话的基本形式。20c4－24b2是苏格拉底使命的否定性描述，但这里开始了对这一使命的肯定性描述。

⑤ ［B本注］在雅典，军事长官都是选举出来的，而不是抽签抽出来的。这里之所以说"你们"，是因为苏格拉底所面对的市民有权利选举军官。

⑥ ［B本注］苏格拉底这里用人间的长官和神对比，但我们不可认为，这里说的是后面的精灵的指示，因为那精灵只会给出否定性和警告的指示。

⑦ ［B本注］这一战役发生在公元前432年（修昔底德《伯罗奔半岛战争志》卷一），当时苏格拉底三十七岁。在《会饮》219e5以下，阿尔喀比亚德详细描述了苏格拉底在这次战役中的表现。在这一战里，苏格拉底连续站了24小时，救了阿尔喀比亚德的性命。苏格拉底的军功是很突出的。我们在看待苏格拉底的时候，不能忘记这一点。

安斐玻里($Ἀμφίπολις$)①,还是德利昂（$Δήλιος$）附近②,③ 我就像别的任何人一样，冒着死的危险待在被安排的岗位上。而我在这里，我［e_5］认为并意识到，是神安排我④以爱知⑤为生，省察自己和

———————

① ［B本注］除此处外，其他地方都没有提到苏格拉底在这里打过仗。这可能指的是公元前422年的一场著名战役，但并没有充足的证据（修昔底德《伯罗奔半岛战争志》卷二）。当时苏格拉底已经四十七岁，不太可能参加这样的远征。另外一种可能是，这指的是在公元前437至前436年之间建造安斐玻里时的战斗。那时候苏格拉底三十二岁。［S本注］这只能是公元前422年那场著名的战役，不会是另外的那次。

② ［B本注］德利昂不是城镇名，而是阿波罗一个神殿的名字，那次战役发生在这"附近"（参见色诺芬《回忆苏格拉底》）。在德利昂之战中，雅典人被忒拜人打败（参见修昔底德《伯罗奔半岛战争志》卷四）。在《会饮》221a2 阿尔喀比亚德的描述中，苏格拉底从战场上撤退时极为沉着勇敢，超过了将军拉克斯，他的表现比在波提岱亚之战中更加突出。在《拉克斯》181b1，拉克斯自己也承认，如果别人都像苏格拉底那样，雅典会更加骄傲，也就不可能招致那样的惨败了。

③ ［阿纳斯塔普罗疏］这三次战役的共同特点是，领军将领都阵亡了，而雅典人应当都知道这一点。如果是这样，当苏格拉底把神给他的安排比喻成这些安排时，他难道认为神也死了吗？（George Anastaplo, *Human Being and Citizen: Essays on Virtue, Freedom and the Common Good*, Chicago: The Swallow Press, 1985, p. 24.）［译按］如果这样理解，阿纳斯塔普罗是把安斐玻里的战役当成了公元前422年的那次。

④ ［B本注］虽然苏格拉底表面上是在指德尔斐神谕，其实他的意思不止于此。正如他在《斐多》里所说的，他是阿波罗的仆人（85a2）。

⑤ ［B本注］当苏格拉底谈到"哲学/爱智/爱知"时，他并不是按照希罗多德（《历史》1: 30）等将其理解为"文化"之类的东西。毕达哥拉斯及其追随者在运用这个概念时，就已经有了更深的含义。苏格拉底把毕达哥拉斯的这个含义介绍到了雅典。苏格拉底有可能是第一个这样用这个词的雅典人。［S本疏］从28d10到30c1，"爱知"出现了三次（28e5–6, 29c7–8, 29d4–6），每次出现时，都在前面或后面跟着一个解释。此处是第一次，对它的解释就是"省察自己和别人"。这里强调了两点：一、哲学不是对真理的客观追求，而包含着一个人的道德行为；二、苏格拉底首先要省察自己，然后才能省察别人。

别人①，我如果反而怕死［*29a*］或因为别的什么原因，脱离岗位，从这里逃走，那我可真是做了可怕之事。如果我不服从（ἀπειθῶν)② 神谕，怕死，以不智慧为智慧，那才是可怕之事，人们就可以正当地把我带上法庭，说我不信有神存在。所谓［*a5*］的怕死，诸位，不过就是不智慧而自以为智慧。因为这就是以为知道自己不知道的事。没人知道，死没准是人的所有好处中最大的一个，人们都害怕，好像明确知道［*29b*］它是坏事中最大的。认为知道自己不知道的事，这不是极为可耻的无知吗？诸位，我和多数人不同或许也是因为这个。如果我要说我是更智慧的，就是因为这一点：［*b5*］我既然不足以知道冥府③的事，我就认为我不知道。但我知道，行不义或不服从比自己好的神和人，是坏的和可耻的。这些我知道是坏的，相对于这些坏事情，④ 我从来不会害怕，也不会逃避那些我不知道没准是好的事情。

［**B. 苏格拉底的哲学使命**］

而如果［*29c*］你们不听安虞托斯的话——他说，要么一开始

---

① ［S本注］苏格拉底虽然总说他如何省察别人，但对自己的省察同样是他的哲学生活中非常重要的一个方面。此处的说法也是一个重要例证。

② ［B本注］ἀπειθῶν是一个很重的词，指的是对神和国家的不服从。下文（29c1）中的ἀπιστεῖν是个相对轻一些的词。

③ ［译按］严格说来，这里的Ἅιδου（"不可见"的意思）一词指的是冥界之神哈德斯。此处的"冥府"直译应该是"冥神那里"。

④ ［S本注］苏格拉底在刚刚表示他没有智慧之后，就如此自信地强调他知道这一定是坏的。［译按］这种张力非常有助于我们理解"无知之知"的含义。

就不该把我带到这里来，要么，既然我被带来了，就不能不处死我；① 他对你们说，我要是给放了，你们的孩子就都会［c5］实践苏格拉底所教的，就全都败坏了——放了我，② 对这件事，如果你们跟我说："苏格拉底，现在我们不听安虞托斯的话，而是放了你，但有一个条件，即，你不要再花时间研究了，别再爱知③了。而如果［29d］我们逮着你还在做这些，你就要死。"

如果你们就是在我说的这些条件下放我，我要告诉你们："雅典的人们，我向你们致敬，爱你们，但是我更要听神的话，而不是你们的。④ 只要我还有一口气，能够做，我就根本不能［d5］停止爱知，⑤ 要激励你们，告诉你们中每个我遇到的人，说我习惯说的话：'最好的人，你是雅典人，这个最伟大、最以智慧

---

① ［B本注］这一定是引的安虞托斯真正的一段话。安虞托斯其实希望苏格拉底在审判之前离开雅典；如果他不离开，那就一定要判处死刑。《克力同》45e3 中也暗示，苏格拉底本来是可以避免受审的。

② ［S本注］按照法律程序，雅典人是不可能在这个时候让苏格拉底离开的。即使他们判苏格拉底无罪，后面也要投票，还有别的很多程序。苏格拉底知道这一点，他这么说，只是出于论说的目的。

③ ［S本疏］这是"爱知"在这一段里第二次出现。"花时间研究"是此处对"爱知"的定义，指的就是德尔斐神谕让苏格拉底所做的事。但在描述他的无知之知时，苏格拉底从未用过"爱知"或"爱智"。这或许表明，只有在肯定性地，而不是否定性地描述他的使命时，苏格拉底才会称之为"爱知"。

④ ［BS本疏］此处苏格拉底说，他更应该遵守神谕而不是法律，似乎与《克力同》中关于遵守法律的说法相矛盾。但实际上，苏格拉底所讲的并不矛盾。［RE本疏］仔细分析苏格拉底此处和《克力同》中的逻辑，我们会发现两处并不矛盾。《克力同》中法律的说法是相当笼统的，并没有说苏格拉底必须遵守哪怕是不正当的法令。

⑤ ［S本疏］这是这一段里第三次出现"爱知"。此处对爱知的解释是"要激励你们，告诉我遇到的你们中的每个人，说我习惯说的话……"

（σοφία）和力量著称的城邦①的人，你只想着聚敛尽可能多的钱财，［29e］追求名声和荣誉，② 却不关心，也不求知（φϱοντίζω）智慧（φϱόνησις）③ 和真理，以及怎样使灵魂变成最好的④，你不为这些事而羞愧⑤吗？’如果你们中有人反驳，说他关心，我不会很快放他走，自己也不走，而是询问他，省察他，诘问他，如果

——————

① ［B 本注］在公元前 399 年，这样描述雅典已经不合适了。不过，苏格拉底属于伯里克利时代，所以他更爱用伯里克利时代的语言。说雅典是最智慧和有力量的城邦，指的是雅典的艺术成就和帝国力量。

② ［B 本注］苏格拉底把“好”分为三种：金钱、荣誉、智慧。希腊文化中一直有传统，将人的生活方式分为三种。毕达哥拉斯那里可能就已经有了这种划分。亚里士多德在《尼各马科伦理学》卷一 1215a32 – b14 中也讨论了这三种生活方式，应当是对此最早的系统讨论。在《斐多》68c1 – 2、82b10 – c8 中，苏格拉底也区分了爱钱者、爱名者、爱智者。因此，苏格拉底在此的列举并非随意，而是体现了他对不同生活方式的一贯区分：荣誉高于金钱，真理高于荣誉。苏格拉底用“名声”和“荣誉”两个词来谈第二层次，用“智慧”“真理”“灵魂”来谈第三个层次，体现了他对不同层次的价值判断。这三者对应于他对灵魂的三分：欲望、意气、理性。因为三者分别就是这三部分的欲望。［S 本疏］我们可以看到四种三分法：三种好，三种人，三种生活，灵魂的三部分。在这四者之中，只有第一种才是最根本的。

③ ［译按］这里的“智慧”一词与 29d7 以及本书中多处出现的“智慧”用词不同。W 本把这里译成 prudence。但我们按照习惯，都翻译成智慧。我们同意 B 本的处理。［B 本注］在柏拉图那里，这两个词没有严格的区别。

④ ［B 本注］在希腊人中，苏格拉底第一个讲，灵魂是决定知识与无知、善与恶的地方。因此，苏格拉底会把“关心灵魂”当作人的首要责任，这也是苏格拉底学说中最根本的一点。与苏格拉底很熟的伊索克拉底也谈到这一点。他不太可能是从柏拉图那里受到的影响，因为柏拉图比他小很多。

⑤ ［S 本注］苏格拉底在这里是有意重复 28b3 中的“羞愧”一词。苏格拉底作为被告，却总是教给他的法官们行为标准。可参考《高尔吉亚》c4 – e1 中关于法庭辩论的讨论。

我发现他并没有德性，［e5］反而说自己有，就责备他［30a］把最大价值的当成最不重要的，把更微小的当成更大的。只要我遇上了，无论年轻人还是老人，① 无论外邦人还是本城的人，我都会为他②这么做，尤其是本城的人，因为你们是离我最近的同胞。③［a5］你们要清楚，是神命令如此。我认为，比起我对神的服务，你们在这城里还没有过什么更大的好处。我在城中转悠，所做的不过就是劝说④你们当中的青年和老人，不要这么关心身体或金钱，［30b］赶上了让灵魂⑤变得尽可能最好的劲头，对你们说：'德性不来自金钱，而是，金钱和人类所有别的好处，无论

---

① ［S本注］这里第一次清楚地指出，苏格拉底教育的对象并不限于年轻人。虽然他的罪名是败坏青年，但苏格拉底的学说是针对所有人的。在即将谈到这个罪名之前，苏格拉底在此特意把老年人加进来。

② ［B本注］应该翻译成"为他这么做"，而不是"对他这么做"。苏格拉底认为，省察谁，是为谁做好事，从这个细节可以看出。

③ ［B本注］苏格拉底尤其关注雅典人，这一点使他和那些到处云游的智者不同。苏格拉底的哲学是"民族性"的，而不是超越国界的。他对雅典人的重视，同伯里克利排除外邦人的法律是一致的。［S本注］此处的用语，一般是用在近亲身上，特别是涉及遗产继承的时候。在后文（31b4 - 5），苏格拉底谈到他像父兄一样对待雅典的年轻人。也可参照《克力同》50e7 - 51c3，其中，"法律"谈到祖国应该被当成父母来看待，因而同胞应该被当成兄弟。

④ ［S本疏］在别处，柏拉图以更技术化的语言把苏格拉底的这种活动描述为"劝诱"（προτρέπειν）。如《欧蒂德谟》275a1 - 2、278c5 - 6、d2 - 3、282d5 - 6，《克莱托普丰》408c2、d3、d6、410b5、d2、d3、e5、e7，《会饮》181a6，《法义》卷四 711b7 等。此处只是用"劝说"（πείθειν）这个一般性的词。

⑤ ［S本注］这里可以和伊索克拉底的说法对照。伊索克拉底同样强调对灵魂的关心，但是，他的用意和柏拉图非常不同，甚至还攻击柏拉图。最重要的区别在于，伊索克拉底认为，财富、荣誉、地位、安全是人最高的价值，而苏格拉底完全否定这些。

个体的还是城邦的①，之所以好，都是因为德性。'② ［*b5*］如果我就是通过说这些来败坏青年，那么这就是有害的。③ 但是，如果谁说我说的不是这些，他就说得不对。对此，"我会说，"雅典的人们，不论你们是否被安虞托斯说服了，不论你们是否放我，我都不会 ［*30c*］不这么做，虽九死而不悔。"

不要叫喊，④ 雅典的人们，请遵守我要你们做的，在我说话时不对我叫喊，而是听我说。因为，我认为，听我说话也对你们有益。我要对 ［*c5*］你们说一些话，也许这会让你们叫（βοήσεσϑε）⑤ 起来。但是永远不要这么做。要明白，如果你们杀了我，而我是我所说的这样的人，那么，你们对我的伤害，并不比对你们自己的伤害大。没人会伤害我，无论是美勒托斯还是安虞托斯——因为他们没有能力——因为我想，让 ［*30d*］更好的人被更不好的人伤害，是渎神违法的。⑥

———————————

① ［S本注］苏格拉底虽然往往是和个人谈，但他所关心的并不限于个体的事情，而且包括城邦的美好。

② ［译按］这句话有两种读法。W本、王甲本等都把这里理解成"钱财等等都来自德性"。［B本注］这是因为插入语使句子变得复杂了，所以造成了误解。应该是，金钱和别的好处之所以好，是因为德性。苏格拉底不会把德性当成一种投资，可以为人带来金钱和别的好处；而是，金钱等等本身无所谓好；德性使别的好处成为好的，同时也使金钱成为好的。如果没有德性，这些都会存在，但都不是好的。

③ ［S本疏］在针对第二点的反驳中，"有益""有害"之间的对照将是核心的。

④ ［B本注］显然，苏格拉底前面的话引起了众人的叫喊。

⑤ ［R本注］"叫"是个比"叫喊"更重的词。

⑥ ［译按］ϑεμιτόν，这个词有宗教性的味道，可以指神法允许，但也可以从世俗政治理解，指人法允许。［B本注］苏格拉底在此非常严肃地说出了他的一个基本观点：对人真正的伤害，就是使他变成一个坏人。只有对灵魂的伤害才是真正的伤害。参考《克力同》44d6以下，《高尔吉亚》的核心主题也是这一点。参考本书页88注④。

也许他能杀死、放逐或剥夺公民权。① 此人和别人一定都认为，这是很大的坏事，我却不这么想，而是认为，现在做这事——即[d5] 试图不义地杀人——的人对自己带来了大得多的伤害。②

现在，雅典的人们，我远不是像常人想象的那样，在为自己申辩，而是为你们申辩，③ 以免你们判了我罪，从而对神给你们的赐予犯了错误。[30e] 而如果你们杀死我，你们将不容易找到别的这类赐予了，即——打个不恰当的比方④——像我这样，受命于神，献身城邦的一个，这城邦就如同一匹高头大马⑤，因为

---

① ［S本注］《高尔吉亚》中不断提到的三种主要惩罚是杀死、放逐、没收财产（466b11 – c2，c9 – d3，468b4 – 6，c2 – 3，d1 – 2，470b2 – 3）；只有一处（468e8 – 9），第三项是"监禁"。而在本篇，苏格拉底在谈到自己可能遭受的刑罚时，不谈"没收财产"，并不是因为没收财产对他构不成伤害，而是因为他太穷了，没有财产可以没收。［译按］译文参考孙本。

② ［S本疏］在这一段，苏格拉底指出了他所理解的虔诚的三个基本特点：第一，他认真对待德尔斐神谕交给他的任务；第二，他的神圣使命不会限于具体的宗教仪式，而是贯穿了他的一生；第三，他对神意完全信赖，认为自己在诉讼中不可能受到伤害。

③ ［S本疏］在雅典城邦，这是非常独特的一种说法。一般情况下，原告可以说，他的诉讼是为了城邦的利益；但如果被告这么说，那就是非常可笑和荒谬的了。苏格拉底此处有意和惯常的说法相反。

④ ［译按］这个词原意有"荒谬""可笑"的意思，中文难以准确传达。［S本注］这里的荒谬之处，不在于用马来比喻城邦。在那个时代，马是高贵的动物，从来不用来耕田和负重。可笑的是，苏格拉底把自己比喻成牛虻，因为牛虻是一种毫无价值的昆虫。［译按］刘以焕先生认为，此处应该译作"马虻"。参见刘以焕，《古希腊语言文字语法简说》，上海：上海人民出版社，2005，页328 – 336。但我们认为，这个词虽然在希腊文里确实没有"牛"的意思，但中文的"牛虻"是对这类昆虫的标准称呼，它并不只是叮牛的，所以还是按照传统的译法译为牛虻。

⑤ ［S本注］身量大小，是是否美的一个重要标准。

大，就很［e5］懒，需要一只牛虻①来惊醒，在我看来，神就派我到城邦里来当这样一个牛虻，惊醒、［31a］劝说、责备你们每一个，我整天不停地在各处安顿你们。

诸位，另外一个这样的人不容易出现在你们中间了，而如果你们听了我的，你们就放了我。也许你们立即会遭到烦扰，就像打盹儿的人被惊醒；②如果你们要打［a5］我，听信了安虞托斯的话，③很容易就能杀我。如果神不再操心派另外一个来烦你们，随后你们就要在沉睡中度完余生。而我恰巧就是神派给城邦的这样一个，你们［31b］由这事就该明白：我不关心我自己的任何事，简直不像是人所能为，④多年来，家里的事都得不到关心，而我总是为你们做事，私下走到你们每个人那里，像父亲或长兄一样，［b5］劝你们关心德性。如果我从中得到什么，或靠叫你们做这些挣报酬，那还有些道理。现在，你们自己看，他们，那些控告者，虽然如此无耻地在别的所有事情上控告我，却不能厚着脸皮［31c］提供证人，证明我拿过或乞求过报酬。而我认为，我可以提供足够的证据，证明我说的是真的，那就是我的贫穷。

———————

① ［S本疏］苏格拉底在此处强调自己对城邦是多么重要，似乎与苏格拉底的一贯态度不同。为了使此处的说法不像自吹自擂，柏拉图一方面让苏格拉底强调，这是神派给他的使命，另一方面，又让他使用了"牛虻"这个幽默的比喻。于是，在如此严肃的话题中，苏格拉底仍然体现出他特有的幽默和反讽的风格。而"牛虻"也成为柏拉图笔下最著名的比喻之一。

② ［S本疏］这个比喻在此发生了变化。一只飞虫骚扰的不再是马，而是打盹儿睡觉的人，那人就不仅想赶走它，而且要打死它。

③ ［S本注］苏格拉底总是把安虞托斯描写成很有影响力的人。他的权威影响的不只是墨勒托斯，而且是众多的陪审团成员。

④ ［B本注］苏格拉底的意思是，这不是人力所能做到的，而一定有神的介入。而且，苏格拉底并不是从一开始就是个穷人。［S本注］当时一般的意见是，杰出人物在关心城邦利益的时候，不能忽视自己的生活。

[C. 哲学作为政治]

这看起来也许有点不合常理：① 我私下为 [c5] 人们出主意，奔走忙碌，② 在公共场合，却不肯走到你们众人当中，为城邦出主意。③ 此事的原因，就是你们多次听我在很多地方说的，④ 会出现一个神性的 [31d] 精灵的声音，⑤ 而美勒托斯在写诉状时，嘲讽的也许就是这一点。⑥ 这从我小时候就开始了，就出现了某种

----

① ［S 本疏］这是苏格拉底要回应的第二种批评。只是，这次不像 28c3 中那样，直接设想一个提问者。但两者还是相互呼应的。我们可以从两处都用"也许"（ἴσως ἂν οὖν）这一词组看出来。

② ［B 本注］苏格拉底私下是个忙人，但在政治上是个闲人。伯里克利在演讲中曾经批评过这样的人（修昔底德，《伯罗奔半岛战争史》卷二：40，2）。［S 本疏］按照修昔底德记录下的伯里克利的《葬礼演说》，民主制度下的雅典人的做法应该是，他们私下并不刺探彼此的生活，也不相互责备；但是在公共生活中，雅典人总是能够承担责任，勇于相互批评。这一观念，应该受到了普罗塔戈拉的思想的影响。

③ ［R 本注］苏格拉底不参与政治的主要原因，并不是因为他在政治中无法捍卫自己的原则，而是因为，他认为自己的使命是道德性的和个体性的。对他而言，纠正一个具体的政策并不重要，重要的是提高每个人的德性。

④ ［B 本注］苏格拉底提到这个精灵的声音来为自己辩护，因而不会认为，这个精灵导致了原告对他提出指控。因此，这个声音的出现，并不能证明苏格拉底是不敬神的。

⑤ ［译按］在柏拉图的其他对话中，也多次出现这个精灵的声音。见《游叙弗伦》3b，《理想国》496c，《泰阿泰德》151a1，《斐德若》242b－c，《欧蒂德谟》272e，《武阿格斯》128d－131a 等处。在色诺芬的《回忆苏格拉底》1：1.2－9，《申辩》4：12－13 中也曾提及。

⑥ ［B 本注］这句话并不能证明，美勒托斯和安虞托斯是因为这个声音控告苏格拉底引进新神的。游叙弗伦也曾认为，正是因为苏格拉底总谈这个声音，所以美勒托斯等人说他引进新神。这仍然不能成为足够

声音，每当它出现时，它总是阻止我要做的事，却从不鼓励我做
什么。① ［d5］就是它反对我参与政事，② 而且我认为反对得漂亮
（παγκάλως）。而你们要明白，雅典的人们，如果我很早以前就试
图参与政事，我早就死了，③ 那么我［31e］对你们和我自己④都会
毫无益处。⑤ 不要因为我说出真话而对我动怒。凡是坦诚地反对你们⑥

的证据。苏格拉底在此只是在开玩笑，并没有真的认为，这就是自己引进新
神的证据。可惜人们把苏格拉底的玩笑太当真了。［BS 本疏］这个精灵的声
音一定是美勒托斯等人告苏格拉底不敬神的理由。［译按］BS 本和一些别的
研究倾向于认为，精灵的声音与不敬之罪有关。但这些学者并没有足够的证
据推翻 B 本的说法。

① ［B 本注］对于这个声音，有两点很重要。第一，它只会阻止，不
会鼓励；第二，它只关心事情的后果，并不评价对错。

② ［译按］在《理想国》496c3 中，苏格拉底也说，是因为这个声音
的反对，他才不从政。

③ ［译按］这句话里出现了两个"很早"（πάλαι）。S 本以及别的研究
者认为是个错误，只应保留一个。但我们仍然依据原文翻译。

④ ［S 本注］这里隐含的一个观念是，苏格拉底在省察雅典人的时候，
不仅对众人有好处，对他自己也有益处。在 28e5－6 和 38a3－5 中，都表达了
相同的意思。在《理想国》卷六 496c8－d5 中，也有类似的说法。这是苏格拉
底的爱智观念里非常重要的一点。

⑤ ［B 本注］这个声音在阻止苏格拉底时，从来不给出原因。苏格拉
底需要自己猜想，原因究竟是什么。而他对此作出的解释是，如果他参与了
政事，早就会被城邦处死，从而无法完成神交给的使命了。但无论是可能的
死，还是别的危险，都不会阻止苏格拉底听从德尔斐神谕给出的积极的命
令。这个积极的命令与这个声音没有关系。

⑥ ［S 本注］在法庭上，被告常常用"你们"来指代公民大会或是民
主的大多数。一般认为，雅典的陪审团就应该是雅典的公民。这并不是因为
陪审团中的人们真的都参加公民大会，也不仅仅是为了尊重雅典的民主主
权，而是对演说者非常有利的一种修辞方式。因为，这样一来，陪审团就能
体现雅典的光荣历史，并且，他们在道德上就与雅典人以前的决定结合在了
一起。苏格拉底后文所用的几个"你们"往往可以从这个意义上来理解。

或别的大众①，阻止在城邦里发生不义或犯法的事的人，都活不了，② 事实 [32a] 上，谁若一定要为正义而战，并且想多活一段，他必须私下干，③ 而不是参与政事。

对这些，我会给你们举出有力的证据，不用 [a5] 语言，而是用你们看重的事实（ἔργα）。④ 请你们听我的经历，你们就会知道，我不会因为怕死而违背正义地向人屈服，哪怕不屈服就会丧命。我要告诉你们的，是讼师的陈词滥调，不过是真的。⑤ 而我，雅典的人们，从来没有在城邦里任过 [32b] 别的职位，只当过议员。⑥ 那时正该我们安提俄喀斯（Ἀντιοχίς）部族当主席，⑦

---

① ［译按］这是在一般意义上用"大众"这个词。苏格拉底在此并没有表达他对民主制的态度。

② ［B 本注］曾有研究者指出，柏拉图的这句话表明，他否定了自己早年对政治的热情。但这样一种解释过于草率，是研究柏拉图时需要避免的一个陷阱。

③ ［B 本注］这个词一般是指做生意、从事专业，特别是行医这样的私人职业，从而与政务区分开。

④ ［B 本注］苏格拉底在给出下面两个事实来证明自己在政事中不顾安危的时候，并没有涉及那个精灵的声音。对于什么是合法和正义的，他是靠自己来判断的。

⑤ ［B 本注］苏格拉底的意思是，他所说的，看上去和吕西阿斯等人为人们所写的辩护辞相似，但不像他们那样吹嘘，而都是真事。

⑥ ［B 本注］苏格拉底说自己只当过议员，并不意味着他只当过一次议员。我们会在 32b6 看到，这很可能是苏格拉底第二次当议员。另外，苏格拉底当议员，也并不违背他不从政的原则。当议员和当兵一样，是公民的义务，不算从政。

⑦ ［B 本注］雅典的议会一般由十个部族组成，通过抽签，每个部族选出五十人作为议会为城邦工作 35 天或 36 天。议会决定要把什么事情提交公民大会讨论。这五十个人被称为"主席"。

而你们通过决议，① 要集体审判十个将军，② 因为他们在从海战班师时，没有注意运回阵亡的很多尸体③——后来，[*b5*] 你们都认为这不合法。但在那时的主席当中，只有我反对④你们做违法的事，投了反对票。虽然那些演说家⑤准备弹劾我，要逮捕我，你们鼓动他们，大喊大叫，但我认为我立足于法 [*32c*] 律和正义，认为自己应该冒风险，而不是因为害怕被捕或死亡，就赞同你们提不义的建议。那是城邦还是民主制的时候。等到成了寡头制，三十

---

① ［译按］关于这件事，色诺芬在《希腊史》（1.7）中有非常详细的描述。在雅典与斯巴达的战争结束前两年，也就是公元前 406 年，雅典与斯巴达在埃吉纳岛（Aegina）附近有一场海战，即阿尔吉努塞（Arginusae）海战，雅典取得了胜利。战斗结束后，海上起了风暴，很多被打坏的战船和雅典将士（包括阵亡的和活着的）还在战场上，无法营救。公民大会举行了两次集会，要集体判处十个将军中的六人死刑，但苏格拉底认为这不合法，应该分别审判。他的反对没有起到作用。B 本把这里理解为"议会的决议"，但 S 本根据色诺芬的记述，有力地证明，苏格拉底的反对应该发生在公民大会上，而不可能是议会上。

② ［B 本注］这并不很准确，因为当时有一个人已经死了，两个人没有回到雅典，还有一个人没有被审判。只有六个将军遭到了审判，并被处死。［S 本注］事实可能更加复杂。此事到底牵涉到了多少将军，我们很难猜测了。但数字无关宏旨，重要的是，是不是集体审判。

③ ［译按］古希腊人认为，死人的灵魂与尸体一起埋在坟墓里，埋葬的礼仪就出于这种远古的信仰。为了让灵魂可以在地下度过来生，必须用土来埋葬身体。没有坟墓的灵魂会没有居所，成为孤魂野鬼。参见库朗热（*Fustel de Coulanges*）《古代城邦》（谭立铸等译，上海：华东师范大学出版社，2006）。

④ ［译按］按照色诺芬的叙述，苏格拉底并不是唯一一个反对的。但他是唯一一个坚持到底的。所以，按照 B 本的说法，苏格拉底这样说也是有根据的。

⑤ ［S 本注］到了公元前 420 年，人们一般用"演说家"来指代"政治家"。（参考本书页 97 注③。）

僭主① ［*c5*］召我们五个人到圆宫②，命我们把萨拉米斯的勒翁
（Σαλαμῖνος Λέοντα）③ 从萨拉米斯带走处死，他们也给了别的很多人很
多这类命令，希望让尽可能多的人承担责任。④ 对此我［*32d*］又用行动
而不是用言辞指出，我宁愿死——如果这不是一个很粗鲁的说法⑤——

---

① ［译按］伯罗奔半岛战争结束后，斯巴达取胜，在雅典扶植了三十
僭主。三十僭主起初只是处死一些人们不喜欢的煽动家和政治人物，后来就
发展到诛杀很多民主制的支持者，以及富有的公民和外邦人。很多同情民主
制的人逃离了雅典。公元前 403 年，三十僭主的统治只有八个月，就被这些
逃亡者推翻了。寡头党的余部从雅典退到附近的一个小镇上，到公元前 401
年才被彻底消灭。仅两年后苏格拉底遭到审判。苏格拉底不是民主派，所以
在三十僭主时期没有离开雅典。

② ［S 本注］圆宫（ϑόλος），又称"伞宫"（σκιάς），是一个圆形建筑，
在民主制时期的雅典，当主席的五十个议员在那里集会、献祭、吃饭。三十
僭主把这里当成他们主要的政府建筑之一；但关于这一点的唯一证据，就是
现在这一段。

③ ［B 本注］勒翁据说是一个很正直的人。处死他是三十僭主犯下的
一大罪行。三十僭主处死的无辜的人很多，但勒翁之死尤其引起人们的愤
恨。正是因此，柏拉图认识到，虽然三十僭主集团中有他的近亲克里提阿斯
和卡尔米德（柏拉图有两篇以此二人命名的对话），但他不能在那个时候参
与政事。参考《书简七》325a5－6。［S 本疏］对于勒翁的事，其他书上没
有详文，我们很难知道细节。色诺芬在《希腊史》2：3，38－40 提到了他。
柏拉图在《书简七》中谈到，他是一个雅典公民，民主派的朋友。他未必是
萨拉米斯人。当时他可能逃到或流放到了萨拉米斯。

④ ［译按］严本和王甲本把这里理解为，尽量多冤枉人。而 L 本、W
本、H 本、HE 本、王乙本都认为，这里的意思是让尽可能多的人承担罪责，
这个理解应该是正确的。

⑤ ［B 本注］在柏拉图那里，此处的 ἀγροικότερον 指的是直来直去地说
话，而不用委婉和文雅的说法。在法庭上以这样一种不委婉的说话方式蔑视
法庭，将会遭到最重的惩罚。［S 本注］这里的关键在于，苏格拉底在谈到
对死亡的蔑视时，带着一种非常高傲的语气，表明了对怕死的人们（包括陪
审团，也包括别人）的蔑视。《会饮》中提到的他在寒冷中的表现，也是对
怕冷的战友们的一种蔑视（220b4－c1）。

也不愿意做这个，这不义或不虔诚（ἀνόσιον）①的事。这是我的
全部关心所在。因为那个政府虽然强硬，却不能逼我［*d5*］去
行不义，于是，我们走出圆宫后，另外四个人②到萨拉米斯去带
勒翁，我却回家去了。也许，如果这个政府不很快被推翻，我就
因此而死了。而［*32e*］关于这，很多人可以向你们作证。③

那么，如果我以公事为业，④做一个好人应该做的事，扶助
正义，公事公办地把这当作最重要的事来做，你们认为我还能活
这么大岁数吗？［*e5*］根本不能，雅典的人们。别的任何人也不
能。［*33a*］在我的整个一生中，我若是从事公共事务，就都是这
样的，在私下的活动中，也是如此。我从来没有屈服于任何违背

---

①　［译按］关于"虔诚"和"虔敬"的区别，参见本书页139注④。

②　［B本注］这四个人当中包括美勒托斯。虽然有人认为这可能不
是控告苏格拉底的美勒托斯，但这种怀疑站不住脚。［译按］近些年的
研究一般认为，逮捕勒翁的美勒托斯应该不是控告苏格拉底的美勒托斯。
在《游叙弗伦》2b8 中，苏格拉底提到美勒托斯时，说自己并不认识他，
那他怎么可能曾经与美勒托斯一起执行过任务呢？另外，公元前 399 年
另一场不敬案中的美勒托斯，应该就是逮捕勒翁的美勒托斯。这似乎告
诉我们，控告苏格拉底的美勒托斯与控告安多齐德的美勒托斯不是同一
个人。

③　［B本注］按照雅典法律的程序，在这个时候，应该有证人出庭作
证。苏格拉底知道，他之所以被审判的真正原因，是安虞托斯怀疑他对民主
制不忠。而他举出的三十僭主期间的证据，是一个很有力的自我辩护。他可
以尽可能地利用这方面的证据。［S本疏］柏拉图在此有意让苏格拉底选取
了两个例证，一个是民主制度下的，一个是三十僭主时期的。由此可以清除
关于苏格拉底尤其反对民主制的成见。苏格拉底反对的是任何政治制度中都
会有的不义，而不是哪种具体的政治制度。

④　［S本注］这里的意思，不是说一般的参与公事，而是把公事当成
职业。显然，苏格拉底并不是没有从事过公事，只是没有把这当成职业。

正义的事，不论是对那些被诬蔑我的人称为我的学生的，① ［*a5*］还是别的人。我从来都不是老师。② 如果有谁想听我说话和听我完成我的任务，③ 不论青年还是老年，④ 我都从不拒绝。⑤ 我不会只有收了钱 ［*33b*］才讲，不收钱就不讲，不论贫富，我都会向他

---

① ［译按］苏格拉底在此是在反驳民主派对他的一个怀疑，即他影响了民主派的敌人阿尔喀比亚德、克里提斯、卡尔米德等人。参考本书引言（页 2–3）。［B 本注］美勒托斯等人虽然未必会明确这么说，但不一定没有考虑这一点。［S 本疏］美勒托斯人告苏格拉底败坏青年，就是指败坏了阿尔喀比亚德、克里提阿斯、卡尔米德等人。［W 本注］根据公元前 403 年重建民主制时的特赦令，此前所犯的罪都不予追究。因此，这一说法未必成立。［BS 本疏］由于这个罪名是苏格拉底死后伯利克拉底说出的，并没有足够的证据证明是苏格拉底的真实罪状。［译按］我们还是认为，苏格拉底对待民主制度的态度和他的审判有很大关系。各种反对意见都没有足够的证据。参考本书引言。

② ［S 本注］苏格拉底此处隐含的意思是，阿尔喀比亚德三人不是他的学生，他也不是他们的老师，因此他无法为他们的行为负责。但苏格拉底此处并不是说，他对雅典青年没有影响。苏格拉底不相信，智慧可以传授。在他看来，智慧永远是灵魂之事，因此只能从灵魂中培养起来，靠自己完成。因此，苏格拉底只能激励和劝诱，却不能代替别人负责。正是因此，他拒绝以老师自居。

③ ［S 本注］苏格拉底所做的这些，是神给他的任务，涉及的是每个人的私事，因此不能算作公事。

④ ［S 本注］这一点就可以证明，苏格拉底不是教师，因为按照雅典人的理解，只有青年人才需要教师。

⑤ ［B 本注］《会饮》217a 以下，阿尔喀比亚德所讲的印证了这些。他去找苏格拉底，苏格拉底会和他谈话。但讲完两人就分开了，他无法和苏格拉底变得更亲密。虽然阿尔喀比亚德非常仰慕苏格拉底，但当时他只是个孩子。后来，阿尔喀比亚德从未自认为是苏格拉底的学生，甚至不是苏格拉底比较亲密的圈子中的成员。克里提阿斯也是一样。

们问问题。① 谁要想听我说什么，就要回答。不论这些人变好了，还是没有，让我负责是［b5］不对的，因为我对他们从未许诺什么，也没教给他们什么。如果有人说，曾经从我处私下学过或听到过什么，而别人都没有，你们要明白，他说的不是真的。②

　　但为什么，有人那么喜欢和我来往［33c］这么长时间？你们听到了，雅典的人们，我对你们说的是全部真相。这是因为，他们喜欢听我省察那些自以为智慧，其实不智慧的人。③ 这不是不愉快的事。正如我说的，这是神［c5］派我干的，通过神谕，通过托梦，④ 通过凡是神分派让人完成任务时，所采用的别的各种方式。⑤ 这些，雅典的人们，都是真的，很容易检验。⑥ 如果我败坏［33d］青年，我就已经败坏了一些，他们中一些人应该已

---

　　① ［B本注］这里的意思是，苏格拉底都允许他们提问，而不是被自己提问。［译按］但对照下文以及柏拉图对话中的一贯情况，我认为还是应该依照传统译法，是苏格拉底提问。［S本注］这里是柏拉图在《申辩》中唯一一次明确提到苏格拉底的辩证法。

　　② ［S本注］苏格拉底否认，他会给一些有特权的学生秘传什么神秘的学说。他的圈子是相当开放的，与毕达哥拉斯派很不一样，更不会形成政治密谋团体。关于教育问题，苏格拉底在《申辩》中明确否认的有两点：第一，他的教育收费；第二，他有一套秘传的教诲。

　　③ ［S本注］在这里，苏格拉底表明，他喜欢省察别人的原因和那些年轻人是不一样的。他这样做是因为神谕，而年轻人是因为这是件愉快的事。

　　④ ［B本注］关于托梦，应当是受了俄耳甫斯传统的影响。俄耳甫斯主义认为，只有在身体沉睡的时候，灵魂才会很积极。《克力同》44a6以下和《斐多》60e2以下都谈到了托梦对苏格拉底的影响。［S本注］应当联系《斐多》60e4－61a4的部分来理解梦对于苏格拉底的意义。

　　⑤ ［译按］柏拉图哲学中的 ϑεία μοῖρα 是一个被广泛研究的题目。［S本注］这里的 ϑεία μοῖρα 可以有两种理解：一种是指神主动的命令，另一种是神在具体情况下对人的指引。上一行说"神派我干的"是指第一种，而这一句是指第二种。但在柏拉图这里，二者的区分并不是很明显。

　　⑥ ［译按］即，如果是假的，很容易识破。由下文可以看出来。

经长大了，就会认识到，他们在年轻的时候，曾经被我出过坏
主意，现在就会走上来控告我、报复我。如果他们［*d5*］自己
不愿意，① 他们的那些亲戚中也会有人来，父亲、兄弟，和别的亲
戚都会。如果这些人的一些亲戚曾经从我这里遭受了坏事，他们现
在就会记起来，报复。我看到，这里有他们中的很多人，首先是这
个克力同（*Κρίτων*），［*33e*］和我是同龄人，出身也相同，② 是这个
克里托布鲁斯（*Κριτοβούλυς*）③ 的父亲，然后是斯斐托斯
（*Σφήττιος*）人吕萨尼阿斯（*Λυσανίας*），④ 这个埃斯基涅斯
（*Αἰσχίνης*）⑤ 的父亲，还有这个刻斐修斯（*Κηφισιεύς*）人安提丰

---

① ［S本注］这里的逻辑是，如果他们走上前来指责苏格拉底，就无异
于承认，自己年轻时受到了苏格拉底的毒害，做过坏事。因此，他们可能羞
于这样做。

② ［译按］克力同是一个资质平庸的富人，因为和苏格拉底同属一个
部落而成为朋友。在《欧蒂德谟》中，克力同向苏格拉底请教，如何教育克
里托布鲁斯。他又出现在《克力同》《斐多》等对话中。色诺芬在《回忆苏
格拉底》和《会饮》中都提到了他，但评价不高。［S本注］正是因为克力
同对苏格拉底的这些了解，他最适合评价，苏格拉底对克里托布鲁斯究竟有
些什么影响。

③ ［译按］克里托布鲁斯据说是个很愚蠢的孩子，总是去看喜剧，没
有真正的朋友。埃斯基涅斯也曾经提到克里托布鲁斯，也评价很低。可参考
色诺芬《回忆苏格拉底》2：6 和《论家政》3：7。他也出现在《斐多》中。

④ ［译按］斯斐托斯是一个部落名，吕萨尼阿斯没有在别处出现过。

⑤ ［译按］埃斯基涅斯曾写过《苏格拉底之言》多篇，其中有很多保存
了下来。据说他忠实地记录了苏格拉底的言谈。［B本注］他的《阿尔喀比亚
德》中的苏格拉底更接近柏拉图笔下的苏格拉底，而不是色诺芬笔下的苏格
拉底。他也出现在《斐多》中。

（Ἀντιφῶν），① 厄庇革涅斯（Ἐπιγένης）② 的父亲，还有别的一些人，他们的兄弟都和我来往，还有忒俄佐提得斯（Θεοζοτίδος）的儿子［e5］尼科斯特拉托斯（Νικόστρατος），忒俄多托斯（Θεόδοτος）③ 的兄弟，现在忒俄多托斯死了，他不能阻止尼科斯特拉托斯告我了。

还有德摩多克斯（Δημοδόκος）④ 的儿子，那个帕拉鲁利俄斯（Παράλιος），⑤ 忒阿格斯（Θεάγης）⑥ 本是⑦他的兄弟。还有［34a］阿里斯通（Ἀρίστωνος）的儿子，那个阿德曼托斯（Ἀδείμαντος）⑧，

①　［译按］刻斐修斯是一个部落名。这个安提丰在别处没有出现过。他不是我们在之前提到的智者安提丰（参考本书页81注①）。

②　［译按］厄庇革涅斯出现在色诺芬的《回忆苏格拉底》3：12 中。他身体不好，苏格拉底劝他锻炼身体。他也出现在《斐多》中。

③　［S本疏］这里提到这三个人非常重要。忒俄佐提得斯对于雅典恢复民主制起到了至关重要的作用，因此在雅典的民主派当中享有崇高的威望。而《申辩》中的这一处是唯一一次提到，他的儿子属于苏格拉底的圈子。如此重要的一个民主派允许自己的一个儿子与苏格拉底交往，而他的另一个儿子在法庭上支持苏格拉底，这有着非常重要的意义。

④　［译按］德摩多克斯比苏格拉底年长，曾担任过雅典的很多要职（《忒阿格斯》127e），在《忒阿格斯》中请求苏格拉底教育儿子忒阿格斯。［B本注］修昔底德在《伯罗奔半岛战争志》卷四：75 中提到的将军可能就是他。有一篇题为《德摩多克斯》的对话，据说是柏拉图所写，一般认为是伪作。

⑤　［译按］帕拉鲁利俄斯没在别处出现过。

⑥　［译按］在《忒阿格斯》中，苏格拉底不愿收忒阿格斯为弟子。在《理想国》496b6 中，苏格拉底提起过他。

⑦　［译按］过去时。可能忒阿格斯当时已死。苏格拉底在《理想国》中说他身体不好。

⑧　［译按］这就是在《理想国》中与苏格拉底对话的阿德曼托斯。当时他还是个青年，现在已经被当作了父兄。［B本注］《理想国》中的对话发生的时间应该很早。在《理想国》中，阿德曼托斯与珀勒马科斯交好，而珀勒马科斯被三十僭主所杀。阿德曼托斯也是民主派。

柏拉图是他的兄弟①。还有埃安托多罗斯（*Αἰαντόδωρος*），② 那个阿波罗多罗斯（*Ἀπολλόδωρος*）③ 是他的兄弟。④ 我还可以对你们说出好多别人来，美勒托斯特别应该在他的演说中把其中一些当成证人。如果 [*a5*] 他忘了，现在让他举出来——我可以让给他发言——让他说，他是否有一个这种证人。但是你们会发现，事实完全相反，诸位，他们都会帮助我——这个美勒托斯和安虞托斯所谓的败坏了他们的亲戚、对他们 [*34b*] 作恶的人。那些被败坏的人自己帮助我还有道理。⑤ 而那些未被败坏的亲戚，已在耄耋之年，都会来帮我，如果不是他们有正确和正义的原因，[*b5*] 知道美勒托斯是在说谎，我说的是真的，那还有什么原因来帮我？⑥

[D. 爱智者的荣耀]

诸位，这些，也许还有别的更多这类的话，就是我所要申辩的。你们中也许有人 [*34c*] 想起自己的申辩来，会受刺激，如果

---

① ［译按］柏拉图在所有对话中有三次提到自己：此处，下面的 38b6，还有《斐多》59b10。

② ［译按］埃安托多罗斯没在别处出现过。

③ ［译按］色诺芬在《申辩》28 中，说阿波罗多罗斯极为仰慕苏格拉底，但除此之外没有长处。他是《会饮》的讲述者，也出现在《斐多》中。

④ ［B 本注］除去忒俄多托斯外，我们在别的材料中知道，这里的几个青年人都是苏格拉底的圈子中的人物。［S 本疏］我们不可忽视的一点是，在苏格拉底所谈到的那些父兄中，有些和民主派牵连甚深。比如忒阿格斯的父亲德摩多克斯、柏拉图的哥哥阿德曼托斯。由此可以证明，苏格拉底并非有意卷入民主派的敌人中间。提到忒俄多托斯也很重要，因为他的父亲在民主制的复辟中影响巨大。

⑤ ［S 本疏］这是因为，如果苏格拉底被判刑，这些青年都可能受到牵连，因为据说他们受到了苏格拉底的败坏和唆使。

⑥ ［S 本注］苏格拉底这句话非常直率，是法庭上很少使用的语气。

他在为比这个官司（*ἀγῶνα*）还小的官司角逐（*ἀγωνιζόμενος*）时，① 泪流满面地向法官们恳求，还带孩子上来，以便能得到最大的同情，还带上来很多别的［*c5*］亲戚朋友。②这些事我都不会做，宁愿冒着好像是最大的危险。那么，这样想的人也许会对我的态度更固执，就因为这事而生气，冲动地投［*34d*］我的反对票。

如果你们中有人是这样——我认为没有——但如果有，我这么对他说就很好："最好的人，我也有家庭。因为就像荷马说的，我不是'［*d5*］出生于岩石或古老的橡树'。③我是父母生的，也有家庭，还有儿子，雅典的人们，④有三个呢，一个已经是小伙子，有两个还是小孩。⑤我不需要带他们中的哪个上来求你们投票放过我。"

———————————

① ［S 本疏］此处的"官司"和"角逐"同源，本意都和体育比赛相关。当时把法律审判比喻为赛场上的角逐，控告者要追被告，把他抓（*αἱρεῖν* 参考 28a6－7）住，被告则努力逃（*φεύγειν*，35d2）出去。但苏格拉底对这个案子的理解完全不同。（参考本书页 101 注①。）

② ［B 本注］虽然色诺芬在《回忆苏格拉底》4：4.4 中提到，这样的求情方式是不合法的，但是我们对照别的一些法庭辩护词，可以看到，这在雅典不仅是合法的，而且已经成为一种习俗。阿里斯托芬在《马蜂》里嘲笑过这一习俗。

③ ［译按］在荷马史诗中，这句话出现过两次。一次是在《奥德赛》中，奥德修斯之妻见到乔装改扮的丈夫时问出的话，另一次是在《伊利亚特》中，赫克托尔在临死之前对自己说的话（卷二十二：126）。本处译文采用王焕生译《奥德赛》，卷十九：163，北京：人民文学出版社，1997。《理想国》544d7 和《斐德若》275b8 也引用了这段话。

④ ［S 本注］苏格拉底在提到自己的儿子的时候，称呼"雅典的人们"，表明他在此动了感情，同时，也把对话对象从假想的提问者转换成了真正的听众。

⑤ ［B 本注］《斐多》116b1 中也提到了这三个孩子。在《斐多》60a2 中可以看到，最小的一个还在塞西婆怀里。由此可以推断，苏格拉底和塞西婆结婚很晚，到七十多岁还有这么小的一个小孩子。我们并不知道塞西婆的出身，但从她的名字上看，应该是贵族。柏拉图从未说过塞西婆是个泼妇，在《斐多》中，她反而是一个哭哭啼啼的妇人。色诺芬的《会饮》2：10 中对她略有微词，或许这是泼妇说法的来源。

那么，我到底为什么不这样做？不是因为我太自负，雅典的 [*34e*] 人们，也不是我看不起你们；究竟我是否敢于面对死亡，是另外一个问题（λόγος）；但就声望而言，无论是我的、你们的，还是整个城邦的，我这样年纪和名声的人这么做，都不大 [*e5*] 高贵。不论真假，人们 [*35a*] 认为，苏格拉底与大多数人有些不同。那么，如果你们当中有什么人，无论因为智慧、勇敢，① 还是别的这类德性，看来和别人不同，要这样做就太可耻了。我经常看到，本来 [*a5*] 很体面的人，在受审时做出极为奇怪的事，以为死了就是遭受很可怕的事，好像你们如果不杀他们，他们就会不死。在我看来，他们真是给城邦带来（περιάπτω）② 耻辱，让一个外邦人 [*35b*] 认为，在雅典人中，那些本来靠德性与别人不同，从而让人们选出③授予职位和别的荣誉的，④ 和女人没什么不同。雅典的人们，你们中凡是有体面的，[*b5*] 不管在哪方面，都不该这么做；我们若是这么做了，你们也不该允许。你们要由此表明，谁要把这种可怜的表演带上台来，把城邦变得滑稽可笑，你们就尤其更应该投他的反对票，而不是给那保持安静的投反对票。

除去名声之外，诸位，我认为，哀求法官 [*35c*] 也不对，靠

---

① ［S本注］苏格拉底在此特意举出这两种德性来，是因为人们在推举公共官员的时候，特别看重这两点。

② ［B本注］这个词的本来意思是，把护身符之类的东西挂在脖子上。此处是在比喻的意义上用这个词。

③ ［B本注］苏格拉底这句话表明，在公元前399年，雅典存在着举荐制度。［S本注］从这里看不出来这一点。苏格拉底这里应该主要是指军队中指挥官的选举，可能也包括公民大会成员等等。

④ ［B本注］这里说的"别的荣誉"，主要是指祭司职位。

乞求逃脱更不该，而应该教育和说服。因为法官占据那席位，①
不是为了施舍正义，而是要裁判正义。他们发誓②并不是要按照
自己的喜好施舍，而是根据 [c5] 法律裁判。所以，我们不能让
你们习惯于发假誓，你们也不该习惯于此。③ 否则我们双方就都
不虔敬（$εὐσεβοῖεν$）④ 了。所以，雅典的人们，你们不能认为我应
该对你们做这些我觉得不高贵、不 [35d] 正义、不虔诚
（$ὅσιον$）⑤ 的事，⑥ 特别是，宙斯在上，不虔敬又是美勒托斯给我
加的罪名。⑦ 显然，既然你们已经发了誓，如果我劝说和以乞求
逼迫，我就是在教给你们，不要认为神存在，我这申辩简 [d5]
直就成了控告自己不信神。但是远不是这样。我信神，雅典的人

---

① ［B 本注］在希腊法律中，用这个术语来指法官。因此，$οἱ καθήμενοι$
（直译为"席上诸人"）就是指"法官们"。

② ［译按］法官们需要先指法律、雅典人民、议会、诸神发誓。

③ ［S 本疏］原告喜欢强调，法官们如果被被告说服，就会给平常人和
以后的法官带一个坏头。苏格拉底从当时的法律论辩术中借用了这个主题，
但是用于不同的目的。他并不是为了伤害对手和逃脱惩罚，而是为了让他自
己和法官们都符合正义和宗教的要求。

④ ［W 本注］"虔诚"（$ὅσιον$）（见 35d1）与"虔敬"（$εὐσεβοῖεν$）之间
区别细微。虔诚，是希腊文中表达宗教态度的传统用语。大体有两个方面：
（1）神要求人完成的事情，不论是人与人之间的关系（不是遵守人法形成
的关系，而只是宗教规定的人际关系），还是人对神应有的态度；（2）神
允许一般人做的，或是神赐给一般人的，而不是神职人员的。神职人员的
是"神圣"（$ἱερόν$），而一般人的是"虔诚"（$ὅσιον$）。"虔敬"和"不虔敬"
是常用的法律术语。它的意思和"虔诚"相似，但有微妙的区别。"虔敬"
往往指人对神的尊敬的情感，也包括畏惧。这是《游叙弗伦》的主题。

⑤ ［译按］关于不高贵，见 34e2；关于不正义，见 35b9；关于不虔诚，
见 35c6。

⑥ ［S 本疏］在法庭演说中并提正义和虔诚，是一种习惯用法。

⑦ ［译按］宙斯之名与不虔敬的罪名并提，应当是有意为之。

们，我的控告者们无人比得上我，我请你们和神①抉择，② 怎样会是对我和你们都最好的。

[六　惩罚与荣耀③]

[*35e*] 雅典的人们，你们投我的反对票，我 [*36a*] 对这结果并不生气。这有很多原因，其中一个是，这样的结果并不出乎我的意料，但我反而更惊讶于双方所投石子④的数目。因为我觉得

---

①　[译按] 这个地方的"神"是单数，因而引起了很多争论。S 本对本对话中几处出现的单数的"神"作了梳理。在 21b3、e5、22a4、23a5、b5、c1 中，单数的"神"就是指阿波罗。但在此处以及别的很多地方，并不是明确在指阿波罗。那么，应当如何来理解这单数的神？[B 本、S 本注] 柏拉图这样使用单数的"神"的时候，指的不是希腊诸神中的哪一个。而 B 本在注《克力同》54e1–2 的时候，认为这是一种一神论的说法。[S 本注] 在当时的希腊，是不可能存在一神的问题的。苏格拉底此处应当是泛指神性的力量，当成单数来对待，而并不是明确承认单一的"上帝"。

②　[S 本疏] 苏格拉底让法官们抉择，和让神抉择，并不是在同一个意义上说的。他并不承认法官们是正义的，但是要遵从法律程序。这也是他在《克力同》中不肯逃走的原因。

③　[译按] 在苏格拉底作出了上面的申辩之后，人们对他投票，以微弱优势判苏格拉底有罪。[B 本注] 雅典人知道苏格拉底是一个好的公民和勇敢的战士，如果不是因为安虞托斯，他就会被释放了。因为安虞托斯名声极好，一般的雅典人不会相信，他会给苏格拉底一个莫须有的罪名。在这样的案子中，法律没有规定具体的惩罚手段，要由法庭决定。但法官们自己不能提出判决，只能在原告和被告提出的两种判决中选择。一般情况下，原告会提出比应该的更重的惩罚，被告提出一个恰当的惩罚，法庭会接受被告提出的惩罚。在投票之后，美勒托斯应该是按照安虞托斯的意愿，提出了死刑，但他们希望的是，苏格拉底能提出流放。但是，苏格拉底却没有按照他们希望的那样去做。

④　[译按] 雅典人用石子投票。

反对票不会只［*a5*］多一点，而要多出更多。但现在看起来，只要有三十个石子不这么投，① 我就会给放了。要是只有美勒托斯，看来我现在就已经被放了；不仅放了，而且每个人都清楚，如果安虞托斯不和吕孔上来告我，② 那他就要付一千［*36b*］德拉克马，因为他得不到五分之一的石子。③

他对我提出（τιμάω）④ 死刑。好吧。雅典的人们，我应向你们提出什么替代⑤的呢？不显然是按［*b5*］照我的品行（ἀξίας）⑥ 吗？

---

① ［B本注］如果一共有 500 人，那么，这个结果就是 280:220。

② ［B本注］在控告苏格拉底的三人当中，吕孔只是一个跟随者，安虞托斯才是真正的领袖。之所以安虞托斯不亲自出面，是因为，如果让他来告苏格拉底，这个官司就会附加很多政治色彩。不虔敬的指控似乎是美勒托斯提出的，而败坏青年则是安虞托斯提出的。

③ ［B本、W本注］苏格拉底的算法是，三个人分别得了 280 票中的三分之一，这个数字不到 500 的五分之一。按照雅典的法律，如果原告得票不到总数的五分之一，那就会因为诬告的罪名而被判处 1000 德拉克马的罚金。

④ ［译按］τιμάω一词的原意，是根据人们的价值"评判"某人或"荣耀"某人。引申之后，它成为法律用语，指"量刑"。在这里，苏格拉底有意回避它在法律中的固定用法，而坚持它的原意，既可能是负面的"量刑"，也可能是正面的"荣耀"。

⑤ ［BS本疏］按照雅典的法律，有些γϵαφή（参见本书页 71 注②）按照固有的规定处罚，有些则不必。苏格拉底的这个案子就是没有固定处罚的。在这样的案子中，法律要求法官从两者之中选择一个处罚方式，即，原告在诉讼书最后提出的惩罚，和被告在判罪之后提出的惩罚，即ἀντιτιμήσις。而法官不准提出第三种处罚。［S本疏］很显然，当原告提出死刑之后，他们真正的意图并不是要处死苏格拉底。他们希望苏格拉底提出一个可以被法官们接受的刑罚，在这里，应该就是流放。只要把苏格拉底赶出雅典，他们的目的就达到了。但他们没有想到，苏格拉底并没有接受这个最明白不过的暗示，反而故意提出法官们不肯接受的刑罚，使法官只得选择死刑。

⑥ ［译按］这个词的本来意思是"价值"，既包括正面的，也包括负面的。这里译为较中性的"品行"。

那么是什么呢? 我按这品行要遭受或付出①什么呢? 要知道, 我一生没有平庸地过, 我不关心众人所关心的, 金钱、家业、军阶, 不做公众演说,② 也不做别的当权者, 不想参加城里的朋党③和帮派, 我认为自己真是[36c]太忠厚了, 要参与这些就难以保命。我没有去那儿做这些事, 如果去了, 我认为我对你们和我自己都没有什么助益。但正如我说的, 我私下到你们每个人那里, 做有最大益处 (εὐεργετέω) 的益事 (εὐεργεσία), 我 [c5] 尝试着劝你们中的每个人, 不要先关心"自己的", 而要先关心自己,④ 让自己尽可能变得最好和最智慧, 不要关心"城邦的", 而要关心城邦自身,⑤ 对其他事情也要按同样的方式关心——我既然是这样, [36d] 那么按这品行应该得到什么呢? 好事!

雅典的人们, 如果真的要按照我的品行提出我应得的, 而且是我该得到的那种好事, 我这样一个需要闲暇来劝勉你们的贫穷

---

　　① [译按] 按照法律, 他要么遭受监禁、流放、死刑, 要么付出罚款或赔偿。

　　② [译按] 这并不是指职业的演说家, 而是指公民集会或议会中的领袖, 因此是在讲政治生涯。

　　③ [B本注] 这本来是指一个特定的秘密集团, 保证寡头派的人在选举中当选, 也保障他们在法庭上取胜。他们在公元前五世纪末的雅典变乱中起了很大的作用。

　　④ [B本注] 这其实是以另外的方式说"关心灵魂"(29e1), 因为灵魂是真正的自己, 而身体是附属性的身外之物, 是"自己的"。[译按] 苏格拉底在《阿尔喀比亚德》前篇103c1–7中说, 人自身既不是身体, 也不是灵魂与身体的结合, 因而就是灵魂。不过, S本明确讲, 因为《阿尔喀比亚德》有可能是伪篇, 所以两处的观念并不一样。但我们认为, 两处所讲的应该对照起来看。

　　⑤ [B本注] 这句话讲出了苏格拉底政治理论的核心。城邦的财富和光荣都是外在的, 只有正义才是真正的城邦之事。这正是《理想国》中的内容。[S本注] 此处可以看到, 虽然苏格拉底总是在私下谈话中和人们讨论美好的生活, 但他的目的并不限于私人事务, 而也包括城邦的政治事务。

的恩人（εὐεργέτης），① ［d5］应得到什么样的好处呢？雅典的人们，给我这种人最合适不过的，就是在政府大厅（πρυτανεῖον）②里用膳。③ 你们中谁在奥林匹亚运动会中用一匹马、两匹马或四匹马的马车赢了比赛，我比他都更适合在那里吃。因为，他好像在给你们造福，我就是在造福；而他［36e］不需要这供养，我需要。那么，如果④按照正义，根据我的品行提出，我就要提出这个：［37a］在政府大厅用膳。⑤

---

① ［译按］"恩人"与36c3–4中的"做益事"和"益处"同源。［B本注］εὐεργέτης作为一种称号，有时候会授予外邦的掌权者或将军，但是从未授予雅典城邦的人。［S本注］虽然B本的这一观察是对的，但是，演说家不仅可以说过去的公民是城邦的恩人，也常常这样说当时的人，有很多例证可以证明这一点。因此，苏格拉底如此说自己，也就没有特别奇怪了。

② ［译按］32b2中谈到，五十个议员当的主席就是πρυτάνεις。但是这个词并不是总和议会相关。早在君主制时期，这个政府大厅是全城的中心建筑，国王邀请贵宾在那里用餐。S本强调，"政府大厅"和"圆宫"并不是同一个建筑，虽然人们经常混淆二者。议员们自己在圆宫吃饭，但是受政府褒奖的人在政府大厅吃饭。

③ ［S本疏］在古典时代，在政府大厅用膳的人是享有特权的极少数人，贵宾一般只包括奥林匹亚运动会的得胜者和雅典民主制的建立者哈尔摩狄俄斯（Ἁρμόδιος）和阿里斯托吉通（Ἀριστογείτων）的直系后裔中的长子。有时候，也会有大使、被选举获得此荣耀的官员、得胜的将军等被邀请去用膳。对此的详细考证，参见 R. E. Wycherley, *Literary and Epigraphical Testimonia*, Princeton: American School of Classical Studies at Athens, 1957, 页 173–174。

④ ［RE本疏］一般学者认为，柏拉图笔下的苏格拉底确实提出了在政府大厅用膳这一点，从而激怒了陪审团。但苏格拉底在此处提出的其实只是一个虚拟语态，"如果……我就要……"。虽然苏格拉底确实认为他是正义的，而且确实认为按他的品行应该在政府大厅用膳，但他并没有把这当成严肃的量刑提出来。苏格拉底虽然不认为自己是有罪的，但他必须遵守法律，因此此时必须以一个罪人的身份来提出量刑。

⑤ ［S本疏］按照法律程序，只有6000人以上参加的公民大会才有权决定如此重大的事件。雅典法庭无权答应这一请求。

也许，就像我谈乞怜和妥协时一样，你们觉得我说这些是大放厥词。雅典的人们，不是那样的，而更应该是［*a5*］下面这样。我认为，我从不曾有意对任何人行不义，① 但是我不能在这一点上说服你们。因为我们相互交谈②的时间太少。我认为，如果你们有别人那儿那样的法律，③ 并不选定［*37b*］某一天来判死刑，而多等几天，④ 你们会被说服的。而今，在这么短的时间里，从这么大的诬蔑中解脱出来，是不容易了。⑤ 我相信，我没有对任何人行不义，我也不会对自己行不义，不会说我自己的品行该得恶报，［*b5*］给自己提出这样一种惩罚方式。我怕什么？怕遭受美勒托斯给我提的惩罚吗？我说了，我不知道那是好还是坏。难道我不接受这惩罚，却要从我明知道是坏的事情中另找一种，提出来罚我？难道要监禁？⑥ 我为什么［*37c*］要在监狱里生活，给每

---

① ［译按］参见 26a1。

② ［S 本疏］这里表明，苏格拉底并没有把他的申辩当成严格按照修辞学写出的演说，而是他习惯的简单而随意的交谈。

③ ［R 本注］斯巴达的法律就是这样规定的。［B 本注］在此处提雅典的强敌斯巴达，是不大讨巧的。

④ ［S 本注］柏拉图在《法义》（卷九 855c6）中谈到死刑的时候，就要求有连续三天审查案件。老年柏拉图在思考法律问题时或许受苏格拉底一案的影响，所以有这样的规定。

⑤ ［S 本疏］这是苏格拉底第三次重复这一说法（前两次在 19a1 – 5 和 24a1 – 4）：他被判刑不是因为美勒托斯等人的诉讼，而是因为长久的诬蔑和偏见。

⑥ ［B 本注］我们基本不知道有雅典公民直接遭到过监禁的惩罚。只是在没能交出罚款的时候，人们才会被监禁起来。［S 本注］监禁在柏拉图和别人的段落中多次提到。梭伦的法律中就用监禁处罚一些犯罪。虽然监禁最初是作为对交不起罚款的人的惩罚，但后来也逐渐成为一项独立的刑罚。从上下文来看，苏格拉底此处提到的，应该是作为独立的刑罚的监禁。

届（ἀεί）①选出来的当权者当奴隶，给十一人当奴隶②？难道罚款，在付清前先要收监吗？但对于我来说，罚款和我刚说的监禁是一样的。我哪儿来那么多钱来付清？但是我可以提出[c5]流放吗？也许，你们将会给我这个惩罚。我也太贪生怕死（φιλοψυχία）③了，雅典的人们，才会这么不合逻辑，以至于不能明白，你们，我的同胞公民，都不能忍受我的行事[37d]和言辞，觉得这些是那么难以承受，惹人忌恨，以至于你们现在要寻求除掉这些，难道别人会容易忍受这类东西吗？雅典的人们，根本不可能。对于我这年纪的人，此时被流放，[d5]轮番跑到一个又一个别的城邦去，又被赶出来，这可真是高贵的生活！因为我清楚地知道，我到哪里去，青年人都会像在这里一样倾听我的话。如果我赶他们走，他们会说服自己的长辈，赶我走；如果[37e]我不赶他们走，他们的父辈和家人会为了他们赶我走。④

也许有人会说："苏格拉底，你要是沉默不语，从我们中流放

---

① [S本疏] 在监狱里的人地位和奴隶相当，他们不是某个人的奴隶，而是总服务于每届选出的十一人。[H本注] 此处的 ἀεί（永远）修饰的是"选出来"。[译按] 十一人是不断更换的，但被监禁的犯人永远在那里，于是就永远做十一人的奴隶。L本此处干脆没有翻译这个词，严本、王甲本、水本也漏译了。王乙本没有漏，但译法不大准确。W本和HE本都正确地理解了此处的意思。

② [译按] 雅典管理监狱和刑罚的官员共有十一人，是抽签选定的。

③ [译按] 这个词本来的意思是"爱灵魂"，引申为"怯懦"的意思，和苏格拉底所说的"关心灵魂"完全不同。[B本注] 这里的"灵魂"是一般理解的生命，就是人死时释放出的"鬼"。

④ [译按] 很多学者认为，苏格拉底设想的外邦父兄的这种态度与他前面自己说的雅典父兄的态度（33d8－34b5）是矛盾的。虽然B本举了《美诺》（80b4）中美诺说的类似的意思，但并没有完全解决这里的问题。S本仍然认为这里是存在矛盾的，并认为，要彻底解决这个矛盾，需要理解，苏格拉底此处真正的意思是，雅典的民主制度是最好的政治，是最有可能接受他的自由教育的地方（《理想国》卷八557b4－5）。S本的说法很有道理，我只在一点上不同意，即，苏格拉底热爱雅典并不因为雅典是民主制。

后，不就可以过日子了吗？"

要在这方面说服你们［*e5*］中那些人，是最难的。因为，如果我说那是不遵从神的，① 因此我不能［*38a*］保持沉默，那么你们不会被说服，② 好像我在出言讥讽（εἰρωνευομένῳ）③。如果我又说，每天谈论德性，谈论别的你们听我说的事——听我对自己④［*a5*］和别人的省察，听我说，未经省察的⑤ 生活不值得过——这对人而言恰恰是最大的好，⑥ 你们就更不可能被我说服了。事情就是我说的这样。但是，诸位，要说服你们可不容易。同时，我不习惯认为我的品行该遭什么恶罚。如果我有钱，我就会［*38b*］按我能够付的那么多提出罚我的钱，因为那不会伤害我。⑦ 但现在不是这样，除非你们愿意我提出我付得起的钱数。也许，我能付［*b5*］

─────────────

① ［S本注］虽然苏格拉底的神谕首先是要帮助雅典的同胞，但并不限于此。因此，即使苏格拉底被流放了，他仍然肩负着这项使命。

② ［B本注］虽然德尔斐神谕是真的，但是法庭从未严肃对待过这一说法。而苏格拉底对自己的说法是很认真的。另外，当他说"不遵从神"的时候，他其实想到的并不仅仅是那个神谕。

③ ［译按］这个词的原意是"发散"，也就是，所说的少于所想的。与之相反的是说大话（20e4）。

④ ［S本注］此处再次表明，苏格拉底的省察不仅是针对被省察者的，而且是针对他自己的。这个观念在赫拉克利特那里可能就已经有了。而正如普鲁塔克所表明的，德尔斐神谕"认识你自己"对苏格拉底来说是极为重要的，虽然这句话在本篇对话中一直并未出现。

⑤ ［S本注］此处的"未经省察"（ἀνεξέταστος）以前一般仅被理解成被动的"未被省察"。但从语法上来讲，这个词可以是对主动的"省察"的否定，也可以是对被动的"被省察"的否定。对照苏格拉底上面所说的，苏格拉底不仅告诉人们，不被省察的生活是不值得过的，而且也从主动的方面说，一个不省察的生活也是不值得过的。

⑥ ［B本注］这句话道出了苏格拉底认为他不能保持沉默的真正原因。关于"值得过的生活"，参考《克力同》47d9。

⑦ ［译按］有些学者认为，当时有一种流言，说柏拉图等人完全可以支

一个米纳的银子。①那我就提这么多。

雅典的人们，那个柏拉图、②克力同、克里托布鲁斯③和阿波罗多罗斯叫我付三十个米纳④的罚款，他们做担保。那么我就提出这些。他们有足够的银子，可做担保。⑤

付罚款，但有意不为苏格拉底支付。持这一观点的人认为，此处和下面是柏拉图等人编造出来的，目的在于反驳这一流言。色诺芬应当就是这样认为的。但苏格拉底这里的逻辑其实是连贯的。［B 本注］苏格拉底是在接着讲，自己不能遭受恶罚。死亡未必是坏的，罚款也不一定是坏事情，除非数额巨大，让人受监禁。而监禁和流放都是恶罚。因此，苏格拉底提出罚自己很少的钱，和他说自己不能遭受恶罚并不矛盾。色诺芬没有看到这一点，所以在他的《申辩》中有意和柏拉图作对。

　　①　［译按］虽然 20b9 中的五个米纳是很低的学费，但米纳并不是很小的货币单位。一个米纳是一百个德拉克马。亚里士多德在《尼各马科伦理学》1134b2 中提到，在战争时期，用一个米纳可以解救一个俘虏。希罗多德在《历史》6：79 中说，这个价格应该是两个米纳。［BS 本疏］根据色诺芬在《家政学》2：3 中的说法，苏格拉底的全部家产只有五个米纳。他提出的罚款一个米纳，对他自己来说已经相当高了。而后文他提出罚三十个米纳，那对他来说就足以与流放相当了。

　　②　［译按］这是柏拉图第二次出现在自己的对话中。参考 34a1。

　　③　［B 本注］由此可见，克里托布鲁斯有自己的独立财产。色诺芬在《论家政》中证实了这一点。

　　④　［B 本注］这个数字已经很高了。从吕西阿斯的演讲中可以看到这笔钱意味着什么：一个中产之家的人用这么一笔钱做他姐妹的嫁妆，是很体面的。

　　⑤　［S 本疏］这应当是历史上的苏格拉底在法庭上确实曾经提出的数目。在色诺芬的《申辩》中，苏格拉底拒绝提出另外的惩罚（23），但正如 B 本所指出的，这应当是有意针对柏拉图的。色诺芬从公元前 401 年离开雅典，几十年后才回来。他写《申辩》要依赖别人提供的材料。B 本认为色诺芬很多地方是有意针对柏拉图的，这应当是比较公允的说法。［BS 本疏］我们可以对比关于此事的三种记述：柏拉图、色诺芬、第欧根尼·拉尔修的。色诺芬说苏格拉底因为认定自己无罪，所以拒绝提出量刑；第欧根尼·拉尔修说，苏格拉底先是提出一个米纳，后来要求国家供养他。相比而言，柏拉图的应该是最可信的。色诺芬当时在亚细亚，第欧根尼·拉尔修六百年之后才写这件事，而柏拉图当时在现场，还是担保苏格拉底交付罚款的人之一。［译按］译文参考孙本。

[七 临别告白①]

[*38c*] 雅典的人们，②不用多长时间，③那些想毁掉城邦的

---

① ［译按］围绕审判之后的这部分演说，也有很多争论。[Wilamowitz -
Moellendorff 疏］这部分完全是虚构的，因为按照法律程序，不可能在判刑之
后还允许苏格拉底对全体法官讲这么一大段话。参见 Ulrich Wilamowitz -
Moellendorff, *Platon*, v. 1, Berlin：Weidmannsche Buchhandlung, 1920, p.
124.［B 本注］有些研究者认为，下面的第三部分演讲完全是虚构的，因为
法官不会让苏格拉底再讲话，那些判他死刑的人也不会留下来听。但这一怀
疑没有根据。在一般案件中，从判刑到把犯人移交给十一人，都会有一段时
间，更何况这不是一般的案件。另外，正如《斐多》58a6 以下说的，由于开
往德鲁斯的船一天前已经出发，苏格拉底不会立即被处死。而且这个死刑的
结果出乎意料，因此应该如何处置苏格拉底，成为一个需要讨论的问题。色
诺芬的《申辩》中同样有着第三部分的演讲。［S 本疏］尽管 B 本举出了这
么多理由，但仍然不足以说明苏格拉底曾经给出了第三部分演说。从当时的
情况看，这是不可能发生的。苏格拉底一经被审判，就已经不是被告人，而
是一个等待处死的罪犯，无权再在讲台上面对陪审团全体发言，而且陪审团
成员在结果宣布后，就应该离席了。特别是那些判苏格拉底死刑的法官，怎
么可能等在那里听苏格拉底骂自己？一个可能的猜想是，苏格拉底在审判完
之后，和对他友好的法官们私下谈了一段，也就是这部分演说中的后半段。
柏拉图根据这一段，虚构了整个场景和前半段。

② ［译按］在苏格拉底正式提出了一种惩罚方式后，陪审团再次投票，
结果是大多数人支持死刑。根据第欧根尼·拉尔修在《名哲言行录》中的说
法（2.42），关于死刑的投票结果应该是 300：200，比判罪需要的投票略多，
比第一次投票的结果对苏格拉底更不利。接受第欧根尼·拉尔修的说法的人
一般认为，苏格拉底的第二次演说把一些本来认为他无罪的人也推到了判处
他死刑的一方去了。［B 本注］虽然我们无法考察第欧根尼·拉尔修的这个
数字是否准确，但鉴于苏格拉底前面的演讲，这个结果是有可能的。［BS 本
疏］第欧根尼·拉尔修的说法并不可信。我们更应该接受柏拉图自己的说
法。而第二次投票的结果之所以还是判处苏格拉底死刑，并不是因为苏格拉

人①就可以加给你们杀害智慧者苏格拉底的罪名和责任——虽然我不智慧，但那些想责怪你们的人会说我智慧——［c5］只要等一小段时间，这就自然会发生在你们身上。②看我这把年纪，活了很久，离死近了。我不是对你们全体说这话的，而是对那些［38d］投票处死我的人说的。③我对这些人还说下面的话：雅典的人们，你们也许认为，我缺少说服你们的语言，来赢得你们④——

底提出的罚款太少了，而仅仅是因为，那些雅典人不愿意看到苏格拉底继续从事哲学。［RE本疏］其实，投票判处苏格拉底死刑的人应该比判处他有罪的人还少。第欧根尼·拉尔修的说法刚好说反了。

③　［R本注］苏格拉底此处说的"不用多长时间"，不是指判处他死刑到执行死刑之间的时间，而是和38c5里面的"一小段时间"的意思相同，即，雅典人本来可以等一段时间，就不必遭受这样的指责，但他们仅仅为了赶这点时间，就给了人指责的借口。［译按］但R本的说法并没有得到普遍接受。现在一般认为，这里指的就是从苏格拉底被判刑到他真正死去之间的时间。

①　［S本疏］这里指的是全希腊反对雅典的人。到公元前338年的卡罗尼亚战役之前，希腊人一直在争论，雅典和斯巴达的德性哪个更高。而苏格拉底之死有可能被反对雅典的人们利用，说雅典所崇奉的自由只是空洞的理想。

②　［B本注］苏格拉底在投票完之后才说出这一点来，可见不是为了说服大家释放他。

③　［译按］这里的"投票处死我的人"和39c2中"投票判我罪的人"究竟是不是同一拨人？如果按照第欧根尼·拉尔修的说法，有些没有投票判苏格拉底罪的人，后来也投票判处了他死刑，那么总共就应该有三拨人：投票判苏格拉底有罪又投票处死他的人，投票判他无罪但投票处死他的人，以及既不判他有罪也不判他死刑的人。B本认为第欧根尼·拉尔修的说法还是有道理的。但是S本不同意这一说法。而且从语气上看，这里和39c2并没有大的区别，我们应该认为二者是对同一拨人说的。如果是这样，这就是对第欧根尼·拉尔修的说法的有力批驳。另外，苏格拉底在此既然说"我不是对你们全体说这话的"，就说明，所有人都能听见他说话。

④　［译按］此处对 ἑαλωκέναι 的翻译，与诸本都不同。我认为，这里的 ἑαλωκέναι 和38d6的 ἑάλωκα 都是主动语态，并且都和前面的 ἀπορία 连用，应该

好像我认为需要［d_5］用一切言行来逃出这个案子。根本不是。我很难赢得，①不是因为缺少语言，而是因为缺乏勇气和无耻，我不愿对你们说那些你们最喜欢听的话，我不哀悼，不悲恸，不做也不［$38e$］说别的很多我认为不合我的品行——如我所说的——而你们习惯从别人那里听到的那些。

我认为，我不该因为危险而做自由人不该做的事，而且我现在也不后悔做了这样的申辩，我宁愿［e_5］选择这样申辩而死，也不选择那样活着。因为，不论是在案件中，还是在战斗中，无论我还是别人，都不该［$39a$］蓄意做什么事来逃脱死亡。因为在很多战争中都很明显，有人丢盔弃甲、对追击者摇尾乞怜，从而逃脱死亡；②还有很多别的办法，［a_5］如果有勇气做任何事、说任何话，在任何危险中都有办法逃脱死亡。但是各位，逃离死亡并不难，可逃离邪恶（πονηρία）却难得多。因为邪恶比死亡跑得更快。③而［$39b$］今我迟缓年迈，那慢一些的会赢我，而那些控诉我的又聪明又敏捷，④却被快一些的赢了，那就是恶（κακίας）。

是"很难赢得"的意思，因此没有按照一般对这里的理解，翻译成"之所以被判刑，是因为很难……"，而是译成"很难赢得（你们）"。39a2 中的"赢"也是这个词。译文参考孙本。

① ［译按］参考《高尔吉亚》522d7；色诺芬《回忆苏格拉底》4：4.4。

② ［译按］在《法义》卷十二 944e5－945a2，柏拉图针对这种行为制订了惩罚措施。

③ ［S本注］虽然我们找不到别的任何证据，但听起来这应当是一句谚语，是苏格拉底的听众非常熟悉的。

④ ［译按］此处的"敏捷"（ὀξεῖς）一词，既有速度上快的意思，也有头脑敏捷的意思。［S本注］柏拉图此处特意用这个词，应当是兼指比喻中的奔跑速度和控告者的头脑。

而今我①要走了，接受你们判的死刑；他们却要接受真理所判的罪恶 [b5] 和不义之罪。那就让我遵守这个惩罚，他们也要遵守他们的。也许就该是这样了，我认为他们也该得到所应得的。②

然后，[39c] 投票判我罪的人们，我愿对你们预言。③ 因为我所在的处境，是人们大多要预言的处境：就是临死之前。④ 而我说，杀我的人们，宙斯在上，[c5] 我死之后，你们的报应（τιμωρία）⑤也会很快来临，那可比你们杀我所给我的这惩罚残酷多了。现在你们这么做了，以为就可以摆脱对生活给出检验（ἔλεγχον），⑥ 但是，如我所说，结果会完全相反。会有更多的人检验你们，现在我一直阻拦他们，而你们 [39d] 看不到。⑦ 他们会更严厉，因为

---

① ［S本注］这一句和上一句开头的几个词（中文译为"而今我"）完全相同。这有可能是柏拉图未曾注意修改导致的。

② ［译按］苏格拉底在这一段里充分阐释了他关于善恶的核心观点：只有让人变得邪恶才是真正的伤害。他虽然遭受了死刑，但保存了德性，因此并没有受到真正的伤害；而那些判他死刑的人，却由此变得邪恶起来，所以是受到了真正的伤害。参考38b1。

③ ［译按］在色诺芬的《申辩》（30 以下）中，苏格拉底预言，安虞托斯的儿子会变坏，好像苏格拉底完全是出于对民主派的私愤。

④ ［译按］在《伊利亚特》中，帕特罗克罗斯被赫克托尔杀死时（卷十六：851 以下）和赫克托尔被阿喀琉斯杀死时（卷二十二：358 以下）都作了预言。［B本注］古希腊神话认为，灵魂在肢体活动时是沉睡的，所以在人的梦中或死的时刻才活跃起来。

⑤ ［译按］这个词和 τιμάω（36b2 注）同源，因此，与"量刑""荣耀"是相互呼应的，只是中文难以表达这一关联。联系上文，苏格拉底的意思是：我选择的死刑就要执行，而你们选择的报应也将来临。

⑥ ［译按］这里"给出检验"（διδόναι ἔλεγχον）的语法结构与"接受惩罚"（字面意思是"给出正义"διδόναι δίκην）是一致的。

⑦ ［B本注］苏格拉底可能确实说了这么一句话，柏拉图在苏格拉底死后记述他的话，使苏格拉底的预言得以实现。而苏格拉底说他阻止弟子省察人们，这似乎可以用来证明，柏拉图的对话都是苏格拉底死后写的。

更年轻，你们会更加恼怒。你们靠杀人来阻止人们责备你们活
[d5] 得不正确，这念头可不美。因为这种解脱既全不可能，也不
美。而那最美和最容易的解脱，不是阻止别人，而是把自己培养成
最好的。对你们那些投我反对票的人，我如此预言，[39e] 然后我
就走了。

至于那些为我投票的人，我们可以愉快地谈谈所发生的这事，
趁着当官的还忙着，我还没有到就死之地去。① 诸位，和我待这一
会儿吧。只要还能，我们不 [e5] 妨互相聊聊天（διαμυθολογέω）②。
我认为你们是 [40a] 朋友，告诉你们，刚刚所发生的对我究竟意
味着什么。各位法官们（ἄνδρες δικασταί）——我叫你们为法官，才
叫得对了③——我这里发生了奇妙的事。在以前的时候，那个和
我相伴的 [a5] 精灵的声音，④ 总会不断出来反对——只要我想做

---

① [R本注] 苏格拉底在说这些话时，应该声音很小，只有靠他近的人
才能听到。[B本注] 讲后面这段话时，场上只剩下了苏格拉底的支持者们。
其他人都走了。[S本疏] 按照雅典的审判程序，苏格拉底不可能再次发表演
说。很可能是他只和支持自己的人说了下面这段话，而柏拉图据此增加了前面
对反对者说的话。[译按] 对于这一段是不是苏格拉底真正说过的，人们争论
很多。我们基本上接受S本的说法。详见本书页148注①。

② [译按] διαμυθολογέω的字面意思是，讲讲故事，讲讲神话。按B
本的说法，引申以后已经没有神话的意思了。中文的"聊天"一词，应该
很能传达这两层意思。

③ [B本注] "法官们"的字面意思是"正义者"。在前面，苏格拉
底一直避免使用法庭上的这一通用称呼，而用"雅典的人们"的称呼。现
在，他面对支持自己的人讲话，就改了称呼。在面对真正正义的人时，苏
格拉底才会探讨死亡的本质（参见本书页71注①）。《斐多》中的听众比
这里又亲近了一层，所以在那里有对死亡更深的探讨。

④ [译按] 在33c4－7中，我们看到，苏格拉底列举了神向人传递消
息的不同渠道。[S本疏] 此处是苏格拉底第一次把他的这个信号也包括在
这些渠道当中。色诺芬在他的《申辩》中也谈到了这个信号，不过他非常小
心，努力使它显得合乎希腊传统的宗教思想。但柏拉图此处没有这种顾忌。

不对的事，哪怕是小事。① 而刚才，你们看到，我这儿发生的，人们总是以为，并且确实都相信，它是最大的坏事。但是，从早晨［40b］离家开始，就没有这个神的信号②反对，即使到了法庭这里，也没有，在我说话的过程中，也没有反对我要说的话。而我在别的场合说话时，它却不断在讲话的中途阻拦。现在，针对我［b5］做的这件事，它从来没有反对我的言行。我认为这事的原因③是什么呢？我要告诉你们：或许，我的这次遭遇变成了好事，我们要认为死是坏的，［40c］都是不对的。在我看来，与此相关的一个巨大征兆发生了：如果我所要做的不是件好事，那么，我所熟悉的信号就不会不反对我。

让我们来这么想象，这为什么有很大的希望（ἐλπίς）成为［c5］好的。因为死是下面的两者之一。④ 要么死就是什么也不存在，死者没有任何感觉；⑤ 要么，根据一些人的说法，⑥ 死就是发

———————

① ［译按］关于这个声音反对苏格拉底的例子，参见《欧蒂德谟》272e2、《斐德若》242b8 等处。［B 本、S 本注］这里的"不对"，不是不道德或不好的意思，而是不利、有坏结果的意思。因此，后面的讨论集中在这一行为是否会带来不好的结局上，而不是究竟在道德上是不是正确的。

② ［B 本注］此处可进一步证明，这个只是神给的一个信号，而不是一个神。

③ ［S 本注］苏格拉底并不是要理解神为什么这么做，而是试图解释这个信号不存在的意思是什么。

④ ［S 本疏］在古典作家中，柏拉图并不是唯一提出这两个可能的。欧里庇得斯在《赫拉克勒斯的儿女》591–596，色诺芬在《居鲁士的教育》8：7. 17，奥勒留在《沉思录》7：32，塞涅卡在《书信》65 中都有类似的说法。

⑤ ［B 本注］这是荷马的一个说法。［S 本疏］荷马的观念建立在当时的灵肉观上，他相信人最本己的部分是身体，所以会有这样的说法。但在后来的希腊文化中，灵魂与身体的观念发生了很大变化。特别是，人们越来越把灵魂当作人的本质部分，所以对死亡的看法就会和以前非常不同。

⑥ ［B 本注］这种说法并不是当时流行的说法，而只是俄耳甫斯、毕达哥拉斯等少数学派的观点。

生一种变化，就是灵魂从这里迁移①到一个别的地方。如果就是没有感觉，那就［40d］如同睡觉，而且睡着的人还不做梦，那死可真是很奇妙的好事。我认为，如果让人选出一个他沉睡而没有梦境的夜晚，把他一生中别的夜晚和［d5］白天同这个夜晚相比，让他仔细想后说出，在他一生当中，有多少日夜比这个夜晚更好、更舒服，② 我想且不说一个老百姓，就是波斯大王，③［40e］也会发现，和别的日夜比起来，像这样好的屈指可数。④ 如果死是这样的，我说它是好事。那时候，永恒好像也不比一夜更长。⑤

另外，如果死就是从这里［e5］移到另外一个地方，而且人们所说的是真的，即所有的死人都在那里，法官们，还有什么比这更好的？如果一个到了冥府的人，从这些［41a］所谓的法官中得到解脱，他会发现那些真正的法官，⑥ 他们据说在那里审判，

①　［译按］《斐多》117c2 中的用词和这里完全一致。［B 本注］灵魂不朽的说法当是苏格拉底自己的观念，而不是柏拉图的。

②　［S 本注］柏拉图凡是并列用这两个词的时候，往往是在论证存在问题。比如，在《普罗塔戈拉》351b6 – c1 中，也并列用了这两个词，在《高尔吉亚》495a3 中，两个词并用的论证被驳倒了。［译按］在同样是讨论死后世界的《斐多》中，苏格拉底再也不谈死后有可能是什么也不知道了，反而只坚持说，死后灵魂会依然存在。而被他驳倒的忒拜两兄弟的说法，即死后灵魂和身体一起消散（77b1 – e1），倒更像现在的第一个说法。

③　［译按］波斯国王拥有巨大的财富和庞大的帝国，希腊人一般认为他是最快乐的人。

④　［S 本注］苏格拉底在这里并不是说，这样无梦的一夜是最快乐的，而只是说，没有几个日夜比这样的一夜更好。

⑤　［S 本疏］苏格拉底对这第一种可能性的论证并没有说服力。从前后文看，柏拉图应该更倾向于第二种可能，即死亡是灵魂的迁移，而不是第一种。［译按］S 本花了很大篇幅来证明这一点，但我们从《申辩》原文中找不到根据证明，柏拉图相信的其实是第二种。

⑥　［译按］在这段话里，"法官们"（40e7）、"所谓的法官"（41a1）、"真正的法官"（41a2）、"公正的"（41a4）都出于同源，彼此相互呼应。

有米诺斯（*Mίνως*）①、拉达曼图斯（*'Pαδάμανϑυς*）②、埃阿科斯（*Aἰακός*）③、特里普托勒摩斯（*Tϱιπτόλεμος*），④ 还有别的很多活着［a5］时公正（*δίκαιοι*）的半神。那这趟旅行岂可小看？还有，要能和俄耳甫斯（*'Oϱφεύς*）、缪塞俄斯（*Mουσαῖος*）、赫西俄德（*'Hσίοδος*）、荷马（*'Oμηϱος*）⑤ 在一起，你们中谁不情愿付出高额代价？如果这是真的，我愿意死很多次。当我［41b］遇到帕拉墨

----

① ［B 本注］米诺斯是古代克里特的国王，扫清了附近的海盗（修昔底德，《伯罗奔半岛战争志》卷一：4，8）。据说他制定了克里特的法律，生时是一个正义的人（见《米诺斯》318d－321b、《法义》开篇）。传说他让雅典每年送四个七童男童女到克里特，给怪兽作牺牲。忒修斯杀死了怪兽，解救了童男童女。此后，雅典每年有纪念忒修斯的仪式。苏格拉底之所以没有很快被处死，就是因为这个仪式正在进行。在《奥德赛》卷十一：568－571，奥德修斯曾游冥府，看到米诺斯在那里的各位法官之中。

② ［B 本注］拉达马索斯是米诺斯的兄弟，也有义人之名（见前引《米诺斯》《法义》）。品达曾说，他执掌幸福岛（好人死后去的地方）。

③ ［译按］据品达说，埃阿科斯是爱琴海的立法者，甚至还审理诸神之间的争执，但没有说他审判死人。在《高尔吉亚》523e－527a 中，苏格拉底谈到，米诺斯、拉达马索斯、埃阿科斯是冥府的法官。［H 本注］米诺斯、拉达马索斯、埃阿科斯都是宙斯的儿子，因而都是半神。

④ ［译按］特里普托勒摩斯是传说中厄琉西斯的国王克琉斯的儿子。他从女神德墨忒尔处学到了作物生长收获的秘密。［B 本注］在希腊的文献中，此处是唯一一提到他在冥府审判的一处。但在雅典的花瓶画上，他有时和拉达马索斯、埃阿科斯在一起审判死者，而没有米诺斯（因为忒修斯的传说，雅典人不喜欢米诺斯）。在这里，雅典人把俄耳甫斯神话和厄琉西斯的传说连在了一起。

⑤ ［译按］这是希腊文化中最重要的四个诗人。俄耳甫斯和缪塞俄斯可能只是传说人物。在《普罗塔戈拉》316d8、《理想国》364e3 中，按照俄耳甫斯神话传统，俄耳甫斯和缪塞俄斯并提。在阿里斯托芬的《蛙》1032－1036 中，四个诗人按照和这里同样的顺序排列。［S 本注］四个诗人按照这个顺序排列，在当时的希腊已经成为习惯。因此，我们不能因为这里出现了俄耳甫斯和缪塞俄斯，就认为柏拉图受到了俄耳甫斯传统的影响。

得斯（*Παλαμήδης*）①、忒拉蒙（*Τελαμών*）的埃阿斯（*Αἴας*），②
还有别的死于不义的冤狱的古人时，我会把我自己的遭遇和他们
的相比，③ 对我而言，在那里这样过日子是尤其奇妙的④——我认
为，[*b5*] 这没有什么不快乐的——最大的事是，在那里省察和询
问他们，就像在这里做的那样，看他们当中谁有智慧，谁自以为
有智慧，其实没有。法官们，人们愿付出多大代价，来省察带领

---

① ［译按］帕拉墨得斯参加了希腊人对特洛亚的战争，据说，因为
某种原因（对此有各种说法），帕拉墨得斯和奥德修斯陷入争执，于是
奥德修斯以背叛希腊、里通特洛亚的名义逮捕了帕拉墨得斯。帕拉墨得
斯被希腊军队用石头砸死。埃斯库罗斯、欧里庇得斯、索福克勒斯都曾
写过题为"帕拉墨得斯"的悲剧，但都没有流传下来。高尔吉亚曾写过
《帕拉墨得斯的申辩》，没有佚失（因为柏拉图的这篇对话中有些字句和
高尔吉亚的《申辩》相似，有些学者认为，柏拉图在为苏格拉底写《申
辩》时，想到了高尔吉亚的作品。但是，S 本经过详细的引证，认为这
是没有根据的，因为相似的地方是当时的常用语，不能由此判断两篇申
辩之间的关系）。在色诺芬的《申辩》（26）中，苏格拉底提到了帕拉墨
得斯的申辩。第欧根尼·拉尔修（2.44）说，欧里庇得斯在《帕拉墨
斯》中提到了苏格拉底的申辩，R 本接受了这一说法。但这是不可能的，
因为欧里庇得斯比苏格拉底早死 16 年。

② ［译按］埃阿斯是特洛亚战争中著名的希腊勇士。在阿喀琉斯死后，
他和奥德修斯争夺阿喀琉斯的盔甲。奥德修斯作弊取胜。埃阿斯为了报复，
想杀死奥德修斯和阿伽门农，但雅典娜把他变疯癫，疯了的埃阿斯杀死了一
群羊。他清醒过来以后，羞愤自杀。见《奥德赛》卷十一：541 – 562；索福
克勒斯，《埃阿斯》。

③ ［S 本注］这里是用同一句话表达了下面两重意思：在那里遇到帕
拉墨得斯和埃阿斯本来就是奇妙的；把自己的命运和他们的对比，也是很奇
妙的。

④ ［B 本注］苏格拉底对俄耳甫斯学派关于灵魂的说法有所同情，但
并不完全接受。《斐多》中的态度也是一样。

大军攻打特洛亚的人①、［*41c*］奥德修斯（Ὀδυσσεύς）、西绪弗斯（Σίσυφος），② 或人们能提到的其他无数男女？③ 在那里和他们谈论、交往，省察他们④，会是无比幸福的。当然，那里的人根本不会因此［*c5*］杀人。如果⑤所说的是真的，那里的人不仅在别的方面比这里的人幸福，而且在余下的时间里都是不朽的。

---

①　［译按］指希腊军队的统帅阿伽门农。［施特劳斯疏］苏格拉底在此没有直接提阿伽门农的名字，正如他前面没有直接提阿喀琉斯的名字（28c2 – d4）。

②　［译按］在《伊利亚特》卷五：153 中，西绪弗斯被称为"最巧的人"。［B 本注］奥德修斯和西绪弗斯都被认为是有机巧的人。为什么阿伽门农也和他们并列？［S 本注］也许柏拉图想到了当时的一个说法，即，阿伽门农之所以统率大军，并不是因为军事才能，而是因为别的原因。［译按］苏格拉底在此提到的几个人，都是有着小聪明，却没有德性的人，与人间那些政治家是一样的。

③　［施特劳斯疏］此处谈到名字的共有 12 个人，而前面谈到在场的学生及其父兄，也是 12 个人（33d9 – 34a2）。［阿纳斯塔普罗疏］苏格拉底列举的这些人是逐层变化的，即与苏格拉底的关系越来越密切。首先是四个法官，代表了正义，因而不会审判苏格拉底。其次是四个诗人，他们是所有希腊人都愿意见到的，而且，关于冥界的观念，甚至另外九个人的故事，就是他们告诉众人的。随后是两个被冤枉了的人，与苏格拉底很像。最后是三个统治者，苏格拉底将要省察他们。他好像是要在冥界开始他的省察过程了，从政治家开始，然后到诗人和匠人。［译按］对冥界中这些人的叙述，应当不会是随意的。不过，这四组人的排列方式应该是，从真正的正义，到诗人，到正义而被冤枉的人，再到狡猾贪婪的统治者。那三个统治者虽然是国王，但都以贪婪狡诈著称，即都是那种被认为智慧、其实不智慧的人。冥界与人间的区别，不在于那里的人都正义，而在于他们的地位是按照正义原则分层的。这是一个"理想国"的草图。

④　［阿纳斯塔普罗疏］即使在死后，苏格拉底都没有脱离他的岗位。

⑤　［H 本注］苏格拉底一直没有忘记，这只是在假设。

　　法官们啊，你们也应该对死抱有良好的希望，① 把这当成真的：[*41d*] 好人不会有恶报，无论生前还是死后，诸神不会不关心他的事。② 我现在出的这事不是偶然来的，而是明白给我显示，死亡和从杂事 [*d5*] 中解脱，③ 从此对我更好。因此，那征兆不让我转向任何地方，我也并不抱怨那些投我反对票和控告我的人。但他们并不是因为想到了这，才投我反对票和控告我的；他们是要伤害我。④ 为此 [*41e*] 他们该受谴责。

　　但我对他们提个请求。我的儿子们长大以后，诸位，如果他们在你们⑤看来关心钱财或别的东西 [*e5*] 胜过了关心德性，你们要惩罚（τιμωρέω）⑥ 他们，像我烦扰你们一样烦扰他们；如果他们实际不是什么而以为自己是，你们就要谴责他们，就像我谴责你们一样，谴责他们没有关心应该关心的，还认为自己是他们

---

　　① ［B 本注］在俄耳甫斯的学说里，"希望"（ἐλπίς）就是"信仰"。因此，此处和 40c4 中的"希望"，还有《斐多》63c5 和《理想国》331a 中的"希望"，都有俄耳甫斯派的色彩。

　　② ［译按］《理想国》卷十 613a4 中有非常类似的说法。

　　③ ［译按］究竟如何来理解此处说的"杂事"（πραγμάτων），研究者有不同的看法。有人认为，这指的是神派他去做的省察每个人的事。［S 本注］因为苏格拉底认为这是省察别人，也是省察自己，是件好事，他不可能这么看。这里更可能的是指年老带来的各种麻烦事。在《理想国》卷三 406e3 中，柏拉图用同一个说法，来指靠死亡解脱疾病的折磨。

　　④ ［译按］参考 30c6 以下。

　　⑤ ［译按］在此，苏格拉底从第三人称复数变成了第二人称复数。［S 本注］这一转变表明，苏格拉底又在对陪审团全体说话，而不只是针对投票反对处死他的法官们说话。因而，苏格拉底不再说"法官们"，而是变回了"诸位"，其含义与"雅典的人们"一样。

　　⑥ ［译按］这个词与前面的"量刑""荣耀""报应"同源，但在此处的意思是中性的，可以是"帮助"，也可以是"惩罚"。

的品行所不配的。①如果你们这么做，我和［42a］我的儿子从你们得到的就是正义的。不过，② 是该走的时候了，我去死，你们去生。我们所去做的哪个事更好，谁也不知道——除了［a5］神。③

---

① ［B本注］整篇演讲结束时，再次重复了关心灵魂这个核心主题。

② ［S本注］这里的ἀλλὰ γάρ用在演讲结束的时候，是非常口语化的说法。别的演说家从来没有这样用过。

③ ［译按］我们这里尽量保留了原来的语序，把"神"放在整篇对话的末尾。［S本注］柏拉图如何安排对话的结尾是很有讲究的。这无疑会让读者在此想到苏格拉底的神圣使命和神意对他的安排。

生的根据与死的理由

——《苏格拉底的申辩》义疏

泰勒在《柏拉图：生平及其著作》中精辟地指出，《申辩》既写出了苏格拉底为什么选择了哲学生活，也告诉我们，他为什么宁愿结束自己的一生。[①] 因此，短短的《申辩》中就贯穿着两个看似矛盾的主题：生与死。但苏格拉底并不是先告诉我们他为什么这样生活，再告诉我们他为什么宁愿死去；而是，生的根据恰恰就是死的理由，二者归根到底是一回事。在他的审判官面前，苏格拉底自豪地宣布，他的生活是哲学生活，因而是一种值得过的生活；同样是在这些审判官面前，他又骄傲地选择了本来不一定要选择的死刑。使他的一生没有白过的是哲学，而使他面对政治不得不选择死亡的，同样还是哲学。哲学家在政治面前不仅必然选择死，而且恰恰是死亡，才使苏格拉底最终证成了他的神圣使命。于是，苏格拉底的生死问题，就转化成了哲学与政治之间有没有可能和平相处的问题。要更精彩、更深刻地展开这个问题，我们当然还要等待柏拉图更多的对话。但在他哲学思考的这个起点，[②] 柏拉图已经看到了哲学与政治之间的不可调和，以及哲学

---

① 泰勒《柏拉图：生平及其著作》，谢随知等译，济南：山东人民出版社，1991，226。

② 参考 Shinro Kato, "The Apology: the Beginning of Plato's Own Philosophy," in *The Classical Quaterly*, Vol. 41, No. 2, 1991。

生活中必然的悲凉和孤独。他以后的思考，只不过是面对这种悲凉与孤独，以知其不可而为之的态度寻找一种尽可能美好的生活。

一　真理与修辞（17a1 – 18a6）

"知其不可而为之"，孔子这句充满无奈也充满勇气的话，可以用来概括很多洞察世事而又保持希望的哲人。在柏拉图笔下，苏格拉底申辩的第一句话就暗示了一种必死的决心。审判的结果尚远不明朗，但苏格拉底已经清楚地知道，他的对手们的修辞力量是多么强大，不仅在场的人们可能完全被说服了，就连他自己，都有点慑于他们的信口雌黄，而浑然自失了（17a2）。他根本不相信，他会说服面前的雅典人自己是无罪的，因为他们只是雅典人，不配被称为正义的法官们（17a1）。

由此有了一段关于真理与修辞的讨论。若对照苏格拉底在别处与智者和演说家的对话，特别是对照《高尔吉亚》，我们就能够明白柏拉图这里的用意。S 本的义疏于此处论述甚精。[①] 苏格拉底真的像他说的那样不善言辞吗（17b2，d3）？在柏拉图的诸多对话里，苏格拉底可是论辩术的高手。他不仅能把格劳孔、阿德曼托斯、希琵阿斯这些远非平民百姓的人士驳得哑口无言，甚至还能让以修辞论辩为业的高尔吉亚也三缄其口。如果说，苏格拉底在和这些人物的论辩中常常抛出一些稀奇古怪、匪夷所思的说法，那也不是因为他不懂论辩的规矩，而恰恰是因为他是论辩的

---

① Emile De Strycker & S. R. Slings, *Plato's Apology of Socrates: A Literary and Philosophical Study with a Running Commentary*, Leiden: E. J. Brill, 1994, chapter II.

高手，随手拈来的说法都能置人于死地。更何况，我们有阿里斯托芬和色诺芬的侧面材料，可以有把握地说，苏格拉底不仅精于论辩术，还曾把它教给别人。

如果苏格拉底在法庭上刻意使用他本来擅长的论辩术，不仅据理力争，而且还着意修饰言辞；不仅表明自己的无辜和德性，而且还照顾听众与整个城邦的感情，那么，他争取过来三十个石子（36a6），或是免于死刑，应该不是很难的事。但苏格拉底没有这么做。他说得确实有理有据，但丝毫不注意言辞的修饰；他讲得的确理直气壮，却处处都在有意触怒在场的人们，时时招来愤怒的骚动。① 说苏格拉底知其不可而为之似乎并不恰当。他简直是有意把本来并不那么严重的局面推向一个不可为的态势。

为什么会这样？难道能说服高尔吉亚的苏格拉底，竟然不能说服那些普普通通的雅典人吗？但是，苏格拉底真的把高尔吉亚说得心服口服了吗？或者，难道苏格拉底真的没有说服那些雅典人吗？这看似不同的两个问题其实是一个。苏格拉底有可能把高尔吉亚驳得无话可说，但是，高尔吉亚未必会心平气和地接受自己的失败；苏格拉底同样未必没有说服雅典人，他是一个有德而无罪的人，但雅典人未必仅仅因为他有罪才会判他的刑，而完全可能仅仅因为苏格拉底对他们的指责而报复他。这两种情况是一样的。苏格拉底与高尔吉亚论辩的时候，和他向雅典人作申辩的时候，都有可能说服了对方，但也都激起了对方的不满，正如他在说人家其实不智慧时导致的愤怒和忌恨（21d1）一样。这样看来，苏格拉底说自己是在用惯常的方式说话（17c9），一点都没有错。他的这种惯常的论辩方式虽然往往能驳倒别人，却并不能给

---

① 参考斯东，《苏格拉底的审判》，董乐山译，北京：生活·读书·新知三联书店，1998。

人带来好感。而在雅典这样的民主政体下，最重要的还不是说的是否真能让人信服，而是能否让人喜欢。苏格拉底既能驳倒高尔吉亚，也能驳倒雅典人，但他谁的喜欢都不能讨来。高尔吉亚没有杀苏格拉底的权力，但雅典人有。

这样看来，苏格拉底与美勒托斯的真正区别，不在于他不能说服雅典人，而在于他不能取悦雅典人。柏拉图在后文似乎有意为我们提供了一个鲜活的例证。苏格拉底与美勒托斯终于面对面地交了火。苏格拉底步步紧逼，美勒托斯似乎只有招架之功，而全无还手之力，后来甚至连招架之功都没有了，连回答苏格拉底的问题都不敢（27b4）。但是，就在这咄咄逼人的苏格拉底和狼狈不堪的美勒托斯之间，雅典人选择的是后者。虽然苏格拉底说得有道理，说得美勒托斯哑口无言，但美勒托斯在这么狼狈的状况下，还会奉承在场的大众说，他们都有能力教育公民（24e4）。

雅典人并不喜欢理直气壮、无懈可击的苏格拉底，而喜欢支支吾吾但懂得奉承他们的美勒托斯。这才是法庭上的论辩术，这才是大众面前的制胜之法。它的关键，不在于把黑的说成白的，也不在于说得是否有道理，而在于，说出的方式是不是人们爱听的。但问题就在于，真理往往是惹人讨厌的，而谎言往往是人们乐意接受的。苏格拉底的失败，不在于他的演说没有说服力，而在于他一直在说真理。而苏格拉底正是这样看待他与美勒托斯之间的区别的（17b7－8）。

毋庸讳言，人们大多认为，法庭辩论的目的在于取胜；而如何取胜，根本上是一个政治问题。正是为了这一点，才出现了那么多教人辩论、为人写诉状的修辞学家和演说家。在法庭辩论这种政治活动中，重要的不是所说是不是真的，而是所说是否像真的，或者人们是否愿意当成真的。苏格拉底的好友吕西阿斯就是这方面的专家。他为人写的很多申辩辞成为学习希腊文的必读范文。据说，这位吕西阿斯主动要给苏格拉底写一篇申辩辞，但被苏格拉底拒绝了。

苏格拉底关心的不是能否取胜，而是能否传达出真理，这是一个哲学问题，不是政治问题。但他又必须在这样一个生死攸关的政治场合讲出这个哲学问题。深知真理必然伤人的苏格拉底清楚，他要么选择讲假话而生，要么选择讲真话而死。如果讲假话而生，他必然放弃真理。但他认为，要过值得过的生活，就必须保持德性，而作为法庭上的演说者，其德性是讲真话（18a6）。于是，他选择了讲真话而死。

虽然苏格拉底拒绝了吕西阿斯所写的申辩，但有趣的是，在苏格拉底死后，为苏格拉底写申辩辞，却渐渐成了文人当中的一种时尚。很多以文章自诩的希腊人，总要文绉绉地模拟苏格拉底慷慨陈词的腔调，来附庸风雅一番。色诺芬和柏拉图所写的《申辩》，只不过是这当中杰出的两篇而已。而这些人写《苏格拉底的申辩》的目的，应当和吕西阿斯不同，不再是为了让苏格拉底在法庭上取胜——虽然色诺芬很可能是为了让苏格拉底在雅典人的舆论中取胜。那么，他们都应该是为了真理？但苏格拉底只有一个，怎么可能有那么多五花八门的辩护辞？循着这个思路，我们会把苏格拉底的真理问题想得更深一些：到底什么是真理？而这，乃是这篇对话里一个最关键的主题。

二 案情的真相（18a7 – 19a7）

读几篇吕西阿斯为人写的辩护辞，我们就会看到苏格拉底究竟在哪些地方遵循了申辩的一般规矩，又在哪些地方与众不同。辩护者的美德是讲真话，这是一个不言自明的道理。这虽然未必是人人都会恪守的信条，但至少每个人都要使自己的辩护辞看上去像是真的。"真"毕竟是申辩的唯一标准，区别只是在于，究竟是认真地遵守这个标准，还是把言辞修饰得很像符合这个标准。吕西阿斯的申辩辞，每一篇看上去都挺符合这个标准的。

要符合这个标准，就要原原本本把案情说清楚，说得活灵活现、有鼻子有眼，于是，杀人也是出于迫不得已，偷盗也是事出有因，任何大不了的罪过都有令人同情的隐衷。申辩艺术的关键，在于如何把自己的故事讲得打动人心。因此，申辩者往往会从很久很久以前讲起，把一个看似惊天动地的事情，讲成由来已久，不得不然，令听众唏嘘不已，网开一面。

作为法官的雅典人应该会这样觉得：我们看到了控诉人对你的起诉，也知道你的所作所为，这就是我们所掌握的真相；现在，你要在申辩中告诉我们一些我们不知道的真相，这些真相要么说明对你的控诉是站不住脚的，要么说明，我们掌握的事实是不全面的，需要你提供的线索来重新建构整个事情的过程。

苏格拉底的申辩，看上去完全符合这个一般的申辩套路。他告诉雅典人，对他的控告不是一朝一夕所致，而是渊源久远，必须从开头讲起（18a7－b1）。这个开头，一下子就推到了几十年以前，面前的雅典人还年轻的时候：你们所听到的控告只是一部分，而且是后来的控告，其实，很早以来，就有人在向你们控告我了。这些控告，早已在你们心中形成了根深蒂固的偏见。这些，都是你们还没有掌握的事实。只有把这些事实和现在的控告联系起来，才能形成一个全面的图景。在揭示事实真相的名义下，苏格拉底慢慢把法官们自己卷了进来。他所声称要告诉大家的，是发生在大家身上的事情：有些你们经历过的事情，你们并不了解它们的意义，我所要告诉你们的事实就是，你们并不知道，自己已经被骗了，已经形成了对我的偏见。他这里根本没有什么人们并不知道的事实。对案情的申述竟悄然变成了对法官们的指责。

苏格拉底和吕西阿斯的那些主顾之间根本的区别就是，他不是在向听众揭示一个此前完全隐秘的故事（因而其真实性也就无据可考），而是在重新解释人们都经历过的一段过程。他向听众指出，你们知道的那些都是表象，都是假的（18b5），只有我告诉你们的，才是事情的真相。这样的真理，谁爱听呢？

看上去是独白的《申辩》，其实仍然是一篇对话。它不仅在比喻意义上是哲学与城邦之间的对话，而且在形式上，也是苏格拉底、听众、前后不同的控告者，也许还有包括柏拉图在内的弟子之间的对话。对话的意义，并不在于一定要有两个以上的人相互交谈，而是在于，所要讨论的问题在相互的辩难中慢慢澄清。苏格拉底和别的申辩者最大的区别在于，他不是在向听众讲一个只有他自己或几个证人才知道的隐秘故事，而是在和听众一起确定一些众所周知的事情的意义。哪怕在确定这一意义的过程中，他最核心的讲法，也不在于向人们揭示一些大家不知道的情节，而是在于，彻底改变雅典人对人生意义的看法。这个意图，和别的对话仍然是一致的。只不过，在别的对话中，苏格拉底的对话者在不得不接受了他的说法时，只能敢怒而不敢言；但在这里，当雅典人听到了苏格拉底这个牛虻的指责后（30e5），却可以判处他的死刑。虽然每个和苏格拉底对话过的人都没有站出来（34a5－b1），但对苏格拉底的审判，仍然可以看作受过苏格拉底省察和指责的整个雅典城邦对他的反叛与报复。苏格拉底把他的申辩比作打空拳（18d6），正是告诉我们，他的申辩并不是一个人的拳术表演，而仍然是对手之间你来我往的交手，哪怕对手并不在场。

既然是要讲出真相，为什么还不一点一点地罗列出来，而要在对话中展开呢？这样讲出来的，还是真相吗？苏格拉底所理解的真，恰恰不是通过讲出不为人知的情节完成的。如果是那样，首先就要假定，雅典人不仅有判断"真理"的权力，而且他们此前所掌握的知识大部分是真的。但这两点，苏格拉底哪一个都不能接受。

苏格拉底能够接受的，是雅典人有判断生死的权力。他不仅毫无保留地接受这一点，而且在克力同劝他逃跑的时候，他还坚决捍卫雅典公民的这一政治权力（见《克力同》）。但是，政治和法律权力是一回事，哲学判断却是另外一回事。承认雅典人有断人生死的权力，并不意味着，凡是雅典人所决定的，在哲学上也都是真的。苏格拉底虽然在政治上完全接受雅典人的审判，但在哲学上，他却完全不能接受雅典人的判断。而且，他这种不接受还不是消极的不接受。他还要积极地让雅典人接受他自己的哲学判断。因为在他看来，只有接受了他对真理的看法，雅典人才能懂得什么是正义（因为正义本身是个哲学问题），才能正确地判断出，什么是不义，从而才能管理好他们的城邦（因为一切政治都建立在对正义的理解上）。作为哲学家的苏格拉底，归根到底，还是关心雅典的政治事务（30e3）。

苏格拉底所谓的真，根本上是要指出雅典人固有观念中的假。而要完成这一点，就必须通过与雅典人的对话，指出，他们那些偏见究竟是从哪里来的，为什么会把苏格拉底当成不义的。这正是苏格拉底惯常使用的辩证法。而要成功地完成这一点，不取决于苏格拉底讲出了多少事实，而取决于他是否成功地指出了雅典人的虚假的根源，是否成功地刺痛了他们的良知。而只要他刺痛了雅典人，他们哪怕认识到自己可能的偏见，也一定不会高兴，从而必然报复苏格拉底。苏格拉底这种赋予雅典人新生的真理，一定会带来他自己的死。这就是苏格拉底的哲学与雅典城邦之间必然的冲突。苏格拉底把法庭上的申辩变成了他在雅典政治面前的哲学陈述，即，哲学在政治面前的申辩。

三 哲学生活的根据：针对第一拨控告者的辩护
（19a8 – 24b2）

A. 智者之知（19a8 – 20c3）

这个陈述的第一部分，就是要区分开政治对他的偏见与他本来的哲学。这就是苏格拉底所谓的对最早的控告者的驳斥。而这样的驳斥，一方面是向雅典人讲出他的哲学使命对雅典政治的意义，另一方面，也要昭示出哲学与政治之间的无法调和。这个讲述过程，无异于陈述他的哲学使命的由来与实质，其核心仍然是真理和知识的问题。而在进入自己的陈述之前，苏格拉底首先要澄清一个问题：自己的知识和智者的知识不一样。

苏格拉底在申辩的一开始就已经表现出他与高尔吉亚这样的智者不同。但是，他真正的敌人并不是高尔吉亚，也不是别的智者，而是城邦里那些诬蔑和控告他的人。悖谬的是，虽然这些人需要高尔吉亚的修辞术来演说和吸引听众，但他们对苏格拉底最初的诬蔑却是，他是和高尔吉亚等人一样的智者。

那些来到雅典的智者，所从事的一般是两种职业：自然哲学与修辞术。这两种学问渐渐成为青年教育的新时尚。而在此之前，雅典的青年往往是通过跟随政治家来接受教育的。这些外邦哲学家的到来，把青年从那些政治家身边抢走了，招来了雅典城邦的警惕。阿里斯托芬的《云》里面的苏格拉底所做的，就是这两件事。他一边坐在空中研究天象，一边教给人们如何把弱的说法变强，也就是用言辞颠倒是非。而这两种研究，哪怕苏格拉底没有专门从事过，他至少也是熟悉的。

　　虽然雅典城邦并不喜欢这些酸溜溜的外邦人，雅典的父兄还是愿意自己的子弟到那些更专业的智者身边，花上几个钱，来得到正规的教育和训练。无论是《云》中的斯特瑞普西阿德斯，还是苏格拉底提到的卡利阿斯（20a5），都是如此痴心的父亲。但像阿里斯托芬这样的雅典人，却非常敏锐地看出来，智者的教育对青年德性的培养根本无济于事。被苏格拉底教育了一番的斐狄庇得斯倒是学会了论辩术，结果不仅再也不听老父的话了，甚至还大逆不道地打起了父亲的屁股。知识开发了民智，但扰乱了社会；专业开阔了视野，但培养了傲慢。阿里斯托芬所代表的雅典人的敌意和不屑，完全是正当的。甚至，如果阿里斯托芬喜剧里的主人公不是苏格拉底，而是高尔吉亚或别的哪个哲学家，苏格拉底一定会完全认同他的。

　　《申辩》中苏格拉底跟卡利阿斯说的话，完全可以算作对《云》的一个注脚。斯特瑞普西阿德斯和卡利阿斯只知道把儿子送去智者那里学习，是为了儿子好，但怎样才算是对儿子好，却未必认真想过。难道让儿子学得油嘴滑舌、把白的说成黑的，就是对他好吗？难道让儿子了解了云朵的形成、多认识几颗星星，就是对他好吗？不仅那些父兄们，就是从事这些研究的智者们，也未必明白自己的专业究竟在什么意义上是好的，或者，教育究竟在什么意义上是必要的。但苏格拉底对卡利阿斯说的话，却是经过了一番思考的：马驹应该按照马驹的特点来训练，牛犊应该按照牛犊应该的那样来教习，人，自然应该按照人的样子，教给他如何做一个人或如何做一个公民（20a6 – b5）。是学会了天文知识就能做好一个人呢，还是懂得了论辩术就能做好的公民呢？但卡利阿斯根本没有听明白苏格拉底的用意，没有想过做人和做公民意味着什么。他把苏格拉底的提问当成寻常的询问打发过去了，想当然地把欧厄诺斯当成了能教这一切的老师。可以想见，卡利阿斯的命运也许就会像斯特瑞普西阿德斯一样，等着儿子来打屁股了。把《云》中的苏格拉底说成败坏青年，当然没错。

苏格拉底说，他根本不懂这些，他可不是谦虚。他的意思，不是说自己不懂智者所研究的那一套，而是不懂，这样的学问怎么可能教给人做人和做公民的道理，怎么可能把人变得更好。如果他懂得这样就可以完成对雅典公民的教育，那就解决了他终生求索的难题，可以轻而易举地完成他的使命。那他当然会美滋滋的了（20c3）。

和别的雅典人一样，苏格拉底不相信那些智者真的能给人带来什么好处。但是，他对待智者的态度，和那些雅典人完全不同。雅典人虽然不会从智者那里学到什么德性，甚至认为他们是一群败坏青年的腐儒，但他们宁愿利用智者们那没有什么意义的论辩术，到法庭上去赢得胜利。他们一边痛骂着智者们的败坏青年，一边宣讲着智者们为他们准备好的演说词，心甘情愿接受这种败坏。而苏格拉底从来没有恶意地嘲讽过智者。他只不过不相信智者的教育方式，认为应该以另外的方式达到他们所追求的目的。

苏格拉底虽然并不同意智者的做法，时不时还会讽刺他们一下，但他对智者从来都没有敌意。他在《申辩》中一再强调自己对智者的尊重和友好（19c5－7，19e1－2，20c1－3），这都应该当真来看。之所以如此，并不仅仅是因为苏格拉底天性宽厚，而至少有两个更重要的原因。

第一，他对教育和知识的理解，与这些智者们是一脉相承的。不仅色诺芬等人提供的证据表明，而且，苏格拉底自己在《斐多》中也告诉我们，他是如何从像智者一样思考自然问题，到接受阿纳克萨戈拉的学说，再到次航的（99a6－99d1）。值得注意的

是，当他谈到自己为什么不再从事这种自然研究时，苏格拉底在
《斐多》中的说法与此处非常相似。他并没有傲慢地宣布，智者
的学问就是假的，而是不无遗憾地指出，自己并不适合那种研究
（96c1）。这可以理解为，他的天性不适于思考这些问题；也可以
理解为，他最关心的问题无法通过那种研究找到答案。

第二，更重要的一点是，苏格拉底并不认为，像安虞托斯那
样否定智者（《美诺》91c2 以下），就能真正做得比智者更好。雅
典的政治家虽然并不喜欢智者的自然哲学，却往往从他们那里学
习论辩术，因为智者往往像《云》中的苏格拉底一样，兼有自然
哲学和论辩术的知识。苏格拉底深知这些智者的学问对雅典有可
能带来的危害，但这危害的真正根源，并不是智者的学问，而是
雅典人自身的生活境界，智者之知只不过起到了推波助澜的作用
而已。真正能阻止智者的危害的，不是将他们消灭，而是找到一
条通向美好生活的更有效道路。出于这样的考虑，苏格拉底根本
没有必要否定那些追求真理而未得的智者。更何况，虽然自然哲
学家和修辞学家对做人和城邦不会起到积极的作用，但他们的智
慧并不是虚假的，苏格拉底甚至愿意把他们的智慧称为超出人间
的智慧（20e2），而他自己的，只是一种人间的智慧。在苏格拉底
省察雅典城邦中的各种人士的时候，他并没有把智者包括在其中。
这些智者虽然有这样那样的毛病，但他们并没有犯强不知以为知
的毛病。

B. 无知之知（20c4 – 23c1）

苏格拉底把自己同智者区别开，与其说是在驳斥对他的最早
控告，不如说是在澄清自己的哲学立场。对于大多数雅典人来说，
苏格拉底是否摆脱掉智者的名声，是一个无关紧要的细节。甚至
可以说，如果他真是高尔吉亚那样的智者，雅典人可以和他进行

学问的"商品交换",从他那里学到法庭辩论的技艺,反而未必一定要置之于死地了。恰恰是在苏格拉底否定了他的智者身份,转而陈述自己的哲学使命的时候,雅典人感到了这种哲学与自己的安身立命息息相关,知道苏格拉底一定要打破自己浑浑噩噩、安逸舒适的日常生活,竟非杀苏格拉底不可了。

从《申辩》的表面意图上看,苏格拉底之所以讲述德尔斐神谕和自己的无知之知,是为了解释对他最早的诬蔑是从哪里来的;但我们也可以换个读法,即,把"智者之知"的部分看作苏格拉底先用否定的方式,表明他与智者的知识的区别,再把神谕部分看作他对自己的知识是什么的肯定性讲法。在后文,苏格拉底虽然曾经再次回到"智者之知"的话题(23d4-7),但很显然,那并不是在经过一段解释后重新回到主题的结构模式。我们反而更应该把它当成对前面的引子的一个呼应。苏格拉底真正最想说的,并不是人们为什么误把他当成了智者,而是他的哲学使命究竟是什么,给城邦带来了什么益处。① 那么,这就是苏格拉底对自己的哲学转向的一种陈述,它和《斐多》中的类似陈述虽然很不同,但可以看出两篇对话的相互呼应。

《申辩》与《斐多》在不少的主题上都遥相呼应。如果说,苏格拉底在《斐多》中通过次航描述了他哲学思想形成的过程;那么,他在《申辩》中,则是通过对德尔斐神谕的理解,描述了这个过程的政治意义和宗教意义。在《斐多》中,苏格拉底谈到

---

① 先用一个小问题引出正题,看似对小问题的解释,但是在小问题已经回答之后,对话并不结束,还要继续讨论下去,这说明,作为引子的小问题并不是真正的主题,主题反而是解释的部分。这种模式,是柏拉图惯用的模式。比如《理想国》,就是先以正义是什么的问题引出对建立理想城邦的讨论,好像这个讨论是为了回答最初的小问题。但在这个问题回答之后,讨论反而按照解释中的思路继续了下去。

他与阿波罗神的关系；而在《申辩》中，正是雅典人并不怎么喜欢的德尔斐的阿波罗，派给苏格拉底一个神圣的使命。

在这一点上，我同意 S 本的一个基本观点，即，苏格拉底未必像很多学者认为的那样，认真地把德尔斐神谕当成他的哲学使命的一个起点。并没有一个单一的事件或单一的动机使苏格拉底决定开始他的哲学探求。① 当苏格拉底在《斐多》中讲述他对阿纳克萨戈拉学说的不满，决定开始哲学次航的时候，他并没有把哪个事件当成一个起点，而只是用次航来描述他的使命与阿纳克萨戈拉等人的如何不同。同样，当他用德尔斐神谕的故事来解释他对雅典人的省察的时候，他也没有把这当成一个独立的标志性事件，而是用它来解释自己的哲学使命，同时，也把它和前面的"智者之知"区别开。

谈到德尔斐的阿波罗，人们往往会想到神殿进门处铭刻着的那句"认识你自己"。这句铭文无疑体现了柏拉图教育思想和知识观念相当核心的内容。在《阿尔喀比亚德》前篇中，苏格拉底教育阿尔喀比亚德的核心观念就是"认识你自己"，虽然没有明确提到德尔斐。在《斐勒布》中，苏格拉底说，既然德尔斐神殿铭刻着"认识你自己"，那么与它相反的，就是"不认识你自己"（48c8 - 9）。他进一步谈到，不认识自己可以有三种情况：没有钱而自认为有钱；不高不美而自认为很高很美；而人类容易犯的最大错误是，不好而自以为好，即，不智慧而自以为智慧。因此，苏格拉底就把对不智慧的省察与德尔斐铭文直接联系了起来。在《卡尔米德》中，苏格拉底又谈到了德尔斐神殿的这句名言，并

---

① Emile De Strycker & S. R. Slings, *Plato's Apology of Socrates*: *A Literary and Philosophical Study with a Running Commentary*, Leiden: E. J. Brill, 1994, chapter II, pp. 78 - 82.

且指出，认识自己的人就是知道自己知道什么，也知道自己不知道什么的人（167a1－2），而要做到"节制"，还要能够判断别人是不是真的知道自己认为知道的（167a2－5）。① 而当我们看到德尔斐的皮提亚女祭司给苏格拉底的神谕，以及苏格拉底后来所做的一切的时候，很自然就会想到神殿门口的这句话。② 苏格拉底理解这个神谕的过程，正是"认识你自己"的过程，因为正是这神谕，让他逐渐理解了哲学生活对人生的意义，使他明白了自己对城邦的使命。苏格拉底的哲学活动，可以看作对德尔斐神谕的一个哲学诠释；而德尔斐神谕，也正可以看作苏格拉底的哲学生活的宗教根据。

凯瑞丰问出的那个问题，并不是一个突兀或奇怪的问题。古典文献中有不少人向德尔斐的阿波罗问过自己是否最虔诚、最幸运、生活最美好等问题。而且，就像 S 本的解释所说的，当阿波罗的女祭司对这些问题给出答案的时候，往往都不是按照字面意思，真的说某人比别人更虔诚、更幸运、更美好，而是暗示求签人从另外一个角度去理解虔诚、幸运、美好这些概念。因此，当皮提亚告诉凯瑞丰，没有人比苏格拉底更智慧的时候，这就一定意味着一个难解的谜，需要苏格拉底自己去揭开它的谜底。巴塞特（Bassett）还注意到，《云》中的凯瑞丰就是一个喜欢猜谜的人。③ 也许，凯瑞丰向德尔斐的阿波罗询问苏格拉底的智慧，并不仅仅意味着凯瑞丰对苏格拉底的崇拜，而是在以他惯常的方式，

---

① 关于《申辩》与《卡尔米德》中这个问题的详细对比，参考 Mary Margaret Mackenzie, "The virtue of Socratic ignorance," *The Classical Quarterly*, Vol. 38 No. 2, 1988。

② 参见斯特里克在此处的详细疏解。

③ Samuel Bassett, "Note on αἰνίττεσθαι, Plato, Apology, 27a, 21b," *The Classical Review*, Vol. 42, No. 2（May 1928）.

给苏格拉底出了一个谜语。

S 本认为，苏格拉底并不是在听到德尔斐神谕之后，才认为自己无知的；甚至可能，凯瑞丰就是因为苏格拉底过于低调，才要通过神谕告诉他，他的智慧到底是多么高。[①] 从苏格拉底在听到神谕后的反应来看（21b4 – 5），这样说是没错的。但德尔斐神谕教给苏格拉底的，并不只是他的无知，也不是他知道自己无知，而是，他自觉地把认识到自己无知当成一种智慧。[②] 无知的人自然比比皆是，"无知"当然算不上什么可贵；而知道自己无知的人其实也并不少，只不过，因为苏格拉底省察的都是颇有些自负的人，所以他见到的就少了；而知道自己无知，是有自知之明，固是难能可贵，但也只能是明智而已，还算不上智慧。真正智慧的人，不仅要无知，要知道自己无知，而且要主动地把无知之知

---

① 斯特里克前引书，78。

② 究竟如何理解苏格拉底所谓的无知之知，在西方学界一向有很多争议。比如 Norman Gulley 就认为，苏格拉底其实是有知识的，他这里只是一种反讽（*The Philosophy of Socrates*, London：Macmillan, 1968）。这是关于苏格拉底之知的长期传统。埃尔文（Terence Irwin）认为，苏格拉底真的就认为他是无知的（*Plato's Moral Theory*, Oxford：Clarendon Press, 1979）。而沃拉斯托斯（"Socrates's Disavow of Knowledge," in *The Philosophical Quarterly*, Vol. 35 No. 138, 1985）和麦肯齐（Mary Margaret Mackenzie, "The virtue of Socratic ignorance," *The Classical Quarterly*, Vol. 38 No. 2, 1988）都认为，苏格拉底在不同地方所说的知识含义不同，以此才可以理解他所谓的无知之知。但他们对此的具体论述并不同。我们的讨论接续沃拉斯托斯和麦肯齐的说法，认为苏格拉底所说的知识在各处的含义确有不同。不过，我们对这种不同的理解却与他们非常不一样。我们并不认为，苏格拉底对某些知识是确定的，对某些不确定。他的态度，应该是一种对知识更根本的辩证态度。对于中国文化背景下的读者来说，理解"无知之知"中的辩证意味似乎并不这么困难。相反，如何不要轻易把它等同于庄子对知识的否定，倒是一个需要细细分梳的问题。而对这一点的理解，需要我们仔细把握"无知""知道自己无知""无知之知"这三个阶段的区别与关联。

当成智慧。智慧毕竟落实在"知"上。从无知和知道自己无知到通过无知追求智慧这种"无知之知"，是一步巨大的飞跃。① 有没有这个飞跃，意味着很大的区别，正是因为"百姓日用而不知"，君子之道才不得彰显。人们仅仅生活在一个无知的懵懂世界中，无欲无求，根本算不上什么高明；懂得自己无知，但又为此而愁眉不展、自甘下流，当然也算不上什么高明。只有在达到一定境界之后，理解了人类认知能力的天然缺陷，自信地否定各种虚假的知识，才会真正达到无知之知的化境。在这一点上，苏格拉底和老庄确实有相近之处。一个无知又自卑的奴隶，自然不会享受苏格拉底的境界；但真正生活在小国寡民境地的农民，也远非老子的理想状态。因此，苏格拉底的省察和对神谕的揭秘，仍然有着重要的意义。虽然我们未必要把某个事件当作苏格拉底哲学使命的开端，但我们至少可以说，苏格拉底反驳神谕的尝试，揭示了他理解知识的一个核心含义。

因此，在德尔斐神谕之前，苏格拉底只不过是个有自知之明的谦虚者而已。德尔斐的阿波罗真正告诉他的是，自知之明并不是最高境界，最高境界必须在自知无知之后，主动通过否定自以为智慧的无知者，来追求"无知之知"。苏格拉底对雅典人的省察，不仅是在证明和理解神谕，而且是在实现这个神谕，因为，如果他不以这种方式去理解神谕的话，他也并不会变成真正最智慧的人。可以说，苏格拉底与拟人化的神谕（21c1－2 及注）之间，同样存在对话的关系。无知之知，并不是一个静止的知识状态，而是一个动态的辩证过程。在苏格拉底这里，"认识你自己"

---

① 麦肯齐区分了"自我意识""自我知识""对自己有无知识的意识"。我关于三个步骤的说法参考了她的，但是有重大区别。见 Mackenzie, "The virtue of Socratic ignorance," *The Classical Quarterly*, Vol. 38 No. 2, 1988。

不仅不是自我膨胀，不是自我菲薄，而且不是自我玄思默想的状态，而是一个需要不断在对话中证成，甚至是必须在省察别人的过程中实现的境界。在这个意义上，它与老庄的类似态度和境界有着根本的差异。它不可能通过扪心自问完成，而必须以对城邦的使命的方式实现。因此，"无知之知"把哲学家自己的人生境界与对待城邦的政治责任、从神谕来的宗教使命结合在了一起。省察雅典公民，既是苏格拉底的哲学和宗教活动，也是他的政治行动。

在明白了神谕对苏格拉底的意义之后，我们再来看他揭秘神谕的具体过程。苏格拉底分别找了政治家、诗人、匠人这三种人。他们后来成为最恨苏格拉底的人，也正是他们派出代表来控告苏格拉底（23e4－24a1）。苏格拉底得罪的不是这个或那个政治家、诗人、工匠，而是抽象意义上的政治家、诗人、工匠。换言之，他否定的是这三个职业，而不是其中某些愚蠢的成员。而这三种职业，可以说代表了雅典公民中的大部分。苏格拉底否定的，简直是所有雅典公民。

关于政治家，我们需要对比《申辩》与《美诺》中的相关论述。《申辩》中说，那个被考察的政治家根本不懂什么美好和善好，但是自以为懂得，而不像苏格拉底那样有自知之明（21d3－6）。在这个意义上，他是不如苏格拉底智慧的。但苏格拉底在《美诺》中谈到政治家的领导能力时指出，他们并没有真正的智慧，但还是能处理好对人民有益的政事。他们靠的是中肯的意见。因此，政治家和预言家一样，虽然说出和做出了很多正确的事情，但是并不理解他们在说和在做的那些（99b5－e2）。对比两处讨论，我们就会知道，政治家虽然能处理好政事，但未必拥有智慧（22c5－6）。由此可见，苏格拉底并不是在批评某些政治家太愚蠢，而是指出，政治家并不需要智慧来处理政务。他们即使没有什么智慧，也照样可以把城邦治理得井井有条。苏格拉底并不认为，政治家缺少他们本该拥有的智慧，而只是指出，政治本来就是一种和真正的智慧没有关系的职业。政治家是否智慧，是否知道自己不智慧，都并不妨碍他继续做一个好的政治家。苏格拉底告诉我们，他所走访的，并不是一个政治家，更不是一个尤其愚蠢的政治家。他是在一个据说很智慧的人那里失望之后，又找更智慧的人，然后一个又一个地去寻访，最后发现，所有这些政治人物都不智慧。

既然有没有智慧并不妨碍做一个好的政治家，那苏格拉底为什么还要因为政治家没有智慧而遗憾呢？这是《申辩》的读者很容易弄错的一个地方。苏格拉底的意思，并不是让政治人物学得哲学智慧，然后才能做好的政治家。政治家除了是政治家之外，还是人；他们除了治理城邦，还要生活。而且对于每个人来说，做人和生活都是先于他们的职业的。只要是生活中的人，智慧和哲学都是有益的（38a5 – 6）。一个城邦如果没有有德性的公民和领袖，其政治再英明，也无法塑造一个伟大的城邦。说智慧与城邦政治相关，是在长远和间接的意义上讲的；而对于每个政治家来说，有没有智慧不会直接影响到他们的政令，但会影响到他们的为人之道，影响到他们的德性，从而在更大的意义上，会最终影响到他们的政治。没有智慧的政治家固然可以"日用而不知"地继续做一个好的政治家，却并不能因此而成为一个有德的人和伟大的政治家。

从长远看来，政治家是否智慧还是会影响到政治的好坏；但在每一个具体的情况下，政令的发布和苏格拉底所谓的智慧并无关系，甚至会相互冲突。苏格拉底所遇到的政治家，既没有裘力斯·恺撒那样的杰出德性，也谈不上曾文正公那样的修身功夫，最多不过只有一点手腕与能力。正如我们在最开始所说的，政治的目的是胜利，而哲学的目的是真理。如果一个政治家没有刻意修养自己，却把所有才能都用在政治上面，万事都是为了取胜，那就不仅完全放弃了求真，而且会把本来应该用在求真上的天才，都用在了算计和钻营上面，甚至把算计和钻营的本事当成了智慧。真正有智慧的政治家之所以伟大，并不是仅仅因为他们在政治作为上更出色，而且因为他们更懂得做人的道理，在政治之外还有更重要的一个生活维度。而一般的政客越是陷入政治之中，就离真理越远。在这个意义上，苏格拉底批判的不仅是整个政治家群体，而且是"政治"本身：政治当中不仅没有智慧，而且让人把本来与智慧相冲突的东西当作智慧；只有哲学才能给人（不论是政治家，还是别的什么人）智慧。

苏格拉底在省察了一个政治人物以后，就已经明白了神谕的含义，即他之所以比政治家智慧，并不是因为他更知道什么是美和善，而是因为他对自己的无知更有自知之明（22d6－7）。哲学与政治的冲突是《申辩》中的根本冲突，而另外的冲突都是相对次要的。政治是人生在世的必然处境，没有人能够真正离群索居；但政治一旦发展起来，就会有自己的逻辑，以政治为业的人更会形成自己的政治利益。于是，为了政治家或城邦的政治利益，政治可能会使人丧失对真正美好境界的追求。苏格拉底对政治的批判，正是对这种不完满批判。他既没有彻底否定政治，也没有完全否定雅典的现实政治，而是督促政治家，要意识到自己的缺陷，在政治事务和政治逻辑之外，还应该追求人生智慧。苏格拉底的这种批判虽然是善意的，却是非常不"政治"的。他不仅直接指出政治人物的缺陷，甚至还当着众人的面说出来（21d1）；哪怕政治人物真心承认这些缺陷，他们为了自己的政治生命考虑，也要维护自己的政治尊严和权威。苏格拉底的批判未始没有在政治家的心中引起触动，但政治家无论如何也要以政治手段维护自己的权威。苏格拉底遭到的忌恨，进一步体现了政治与哲学的根本冲突。

而恰恰是在这根本的冲突中，苏格拉底也领悟到了自己的哲学使命（21e5 - 6）。在此之前，任何地方都没有提到，德尔斐的神派给了苏格拉底什么任务。他只是为了证明神谕的真假，自己很不情愿地找到了省察各色人物这种方法（21b8 - c2）。那么，他在揭示了神谕的谜底之后，为什么还要继续不断地去省察别人，而且把这看作神派给他的任务呢？

我们前面提到，苏格拉底的"无知之知"并不限于对自己的自知之明，而且包括一种主动的、不断驳斥虚假知识的求知活动。与《会饮》中的"爱智"问题相对照，我们可以理解，哲学家不仅要意识到自己的"匮乏"（即无知），还要在这个匮乏的基础上去热爱和仰望美与善，而不是像庄子那样满足于不可能完满的个体存在。在苏格拉底这里，人之所以不可能获得真知，并不是因为庄子所说的，知识是人所不可穷尽的，而是因为必朽之人的固有缺陷和人与不朽之神之间的巨大差距。只有神才是真正智慧的（23a5 - 6），而人的无知状态永远是一种负面的缺陷，所以，人不能因为自己的无知是无法克服的，而安于这种无知状态，更不能以此为乐。对自己的无知的自知之明所导致的，是对知识的不懈追求，虽然这种追求永远也没有结果。

而在苏格拉底这里，对真知的不懈追求就是对各种伪知识的不断驳斥。沃拉斯托斯认为，苏格拉底所否定自己拥有的是确定的知识，某些时候宣称自己拥有的是伦理知识。① 这样的说法基于现代人的一些观念，过于机械地理解了苏格拉底关于知识的辩

---

① Gregory Vlastos, "Socrates's Disavow of Knowledge," in *The Philosophical Quarterly*, Vol. 35 No. 138, 1985.

证法。我认为，苏格拉底对某些伦理原则的肯定和他对真智慧的否定并不矛盾。他所认为的真知，并不是这样那样的具体知识，而是关于什么是"好"、什么是"存在"这样的哲学知识，而所有具体的知识都是从属性的。一个人完全有可能知道某些具体知识，但并不理解真正的"好"是什么。所以，当苏格拉底在《斐多》中谈到对"好"的理解时，他只是说，他假定存在某种被称作"好"的理念（100a3），靠这种假设来理解什么是好的生活。因此，他对世间万事的理解，都不是基于一个固定的"好"，而只是以一种假定的理念，辩证地接触各种意见，从而一一指出各种意见中的谬误。他这样做，并不是否定这些意见，而只是指出，在人们一刻也离不开的具体意见中，必然包含着谬误。

因此，对于苏格拉底这样一个充分认识到自己的缺陷的人，到处找人去反驳不仅是成就他的无知之知的求知过程，而且是他对雅典城邦负有的义务。他不仅通过不断的反驳来实现自己的智慧，同时也以不断的对话帮助处在缺陷中的雅典人学会爱智。苏格拉底只有靠这种主动的求知过程，才能充分实现德尔斐神谕中的意思，才能使自己成为真正智慧的。神给他那个谜，并不是要让他给出一个答案而已（仅仅给出答案，并没有什么意义，只能说，他还没有真正理解"智慧"的含义），而是要让他学会一种新的思考与生活的方式，按照这个方式来实现神谕所说的内容。神谕从整体上规定了苏格拉底日后的哲学与政治活动。于是，哲学生活成为德尔斐的阿波罗派给他的一个神圣使命。

当轮到诗人的时候，苏格拉底更明确地讲，他的批判不是针对某些不成器的诗人，而是针对诗歌总体的（22b8–9）。S本指出，在希腊文明中，诗歌作为最主要的文学形式，起到了非常重要的作用。希腊的神话故事是靠诗歌来传达的，因而诗歌成为城邦宗教的文献基础；诗歌也是希腊教育中最核心的文本，荷马的著作是课堂上的重要读物；在很长一段时间里，诗歌还是哲学家表达思想的主要文体；经常举办的官方赛诗会，更是希腊神圣的节日。因而，诗歌在希腊的宗教、政治、教育、思想、日常生活中都有着极其重要的作用。苏格拉底竟然说诗歌里面没有知识，这对于无论一般的雅典人还是诗人来说，都算得上惊世骇俗的大可怪之论。

不过，正如苏格拉底对政治的批判不是为了全面否定政治，他对诗歌和诗人的批判也不是为了全面否定诗歌，而只是要指出诗歌中固有的缺陷。也许在苏格拉底看来，他的批判还是相当委婉的。他并没有说诗歌不美，也没有说诗歌中没有传达出有教育意义的知识，更没有否定诗歌固有的神圣品质，甚至还强调了这种神圣品质（22c2）。他所要批判的只是，诗人们在写下这神圣、深刻、充满智慧的诗歌的时候，并不理解自己所写的内容。因此，诗人自己是没有智慧的。而当他们因为会写诗而自认为在任何事情上都有智慧的时候，那就更加无知了。

诗人的这种状态和政治家很像。不过，《美诺》中谈到的政治家，并不是因为神的插手，而是因为正确的意见，所以做出一些正确的事；但《申辩》中的诗人，却是因为神性的激发而获得了灵感，所以才能吟诗作赋。相比而言，政治家虽然没有真正的知识，却还算有点实践的谋略；诗人就像先知和灵媒一样，连这一点才能都没有，只能被动地等待灵感的降临。

但话又说回来，如果诗人和先知、灵媒一样，可以成为神的工具，替神表达一些神圣的知识，那他们的职责已经足够神圣，苏格拉底又何必羞于开口谈他们呢（22b5－6）？相应的情形可以在犹太人的先知和基督教的使徒中找到。那么多自己并不智慧的人被上帝用作了先知，像保罗这样的基督教的敌人成了最重要的使徒，似乎都没有什么不妥的，雅典那些并不智慧的诗人为什么不能同样充当诸神的工具呢？

这个对比可以帮助我们看到，希腊文明传统中的诗歌与犹太－基督教传统中的启示根本不是一回事。当苏格拉底说诗人只是充当了神的工具的时候，不仅他自己羞于启齿，那些诗人更是感到了莫大的冒犯，而全无一神教中的那种神圣感。在他们看来，充当神的工具并没有什么可夸耀的，个体的智慧和名声才至关重要。

此处对诗歌的批评，可以与柏拉图对话中不断出现的，特别是《理想国》中对诗歌的批判对比。在《理想国》卷十中，苏格拉底更明确地指出，诗人之所以不掌握真知，是因为他们所做的，都是对人类知识的模仿，因而他们并不掌握真理，所知道的都只是幻象或外表（601b8－9）。由此可以看到苏格拉底批评诗歌的真正含义。他真正关心的，并不是诗人与神的关系，因而诗人是否从神那里获得灵感，并不会影响他们的价值；真正重要的，仍然是人事。诗人哪怕是从神那里获得了很好的灵感，模仿得惟妙惟肖，那也只有间接的意义，其本身并不算智慧。苏格拉底说，诗人认为自己除了作诗之外，还拥有别的智慧（22c5－6），指的就是，诗人自以为不仅知道表象和幻影，而且懂得更实在的真知。

明白了这一点，我们就能理解，苏格拉底为什么批评荷马的诗歌对国家大事没有裨益，甚至不会像智者那样教育公民。他这样讲，并不是否定诗歌传统的教育意义，而只是说，诗人不能直接承担教育者的角色；作为模仿，诗歌的教育作用，只在于辅助它所模仿的真实生活。苏格拉底对诗人的批评的核心在于，诗歌的创作与智慧同样是没有关系的。一个诗人完全可以丝毫没有智慧，而又能写出伟大的诗歌。一个人并不能靠作诗或读诗成为一个真正智慧的人，而必须在其他方面努力，也就是研究哲学。他只有通过哲学理解了做人的真正道理，才能再靠诗歌来强化或装饰这些道理。哲学，即在无知之知的辩证中探求，才是朝向智慧的唯一道路。

在诗人之后，苏格拉底来到了匠人们当中。正如 B 本所说的，这里的"匠人"指的并不是一般的手工业者，而是包括所有有一技之长的专业人士，尤其包括画家、雕刻家等。因此，苏格拉底最后访问的，并不是社会地位低下的手艺人，而是懂技术的专家。苏格拉底承认这些人的技术算某种智慧，而且是苏格拉底自己所不懂的智慧（22d2 - 4）。但是，苏格拉底并没有因为他们有这些专长就承认他们真的比自己更智慧。他们和诗人一样，自以为知道很多和专业毫无关系的知识，甚至认为自己在天下大事上都有发言权，而这一点就抵消了他们的那点知识（22d5 - 8）。

苏格拉底在此处的推理方式已经与他刚刚听到神谕的时候不同了。他刚刚出发去找智慧的人的时候，试图发现别人身上比自己智慧的地方，来证明自己并不是最智慧的（21c2）；但现在，他虽然发现匠人确实有比他智慧的地方，但也不为所动，而且很从容地否定了他们真正拥有智慧。苏格拉底在经历了赫拉克利特般的辛苦奔波之后，已经充分理解了德尔斐神谕的真正含义，知道神谕不是在谈具体的知识，而是在强调人的固有局限，以及如何在这种局限下寻求智慧。

于是，苏格拉底总结他的这些省察，指出，他之所以不断驳斥人们的伪知识，并不是因为他知道什么是真正的智慧，而只是因为他知道什么不是真正的智慧。对他的这种无知之知，出现了两种理解方式。其中一种，是一般人的理解，即，既然苏格拉底在那么多事情上都能驳斥别人，那么，他一定是全知全能的（23a3 - 5）。但德尔斐神谕给了人另外一种理解方式：苏格拉底最清楚，人的知识是极为有限的，根本算不上什么知识；他对各种伪知识的否定，才是真智慧（23b2 - 4）。两者都把苏格拉底当成了智慧的，但其含义非常不同。

第一种理解，是把苏格拉底当成了一个最高明的智者，即认为他研究了所有的学问，知道了万事万物，在所有问题上都是专家，因而能发现人们的所有错误。但这种态度所导致的，并不是无限崇拜，而是彻底的忌恨（23a1）。人们似乎把对智者的厌恶全都发泄到了苏格拉底身上。

第二种理解则不同，苏格拉底并没有成为一个全知全能者，而是最有自知之明，并且能够不断与人类的固有缺陷斗争的人。知与无知之间的这一辩证关系，使苏格拉底成为不可能智慧的人当中最智慧的人。这里的智慧，完全是在否定的意义上说的。苏格拉底没有提，其实，哪怕人们都知道苏格拉底的驳斥和省察是在执行神的任务，是在实现他的无知之知，也会忌恨他。明知自己无知的人，宁愿庸庸碌碌地生活在无知当中，也不愿意被苏格拉底这只牛虻骚扰。

因此，无论从哪个角度理解，不管苏格拉底是个最高明的智者，还是拥有无知之知的智慧者，雅典城都不可能善待他。

在即将结束这一部分的时候，我还想稍微提一下，苏格拉底所省察的几部分人，包括了雅典公民中的大部分，但并没有提到智者。从柏拉图的各篇对话来看，苏格拉底对智者的智慧的省察与批驳也是很多的。而且，既然这一段的法庭意义在于证明，苏格拉底并不像阿里斯托芬等人诬蔑他的那样，和雅典人所不喜欢的智者是一种人，他在此处若能把智者包括进来，那当然更有利于他的申辩。苏格拉底之所以在此没有把智者包括进来，恰恰是因为，他的"无知之知"首先不是对智者之知的对抗，而是对一般雅典人的知识的反驳。政治家可以治国，但是没有知识，不足以使自己成为有德之人，更无法教育雅典的年轻人；诗人善于模仿，但是没有知识，诗歌只能起到辅助的教育作用，并不足以告诉雅典公民，什么是真正美好的生活；匠人虽然拥有这样那样的技能，但并不懂得天下大事。正是针对这些自以为智慧的雅典人，苏格拉底指出，真正的智慧，正在于不断否定他们的伪知识；只有这样，雅典的年轻人才能不断接近真正的智慧，培养高尚的品德。

与雅典的那些公民比起来，智者有根本的不同。他们是真正追求智慧和培养德性的人，而且也往往不会强不知以为知。苏格拉底虽然怀疑他们教育的最终效果，但在培养品德这件事上，他们仍然有着很大的贡献。苏格拉底并没有否定智者的知识本身，而只是认为他们的知识还不够。我们虽然认为，苏格拉底的无知之知已经与智者之知有了根本的不同，但他的智慧毕竟与智者的自然哲学传统有不可分割的关联。

C. 诬蔑的形成（23c2 – 24b2）

表面上，苏格拉底对德尔斐神谕和无知之知的讲述，是为了解释对他的诬蔑从何而来，所以最后还要回到诬蔑起源的问题上；但从哲学的角度看，我们却可以把随后的这一段看作他在进一步阐述自己的哲学使命，以及这种哲学活动与城邦政治之间不可避免的冲突。

依照苏格拉底前面的叙述，如果说他有一种教育事业的话，教育的主要对象，应该并不是追随他省察别人的雅典青年（23c2 –5），而是那些被他省察的雅典人。他的哲学使命、政治活动、教育事业，都浓缩在了"无知之知"这一概念之中。不过，随着苏格拉底的哲学活动越来越多，还是有很多有闲的青年加入了进来，和他一起，或学着他省察雅典人。他从未承认过这些青年是他的弟子（33a5 – 6），但对这些青年的影响，成为苏格拉底另外一个层面的教育。因为被省察而受到苏格拉底的教育的，最著名的当然是阿尔喀比亚德；而柏拉图就应该是因为跟随苏格拉底而受到他的影响的。

　　无论是苏格拉底自己在完成哲学使命的时候，还是那些青年在模仿他省察别人的时候，被省察的雅典人都会生气，而他们的矛头都直指苏格拉底（23c7－d1）。恰恰是在诬蔑苏格拉底的过程中，他们再次表现出了强不知以为知的一贯风格（23d9）。他们因为并不理解苏格拉底的所作所为，就想当然地把那些为智者准备的罪名强加到了苏格拉底头上（23d4－5）。

　　对苏格拉底的智慧有两种理解：一种是，像苏格拉底自己说的那样，他的智慧是无知之知；另一种是，认为苏格拉底是个最高明的智者，集中了所有智者的知识。诬蔑苏格拉底的人并不理解什么是无知之知，不知道苏格拉底是在以否定的方式证明人与神的绝对距离。他们恰恰是在误把苏格拉底当成真正全知全能的智者的时候，对他产生了忌恨，从而要置他于死地。

　　苏格拉底针对这一拨控告者的申辩，似乎就是为了告诉大家，他并不像人们认为的那样，是一个无所不知的超级智者，而是个有自知之明的爱智者。这是一种非常奇怪的申辩方式，因为，即使雅典人都相信苏格拉底所说的，承认他的哲学活动背后的原因和动机，难道他们就会认为苏格拉底无罪，从而撤销对他的控诉或放弃对他的诬蔑吗？如果苏格拉底承认他是个超级智者，人们之所以诬蔑他，只是因为对这个无所不知者的嫉妒，把对智者的厌恶全都发泄到苏格拉底身上。而这样一个智者最多不过举止古怪、盛气凌人、不讨人喜欢而已，对雅典人的生活构不成实质威胁，究竟是不是要除掉他，尚未可知。但苏格拉底的这一段申辩，无异于告诉人们：你们仅仅把我当成举止怪异的智者是错了，我来是为了否定你们的那些知识；你们把对智者的厌恶发泄在我身上是错了，我在雅典要驳斥每个人的知识，而不是教给你们什么知识，你们的知识都是伪知识，你们都必须乖乖地等待我的批判。苏格拉底没有否定人们对他的厌恶，反而向人们揭示出了这种厌恶的实质，告诉人们，这种厌恶比大家以为的那样要严重得多。他在这样讲述自己的哲学人生的根据的时候，不仅不可能消除雅典人对他的偏见，反而会激起人们对他更大的敌意（24a6－7）。

苏格拉底的这一做法完全不合法庭辩论的常理，根本没有把赢得官司当成自己的目标。作为哲学的象征，柏拉图笔下的苏格拉底是在为哲学生活本身辩护。这种辩护的目的，不是告诉人们，哲学不会给政治带来伤害，哲学家完全可以和雅典人和睦相处，而恰恰是告诉大家，哲学与政治之间的矛盾是不可化解的。只要苏格拉底这样的哲学家存在，他就会不停地走到人们中间去，批驳人们的各种知识。对哲学的辩护，同时又是对政治的挑战。

因此，当雅典人听到苏格拉底的这一番辩护之后，全场哗然，他不得不一次又一次提醒大家不要骚动。他们不仅为苏格拉底这与众不同的申辩方式而瞠目结舌，而且因为苏格拉底所讲的哲学立场而愈加愤怒。

四　在哲学与政治之间：针对第二拨控告者的辩护
（24b3－28a1）

A. 诉状（24b3－c9）

安虞托斯等人究竟为什么要状告苏格拉底，一向是苏格拉底和柏拉图研究中的重要问题；与这个问题相关的是，柏拉图的《申辩》究竟在多大程度上反映了真实的苏格拉底的申辩辞（参见"引言"部分）？人们对这些问题的回答莫衷一是。我们基本上认为，柏拉图的《申辩》虽然建基于真实的苏格拉底的申辩辞，但柏拉图按照自己的哲学意图整理和诠释了它；因此，柏拉图所指出的，安虞托斯等人控告苏格拉底的原因，与历史的动机已经非常不同了。

学者们现在基本上认为，雅典民主派控告苏格拉底的历史原因，是担心苏格拉底对民主制造成威胁。民主派的敌人阿尔喀比亚德、克里提阿斯等人都受到苏格拉底的很大影响，而苏格拉底又曾经表示过对民主制的不满，于是，民主派的重要人物安虞托斯决定除掉苏格拉底。在柏拉图的《申辩》中，关于民主制的痕迹还是隐约可见的。比如，苏格拉底谈到凯瑞丰时强调他是民主派（21a1 –2），在列举自己的政治活动时，强调他如何抗拒三十僭主的命令（32c8 – d3）。不过，从《申辩》的整体来看，这些痕迹已经不很重要，而被遮掩在了柏拉图更关心的问题之下。

在柏拉图笔下，安虞托斯等人与苏格拉底的冲突，根本上并不是政治斗争或主义之别，而是政治与哲学的矛盾。当然，这种矛盾仍然可以表现为针对民主政治的冲突，或者说，柏拉图是用政治与哲学这对更根本的问题，来诠释具体的主义之争。在这个意义上，我们不能说柏拉图歪曲了历史真相，而只能认为，他把苏格拉底的审判这个历史事实，提升到了一个更高的哲学层面。

如果我们把第欧根尼·拉尔修所保存的诉状当成历史真实的话，它的顺序应当是"不信神"在前，"败坏青年"在后。这个诉状中最主要的罪名，就是"不虔敬"，"败坏青年"只是为了引起人们更多义愤的一项道德指责。这样一个指控，很容易让人想到雅典对其他智者的指控。普罗塔戈拉和阿纳克萨戈拉都曾经被雅典人控告不虔敬。[①] 显然，他们在此确实把为智者准备的罪名

———————

① 参考 E. Derenne，*Les procès d'impiété*，Liège，1930。

安在了苏格拉底的头上。不过，按照我们对历史的理解，他们这样做主要是为了给苏格拉底强加一个罪名。他们究竟是否误把苏格拉底当成了一般的智者，是无法判断的。而且，如果他们真的认为苏格拉底支持了三十僭主、反对民主制，那么，苏格拉底与一般智者究竟是什么关系，也成了一个无关紧要的问题。

如果在这个背景下再来看柏拉图笔下的苏格拉底，我们就会发现，不仅德尔斐神谕和无知之知是被他用来解释哲学与城邦冲突的，就是他一再提到的智者，也是用来解释这一冲突的。美勒托斯写的诉状中，本来一点也没有提到智者，而且，在场的雅典人未必就想到了阿里斯托芬的作品，未必就已经把他当成了智者。那些真正想处死苏格拉底的人，或许根本就不关心，苏格拉底究竟是不是《云》中的那个形象。是苏格拉底自己提出来，现在的雅典人之所以恨他，是因为以前的诬蔑使人们隐然把他当成了一个智者；然后，他才一方面表示自己尊重智者，一方面又澄清自己的智慧与智者有何不同。如此看来，苏格拉底之所以要使自己与智者的整个哲学传统相连，然后又使自己以"无知之知"与他们区别开，都是他为哲学辩护的环节。而这样几个环节连在一起，就使历史上的苏格拉底审判中的主义之争淡化了下去，而使苏格拉底之死与柏拉图其他对话中的主要命题关联了起来。

在柏拉图营造的这样一个哲学背景下，本来是为苏格拉底强加的罪名"不虔敬"与"败坏青年"也被赋予了新的意义。在城邦传统对智者的敌意中，这两点也是常常提到的问题。比如在阿里斯托芬的《云》中，苏格拉底就既不信神，也败坏青年。不过，此前的雅典人更多是为了维护城邦的稳定和习俗的传承，才排斥这些扰乱民心的智者。但柏拉图笔下的苏格拉底却总是从新的角度来思考这两点。《游叙弗伦》的目的既不是维护旧的宗教信仰，也不是瓦解这套信仰体系，而是在哲学的层面上思考，虔敬究竟是什么。像《阿尔喀比亚德》《忒阿格斯》这些对话，也不是简单肯定或否定旧的教育方法，而是通过对话帮助青年找到关心自我的一种方法。《申辩》中对这两项罪名的驳斥，应当与柏拉图在其他对话中对教育和宗教问题的讨论结合起来。这个苏格拉底的真正目的，仍然是为哲学辩护，从哲学的角度理解如何对待青年和对待神明，而不是为自己辩护。

B. 败坏青年（24c9 – 26a7）

随后，苏格拉底开始讯问美勒托斯。在本来整篇是独白的《申辩》中插入这样一段对话，它究竟起到了什么作用，研究者众说纷纭。有人认为，这段对话完全是柏拉图的一个败笔。[①] 有些学者认为，苏格拉底对美勒托斯的围攻，多少有些狡辩的味道，美勒托斯被攻击得狼狈不堪，是有些冤枉的（W 本就包含这一倾向）。BS 本则认为，苏格拉底的这一讯问，恰恰遵循了他开始关于说真话的承诺。RE 本认为，如果我们更理解当时雅典的法律制度，就可以看出，苏格拉底的提问方式完全是恰当的。史密斯细致地分析了苏格拉底与美勒托斯的用语，比较它们与柏拉图其他对话中的区别，认为这段对话完全符合当时的场景，即使在修辞上也是相当生动的，不能看作柏拉图的一个败笔。[②]

我们同意 BS 本、RE 本和史密斯的基本判断，认为这段对话不仅完全符合《申辩》的整体结构，而且与前后的主题都恰当地衔接在一起。

---

① 比如 W. Calef, "Does Apology 24c – 25c Contain an Argument that Socrates is Innocent?" *History of Philosophy Quarterly*, 1993, 页 10。

② Lynette Smith, "The Interrogation of Meletus: Apology 24c4 – 28a1," *The Classical Quarterly*, New Series, Vol. 45, No. 2 (1995).

在这段讯问中，苏格拉底就两项指控分别反驳了美勒托斯。这段反驳甚至可以看作苏格拉底的哲学使命的一个例证，因为，他在此揭示出的正是，美勒托斯对于自以为知道的事情，其实一片茫然。正是在继续完成他的这种哲学使命的过程中，苏格拉底以他特有的方式，讨论了他一直关心的两个重要问题：教育与宗教。

柏拉图笔下的苏格拉底关心的核心问题是哲学与政治。教育与宗教之所以重要，就在于二者都以某种方式与哲学和政治发生了关系。因此，苏格拉底对教育和宗教的讨论，和整篇《申辩》一样，仍然是在严酷的政治现实面前的哲学思考。

苏格拉底颠倒了美勒托斯原诉状中的顺序，这并不是随意的。在安虞托斯和美勒托斯等人看来，宗教是第一位的，因为宗教是一种以政治服从为目的的哲学活动；但在苏格拉底这里，教育是第一位的，宗教是从属性的，因为教育是以哲学求知为目的的政治活动。美勒托斯的诉状中的逻辑是，苏格拉底不信神这种大罪，导致了败坏青年的结果。而在苏格拉底的反驳中，是否败坏青年是根本性的，所谓不信神，不过是用来败坏青年的方式（26b3 - 6）。如果说苏格拉底在对话中真的对美勒托斯玩了什么花招的话，那就是暗中偷换了美勒托斯诉状中的逻辑，让对方不知不觉地接受了苏格拉底的次序，顺着他的思路，把自己本来认为无关紧要的教育问题当成了最重要的（24d1 - 2）。

哲学的目的是寻求美好的生活，教育的目的，就是把青年变得更好。教育和哲学的根本目的是一样的，教育属于哲学活动的一个部分。但从理论上，思考就能实现哲学的活动，教育却必须在人与人之间展开。无论是智者派还是苏格拉底，都认识到教育与哲学之间的密切关系。据说，米利都的泰勒斯不仅是第一个思考哲学问题的人，而且是第一个想方设法教学生的人。自然哲学家和智者把自己的思考所得当成商品一样，出卖给愿意出钱学习的人。这样，他们不仅可以通过出售知识赢利，而且可以把自己的学说流传下去。

但德尔斐的神谕使苏格拉底看到，自己不仅很难把知识当成奇货来囤积，而且只有在不断与人对话之后，才谈得上获得一点可怜的"无知之知"。苏格拉底第一次把教育活动与哲学活动如此紧密地联结在了一起，而智者的哲学和智者的教育，也都被否定了。他没有独占什么知识，更不可能拿知识来挣钱，因此，他不是传统意义上的智者，也不是传统意义上的老师。他的哲学，是通过否定别人的知识来完成的；而这样一种求知的过程，本身就是一种教育过程，既是对对话对象的教育，也是对旁边的青年的教育，更是对自己的教育。无论是被他剔除了伪知识的人，学着他否定伪知识的人，还是他自己，都经过了省察，虽然未必都是自觉接受省察的。

人之所以最多只能有无知之知，是因为必朽的人的内在缺陷。谁也不能自居为知识的拥有者，所以高明的哲学家只能在有缺陷的人之间奔走，不断否定伪知识。也是因为人的必然缺陷，人必须生活在不可能完美的城邦里，在必然不义的政治生活中获得相对的正义。人的这种必然的缺陷，就使得哲学家不可能通过离群索居来获得完美。因此，那种把哲学与教育分开的智者既没有完美的哲学，也不可能有完美的教育。他们的哲学是不考虑人的缺陷的屠龙之术，虽然内容高远，却无益于人们追求美好的生活；相反，他们的教育又成为向政治彻底投降的雕虫小技，在残酷的现实面前没有丝毫反抗能力。如何在必然不义的政治面前寻求真正的美好生活？这是哲学和教育都必须回答的问题。

苏格拉底的做法，就是把两者充分糅合在一起，通过和不同人的不断对话，通过对伪知识的不断否定，来找到朝向美好生活的某种可能性。无论自己还是别人，都是在不断的省察中否定着不美好的生活。这对于自己的思考而言，是哲学活动；对于他人而言，是教育活动。由于这些活动随时都发生在人与人的交流和对话中，它永远有着政治的品格，而不是单纯的个体思考；但由于这种政治活动永远都是否定性的，它又永远都在对抗着政治生活中的不义和缺陷。当然，这种对抗有着沉重的代价。并不是所有人都愿意接受这样的否定；大多数人并不愿意遭到苏格拉底的反驳。他们更多把对话看作与苏格拉底之间政治性的竞争，而不把它当作教育活动。他们关心的是自己在对话中能否取胜，是否受到了苏格拉底的羞辱，而不是自己的人生是否得到了省察，虚假的知识是否得到了剔除。

从这个角度理解，苏格拉底与美勒托斯关于教育的对话，就不仅是关于专家教育与大众教育的区别，而有着更进一步的哲学意义。美勒托斯和安虞托斯虽然可能是没有认真思考过教育问题的人，但普罗塔戈拉和伯里克利并不是。要从广大公民当中学习（25a9－10），并不是像表面看上去那么荒唐的一个说法。这不仅是普罗塔戈拉经过审慎思考后得出的观点，是伯里克利的治国方略，而且在现实社会中也一再体现出它的价值。而美勒托斯与安虞托斯对智者这些专家的教育的反对，也并非没有道理。《云》中的苏格拉底，正是一个败坏青年、扰乱城邦的专家。美勒托斯的回答之所以荒谬，并不是因为他认为，所有人都可以参与到教育中。这里讨论的焦点，并不是究竟应该是专家教育，还是大众教育，而是，苏格拉底到底是否败坏了青年。

教育只有两种可能，要么是通过肯定，即教给人们各种各样的知识；要么是通过否定，即否定各种各样的伪知识。苏格拉底强调，教育的根本问题，是如何把青年变得更好。但因为人不可能变得真正完美，当通过肯定的方式实现了某个方面的好的时候，就有可能在另一方面变得更不好，因此，他的教育方式，是告诉人们各种各样的知识为什么是不好的。理解了什么是不好的人，虽然并不知道什么是真正的好，毕竟比不理解的时候更好了一些。但在苏格拉底式的教育这个政治性的过程中，人们首先看到的，是否定和不好。苏格拉底通过教给人们不好来让他们变得更好，很容易让人认为他是在败坏青年。美勒托斯的指控，并非空穴来风。

而且，苏格拉底式的教育有一个基本的前提，即，只有对于能够理解并愿意接受这种教育的人，它才会起到作用。那些受到苏格拉底批驳的政治家、诗人、匠人，只会感到羞辱，不会因为苏格拉底而变得更好。

教育这种政治活动，既然要通过人与人之间的交流实现，就不可能是单向的。苏格拉底式的教育只是尤其体现了这一特点。而伯里克利在强调雅典的独特教育时，也并不是简单地认为，生活在雅典公民当中的人，就会自然而然地变好。他之所以强调这是雅典的光荣所在，是因为雅典公民是有德性的公民，他们会主动教育青年，而青年也会主动向他们学习。

在《普罗塔戈拉》中，普罗塔戈拉通过一个创世神话来说明德性是可教的。在众多必朽的被造物中，只有人类是赤裸裸的，所以他们必须组成城邦才能生存下去。由于缺乏政治的技艺，城邦中充满罪恶和争斗。宙斯担心人类会全部毁灭，于是派遣赫尔墨斯带着正义和尊重来到人间，帮助人们在城邦中实现友谊与和平。赫尔墨斯问宙斯，他是应该把这种技艺只给少数人，还是给所有人。宙斯说，如果他像分配医学技艺那样，把德性只给少数人，城邦根本没办法存在下去。于是，宙斯让赫尔墨斯把正义传给所有人，并且以宙斯的名义制定法律，凡是没有正义和尊重的，都要被处死，因为他们是城邦的祸害（320a1 – 322d6）。普罗塔戈

拉进一步指出，正义和别的技艺非常不同。在别的技艺上，比如
簧管，如果谁不是很好的簧管手却自称是，那么人们一定会嘲笑
他；但德性却不同，人们不论有没有德性，都必须说自己有德性。
谁若是说自己不正义、不诚实，一定会被认为是疯子。因此，不
论是不是真的正义，每个人都必须被认为是正义问题的专家，可
以传授正义。(323a5 – c2)

　　普罗塔戈拉虽然说每个人都可以教授德性，但他的讲法里充
满了反讽和矛盾。他说每个人都可以教授德性，并不意味着每个
人真的都有德性；当然，另外一方面，并不是只有具有德性的人，
才能成为德性的教师。一个邪恶虚伪的人，完全可能教给人正
义是什么，只不过，这种教育中会存在问题。普罗塔戈拉自认
为，他就是一个更懂得什么是美和善的人，因而是教授德性的
专家。

　　《普罗塔戈拉》中的这一段恰好和《申辩》中的讯问形成对
照。严格说来，苏格拉底把教育同驯马类比 (25a13 – b4)，是很
成问题的。驯马术最多和医术、簧管等差不多，是一项专门技艺，
并不要求每个人都要会，而谁要轻易说自己会，反而会遭到指责。
正义则不同，是每个守法的公民必须懂得，或必须宣称懂得的。
但另一方面，普罗塔戈拉自己也会承认，那些自称有德性的雅典
公民，并不都能成功地教育好青年；只有像他这样专门思考智慧
问题的人，才能真的把青年变得更好。苏格拉底之所以说所有人
都可以教授德性是荒谬的，并不是因为他误把德性之知等同于技
艺之知，而是直接到达了普罗塔戈拉的最后结论：德性这个要求
每个人都要具有的技艺，也必须靠专门的人来教授。苏格拉底
的说法，与普罗塔戈拉的说法并不矛盾，反而是对后者的一种
诠释。

　　对每个个体而言，德性是他所能达到的最高做人境界；对于

城邦而言，德性又是维护政治稳定的最低条件。在现代社会中，法律用来维护这种最低条件，道德和宗教用来把人提升到最高境界，二者已经属于完全不同的两个领域了。但在古希腊，二者之间没有明确的划分，因而就形成了这样的吊诡：本来是很难达到的最高境界，同时又是维护政治的最低条件；本来只有少数人能完美达到的德性之域，反而成了对雅典公民的基本要求。于是，每个人都可以而且必须宣称自己拥有德性，由此就可推论出，每个人都应该有资格向青年传授德性。每个人都宣称自己有德性，成为城邦中必要的谎言；但要实现真正的教育，城邦又不能受自己制造的这个谎言的欺骗。

这个吊诡所反映的，是政治生活中一个很深的困难：德性是使城邦变得伟大的必要条件，但在政治生活中，人们又不可能拥有完美的德性。如何理解这个困难，是柏拉图笔下的苏格拉底一直在思考的问题；而他无知之知式的哲学与教育活动，正是面对这一不可解决的问题时的辩证方法。

显然，普罗塔戈拉同样意识到了这个矛盾。他虽然表面上在说每个人应该拥有德性，但也深知，并不是每个自称有德性的人都能够教育出高贵的青年。不过，他告诉苏格拉底，虽然德性教育中存在这么大的困难，但德性还是可教的。明确认识到教育中的巨大矛盾，但又相信德性是可教的，这正是苏格拉底教育思想中的重要特点。如此看来，普罗塔戈拉的大众教育和苏格拉底的专家教育并不像看上去那么不同。

因此，美勒托斯并不是普罗塔戈拉教育思想的信徒。他并没有理解普罗塔戈拉的思考，他所真正支持的，并不是普罗塔戈拉式的大众教育，甚至也远远不是伯里克利那样的德性教育。他并没有看到，教育并不等于政治宣传，不能完全依赖于政治，政治的成就，反而应该依赖于德性的培养。当他说可以通过法律和雅典公民教育青年的时候，他只是把教育当成了政治的一种附属物。所以，哪怕在他的诉状中，他也只是把败坏青年当成了一项附属性的罪名。真正重要的，是渎神这种政治性更强的罪行。正如苏格拉底所说，美勒托斯根本就没有关心过教育（25c2－4）。

苏格拉底随后讨论的问题，更深地触及了哲学与政治之间的矛盾，同时也更深地暴露了美勒托斯对教育的不关心。他指出，没有人是自愿做不义之事的；而对于无意作恶的人，应该教育，而不是惩罚（25c5－26a7）。这是柏拉图对话中经常出现的一个主题，也是哲学与政治之间关系的一个根本问题。如果是这样，法律岂不是没有用了吗？S本非常详细地讨论了这个问题。在《法义》卷九，柏拉图更仔细地谈到了这个问题。他仍然认为，所有坏人都不是自愿做坏事的（860d1），这样，刑罚之所以有必要，是因为伤害与不义并不是完全相等的。没有一个人会自愿遭受"不义"，但有人会自愿造成伤害。对于有意伤害的人，是应该用法律惩罚的。不愿意遭受不义的人之所以会有意伤害别人，是因为，由于人生中必然的缺陷，灵魂中的意气（$\vartheta\upsilon\mu\acute{o}\varsigma$）和欲望（$\acute{\eta}\delta\upsilon\acute{\eta}$）使理性无法作出清晰的判断，因而对什么是真正的好认识不清，人们就会选择并非真正的好。但哲学家和别人不同。他们也处在必朽的境地，所以也会犯错误；但由于他们在努力追求纯粹的智慧，摆脱意气和欲望的羁绊，他们的错误都是无意中犯的。从这个意义上说，苏格拉底认为，哲学家的错误需要教育，不需要惩罚。①

但美勒托斯不会从哲学的角度思考问题，他根本没有仔细考

---

① Emile De Strycker & S. R. Slings, *Plato's Apology of Socrates: A Literary and Philosophical Study with a Running Commentary*, Leiden: E. J. Brill, 1994, chapter II, pp. 116－118.

虑过理性和智慧的问题。他只会从政治和法律的角度来思考，凡是犯了错误的，就应该受到惩罚，不管其原因如何。从政治效果看，这样的严刑峻法未始无益于维护稳定的政治秩序，但其结果必然使百姓陷入免而无耻的状态。

虽然出自不同的理由，苏格拉底在哲学与政治之间的选择与孔子在礼与法之间的选择不无相似之处。他们的最终主张，都是要以对德性的教育来平衡政治法律。不过，苏格拉底这里还是没有像孔子那样从中庸之德来理解这个问题，因而哲学与政治之间就呈现出更深的矛盾，从而也会发现有更多需要思考的问题。

C. 不敬之罪（25a8–28a1）

随后，苏格拉底自然过渡到了对虔诚问题的讨论。我们前面已经指出，苏格拉底和美勒托斯的逻辑是不同的。在他看来，教育问题是根本，虔诚问题是从属性的。所以他在谈了教育问题之后，就问美勒托斯，自己是不是用不虔敬败坏了青年（26b4–6）。本来把虔敬当成更根本问题的美勒托斯不知不觉进入了他的圈套（26b7）。

教育和宗教的共同特点，在于它们都介于哲学与政治之间。教育是通过政治手段来实现美好生活的目的，宗教却往往是通过关于神的知识，来完成政治性的维系和整合作用。苏格拉底的目的是哲学，而不是政治；美勒托斯的目的是政治，而不是哲学。但在随后的讯问中，美勒托斯却在按照苏格拉底的逻辑回答对宗教的理解。按照这个逻辑理解，美勒托斯不可能不被苏格拉底驳倒。

BS 本的提示非常重要：雅典虽然有传统上崇拜的神，但并没有明确确立什么国家宗教。① 在历史进程中，雅典曾经从周围很多城邦乃至埃及等别的民族引进新神；而人们对一些神，比如德尔斐的阿波罗，也有着非常不同的态度。因此，我们不能用基督教传统中"正教"和"异教"的关系来理解这里的"城邦之神"与"新神"。苏格拉底如果真的不敬城邦传统上所敬的某些神，而引进一个新的神祇，其实不会构成大罪。虽然游叙弗伦曾经怀疑，是不是苏格拉底所说的他的守护神招致了不虔敬的控告（《游叙弗伦》3b5 - 6），苏格拉底自己在后文也提到，美勒托斯也许是想到了那个精灵（31d1 - 2），但苏格拉底和美勒托斯都从未把这一点很当真。苏格拉底没有认为承认这一点和否认自己不虔敬有什么矛盾，美勒托斯似乎也没有因为苏格拉底承认了他信精灵而认为抓住了他的大把柄。

因此，在雅典，真正的不敬之罪是无神论。而普罗塔戈拉和阿纳克萨戈拉遭到的控诉也都是无神论。雅典人误把苏格拉底当成了智者，所以《云》中的苏格拉底也是一个无神论者。在这样的语境中，我们很难想象，美勒托斯会认真地因为苏格拉底崇拜别的神祇而控告他。美勒托斯控告苏格拉底不敬神的真实含义，是说苏格拉底与普罗塔戈拉、阿纳克萨戈拉等智者一样，是根本不相信有神存在的无神论者（26d6）。所以，当苏格拉底让美勒托斯亲口说出，苏格拉底根本不信神存在时（26c7），并不是偷梁换柱的诡辩，而是让美勒托斯进一步澄清了他诉状中的指控。

但是，在美勒托斯/雅典人与苏格拉底之间，难道真的只有误解吗？如果这只不过是误解，在苏格拉底作了那么多澄清之后，

_____

① 虽然 BS 本并未因为他们所说的这个理由得出和我们相同的结论，甚至还坚持苏格拉底的守护神是他被告的主要原因，我们还是认为，他们就雅典宗教提供的这一点，对于我们理解苏格拉底的罪名极为重要。

即使美勒托斯固执己见，难道雅典人不会回心转意吗？在苏格拉底明确承认他相信阿波罗存在并且遵从他的神谕，不时用神的名字起誓，辨明了他不是阿纳克萨戈拉那样的智者，而且以相信精灵的存在为由，证明了他不可能不相信精灵的父母神的存在（27b2－28a1）之后，为什么美勒托斯和雅典人还坚持认为，苏格拉底犯有不敬神之罪呢？

　　要理解苏格拉底的"不敬之罪"，我们还需要回到《游叙弗伦》这篇以"论虔敬"为主题的对话。在通篇对话中，苏格拉底与游叙弗伦讨论的，不是"诸神是否存在"，而是"什么是虔敬"。苏格拉底、游叙弗伦、美勒托斯/雅典人之间的区别，并不是是否相信神的存在，而是如何对待诸神。苏格拉底并非不承认诸神的存在，也没有否认城邦的宗教仪式。在宗教祭祀上，他做得甚至比一般雅典人还要虔诚。监狱中本来没有死刑犯向神祭祀的仪式；苏格拉底在喝下毒药之前，却要向神行礼（《斐多》117b6－7）；甚至在临死的时候，他都不忘嘱咐克力同，要向医神阿斯科勒庇俄斯祭献一只鸡（118a7－8）。专门讨论虔敬问题的对话虽然只有《游叙弗伦》一篇，但我们在很多对话中都能看到苏格拉底谈他与神的关系。这些都表明，苏格拉底不可能是否定诸神存在的无神论者。正如麦克法兰（McPherran）在《苏格拉底的宗教》中指出的，苏格拉底与一般雅典人真正不同的是，他把对美好生活的哲学追求与对诸神的崇拜结合在了一起。[①] 比如，苏格拉底认为战争是不好的。因此，他虽然相信诸神存在，却不能相信诸神之间会有战争，尤其不能相信，主神宙斯会真的篡夺了父亲克洛诺斯的王位（《游叙弗伦》6a7－9）。他心目中的神，一

---

① Mark L. McPherran, *The Religion of Socrates*, University Park：The Pennsylvania University Press, 1996.

定是好的，不可能有不义之举，不可能有相互的仇怨和争斗，更不会做下连人都不会做的坏事。而且，苏格拉底在此明确指出，他之所以被告，就是因为他不相信这些事（6a6－7）。当苏格拉底这么说的时候，他远比说美勒托斯可能因为精灵而告他（31d1－2）要认真。

从这个意义上理解，哪怕苏格拉底的守护神真的成了美勒托斯状告他的一个理由，那也不是因为苏格拉底相信别人并不相信的守护神的存在，而是因为他与这个守护神的特殊关系遭致了雅典人的嫉妒和反感。引进无论什么神祇，雅典人都是可以接受的，但他却说，这个神是专门保护他的，而且是他的道德指南，这是雅典人无论如何不愿意承认的。①

正如施特劳斯指出的，苏格拉底引进雅典的不是什么新神，而是哲学的"样式"。② 真正让雅典的政治家和诗人等等无法接受的，是苏格拉底似乎把哲学放在了比诸神更高的位置。他虽然承认诸神的存在，但在他这里，诸神并不是最后的标准，最后的标准是"好"。如果诸神做的某些事（比如宙斯推翻克洛诺斯这件事）是不好的，那他宁愿相信这些事不是诸神做的。苏格拉底真正崇拜的，并不是神，而是"好"的样式。这样看来，雅典人控告他不虔诚，并不是子虚乌有。他的的确确用"样式"这个新神取代了雅典传统固有的诸神。

但要理解这一点，我们必须回到"无知之知"的问题。如果

---

① Mark L. McPherran, *The Religion of Socrates*, pp. 175－207; Thomas Brickhouse, "Review of *The Religion of Socrates*," *The Philosophical Review*, Vol. 108, No. 2, 1999.

② Leo Strauss, "On the *Euthyphro*," in *The Rebirth of Classical Political Rationalism: Essays and Lectures by Leo Strauss*, edited by Thomas Pangle, Chicago: The University of Chicago, 1989.

苏格拉底崇拜的不是神，而是样式，那似乎就意味着，他有关于样式的确定的知识。但对于如此重大的问题，德尔斐神谕已经使苏格拉底认识到，人是不可能有明确的知识的。既然人不可能知道真正的"好"是什么，他怎么可能把这种样式放在比诸神更高的位置，并用它来衡量诸神呢？

在《斐多》中谈论他的次航的时候，苏格拉底有一段关于"样式"的明确表述，可以帮助我们看到他的哲学意图："我做的是这样，我在每一次把我认为最有力的说法当成假设，凡是我认为与此相合的，就是真的存在，无论是关于原因的，还是关于别的一切，否则就不是真的。"（100a3－7，笔者自己的翻译）这就是苏格拉底在明确表述那著名的"样式说"的起源。我们需要注意此处经常被人忽略的一点，即，"样式"并不是一个多么神圣的崇拜对象，而只是苏格拉底为了思考的方便作出的一种假设。因此，苏格拉底并没有真的认为，样式是比神还要高的一种力量，诸神都要服从它。如果是那样，他就真的不是哲学家，而成了制造新神的巫师了。

假定真的存在样式，或者真的存在关于美与善的固定答案，按照苏格拉底关于"无知之知"的表述，那也只有神才知道，人是无从置喙的。换言之，虽然苏格拉底相信神一定是好的，但他并没有由此就把"好"的样式当成新神，更没有认为，人可以找到比诸神更高的样式。样式，只不过是人这种注定没有真知的必朽者借以思考美好生活的假设而已。从这个意义上看，苏格拉底仍然没有引入新神。

虽说如此，苏格拉底还是用自己的一个标准来评判诸神了。他认为，人间的儿子不能随便推翻父亲，由此推断，比人高贵得多的宙斯同样不可能推翻自己的父亲。如果苏格拉底并不掌握关于好的生活的真理，他凭什么来如此判断诸神呢？这似乎把我们引向了一个更极端的推论。苏格拉底并不是依照神圣的样式来评判诸神，只是依照城邦中约束一般人的伦理来评判诸神。那么，苏格拉底岂不是比一般的雅典人更加尊重城邦当中的礼法？

但若细细揣摩，似乎又不是这样。苏格拉底对游叙弗伦说得很清楚，他所反感的，并不是神和他们所做的事，而是人们关于他们所讲的那些神话（《游叙弗伦》6b7-8）。他从来没有攻击不朽的神，他只是在反对关于神的人言，也就是诗人的表述；而谁又能保证，诗人所写的，都是实有其事呢？他在这里做的，正是《斐多》中所讲的考察过程的一个范例：他假定儿子不反对父亲是好的，而诗人们说宙斯推翻父亲，并不符合这一假定，因此就应该是假的。这是一种非常朴素的推理方式，他并没有由此认为，好的样式就是高于诸神的。苏格拉底从来都不会自以为知道神圣的知识；他的讨论一直集中在人事之间的相互参照和批驳上。因此，这里同样是"无知之知"的一个范例：人们自以为知道神做了什么，其实他们对此毫无所知，他们的这种信念与城邦日常生活中的伦理实践都是相互矛盾的。从这个角度出发，游叙弗伦所犯的，正是典型的强不知以为知的错误。他自以为知道神做了什么，并按照这种知识来做事，状告亲生父亲杀人。如此看来，苏格拉底真正动摇的，既不是诸神的地位，也不是宗教仪式和政治秩序，而是关于诸神的神话传说，以及表述这种神话的诗歌，也就是，雅典人所宣称的，关于神的知识。

相比起来，其实苏格拉底是最虔诚的，因为他从来不妄称神圣的知识，只是谦卑地思考人的美好生活，恭顺地完成祭神的仪式；倒是那些控告苏格拉底的人，在僭妄地自居神圣知识的持有者。游叙弗伦未必像施特劳斯说的那样，是苏格拉底的一幅漫画。他更像雅典人和美勒托斯的一幅漫画。他所代表的虔敬，正是一般雅典人的虔敬。

苏格拉底不仅对神是虔敬的，而且对城邦政治也是服从的。他对神话的怀疑，并不会导致像游叙弗伦那样离经叛道的行为。反而是他，在维护雅典淳正的社会风气和道德习俗，坚决地捍卫着"父为子隐，子为父隐"的人情。

"无知之知"的最大特点是辩证。他不会教条地坚持某种意见或做法，但也不会陷入无原则的相对主义。按照他自己的说法，一切的最终归宿是不朽的神；而在实践中，他会小心地维护着人之常情。无论哲学还是政治，最终目的都不是标新立异，而是在思考中理解常识。他在辩证的思考和教育中，一点也没有破坏人生的常识，而是在美好生活的框架之下来看待常识。

政治家和诗人并不比苏格拉底更懂现实，而是比苏格拉底更固执地坚持教条。宗教是政治化的知识，也就是一种意识形态。意识形态关心的不是真理，甚至不是政治生活的真理，而是对政治现实的功用和利益。他们的政治，是"术"的政治。对神的知识一旦变成了宗教和意识形态，就不再谦卑，就不再坚持人与神之间的绝对距离。无论是古希腊的城邦宗教，还是后来的基督教，无论怎样宣称人的谦卑，一旦形成教会组织，就往往难以保持这一姿态，因而也就不可能以辩证的态度看待政治、哲学、神。安虞托斯和美勒托斯之所以控告苏格拉底不敬神，归根到底，并不是因为苏格拉底威胁到了雅典的政治生活，而是威胁到了他们的政治名望和尊严。他们所要捍卫的，并不是雅典的秩序和安全，而是自身的政治地位。因此，对于游叙弗伦这种真正威胁到伦常秩序的人，他们并不去管；而苏格拉底这样对城邦无害的哲学家，他们反而要除掉他。

五 为哲学而死的理由 (28a2 – 31c3)

A. 苏格拉底与阿喀琉斯 (28a2 – 29b9)

苏格拉底的哲学之所以必然和政治冲突，并不是因为哲学是反城邦、反政治，从而会给政治带来危害的，而是因为，政治实践的逻辑必然无法与哲学的逻辑完全符合。政治的根本目的，与哲学一样，是实现美好的生活。但政治家无法做到像哲学家那样对话和思考，而必须在一定的不义的基础上，在不危害自己的政治利益和地位的前提下，有限度地实现美好的或尽可能不坏的生活。现实中的种种限制使政治必然无法完美；而且，一个成功的政治家必须仔细考量这些限制。因此，安虞托斯等人与苏格拉底的冲突，并不是根本的原则冲突，而是具体现实考量导致的冲突。由于政治人物必然要权衡具体现实，这种看似偶然的冲突却是一种必然发生的偶然。政治与哲学的冲突由此成为不可避免的。这是对美好生活的思考与在现实中追求美好生活的努力之间的冲突。一个更好的哲学思考，需要把人性的弱点和现实中的种种限制考虑进来，从而使哲学活动成为辩证的、切实有效的劝诱与激励；但哲学的这种考量仍然是有限度的，不能无原则地向现实投降，否则就失去了哲学自身的品格。因此，即使思考政治现实的哲学，仍有可能处在与政治现实的冲突之中。

与智者不同的是，苏格拉底不仅把对美好生活的追求明确当作自己哲学的目的，而且充分考虑到了现实中的种种问题，因而在辩证中完成他的哲学活动。但这种哲学活动，并不是对政治现实的屈服；恰恰相反，正是他的这种以美好生活为目的的政治活动，成了雅典人忌恨的目标。苏格拉底越是充分考虑政治现实，越是和很多人的现实利益相冲突。苏格拉底和雅典城邦之间的冲突，并不是因为人们误把他当成了智者；正是这样关心城邦的哲学家，更容易遭到城邦的忌恨。苏格拉底，就是被这种忌恨拿下的（28a5–8）。

但这并不会妨碍苏格拉底的使命的政治意义，其政治意义甚至就体现在这种冲突之中。虽然他的哲学活动总是与人们的政治利益相冲突，但他还是要告诉人们，他以美好生活为目的的哲学活动，与人们以美好生活为核心的政治活动，是完全一致的，他对雅典负有一种神圣的政治使命。

在批驳完了美勒托斯加给他的两条罪状之后，苏格拉底开始更正面阐述他的"无知之知"的政治意义。我们并不像 S 本那样认为，此处才是苏格拉底真正的申辩。但我们承认 S 本对这一段的分析相当精彩。这一段无疑是《申辩》中相当核心的内容。只有在苏格拉底正面阐述了他的神圣使命的政治意义之后，他才会完成对"无知之知"的全面展示；倘若没有这一层政治含义，"无知之知"如果只是一种自省或修养，它的意义也就大打折扣了。

不过，无知之知的政治意义仍然取决于其哲学意义。因此，在正式谈到自己哲学活动的政治意义之前，苏格拉底先通过《伊利亚特》中阿喀琉斯的故事，谈到了死亡与哲学的关系。

苏格拉底为了阐述他的政治使命，特意再次设置了一个对话场景。他假想了听众中的一个，同情苏格拉底因为忙于那些好像无关紧要的事情而招致杀身之祸（28b3–5）。柏拉图又以他惯用的手法，在苏格拉底的回答中套进了忒提斯与阿喀琉斯之间的对话（28c6–d5）。这段对话不仅呼应了上面关于半神与英雄的主题（27d1–28a1），而且借助《荷马史诗》中的著名场景，点出了哲学生活与英雄之死，《申辩》中这对极为关键的问题。

正像 S 本提醒我们的，苏格拉底在引述《伊利亚特》时，已经作出了自己的诠释。这倒不是因为柏拉图没有逐字逐句地引用原文——原文中的主要内容，在此全都再现了出来——而是因为，苏格拉底刻意给一个关于名誉和复仇的故事，赋予了一种哲学性的意义。这自然就会让我们想起苏格拉底在省察诗人的时候所说的，别人对他们的作品的理解，都超过了诗人自身（22b6－8）。

苏格拉底把人们带到了那个雾气濛濛的海边原野，女神忒提斯为儿子的悲伤触动，悄然出现在阿喀琉斯面前。在苏格拉底的诠释中，我们看不到荷马笔下那么多跟随忒提斯的女仙。母子之间的对话让人生起更多的悲凉之情与悲壮之感。忒提斯与阿喀琉斯似乎都没有遭受那么剧烈的情感震撼，而是在彼此安慰中默默等待着一个必然的悲剧结局。阿喀琉斯念兹在兹的，不再是意气之争，而是生活的美好与正义。苏格拉底一边为阿喀琉斯注入浓烈的哲学味道，一边为自己披上了更多的英雄色彩。是苏格拉底自己坐在特洛亚海边的弓形战船旁边，战阵厮杀声犹在耳，他所深爱的母亲雅典警告他，如果他继续从事哲学，等待他的将是死亡。

这是死亡的主题第一次出现在《申辩》中。在理解苏格拉底对待死亡的态度之前，我们先要理解，死亡为什么是不好的。受到基督教文明洗礼的人容易看轻死亡给人带来的震撼；满耳朵英雄故事的人，容易像听惯了祥林嫂的唠叨一样，对死亡之恶熟视无睹。但对于每一个活生生的个体而言，死亡毕竟是最大的坏事。因此明智的人首先还应该贵生惜命、坐不垂堂，而不是快意恩仇、轻就死地。正如 S 本提醒我们的，爱惜生命，在古希腊仍然是一种相当正面的智慧，埃斯库罗斯和索福克勒斯的悲剧都为我们提供了很好的例证。至如匹夫匹妇妄抛性命，视生命轻如鸿毛，不仅是无益的，而且必将自取羞辱。怕死，毕竟是一种最基本的本能；求生，毕竟是一种最基本的人生智慧。

在这样一种人生智慧的背景下，苏格拉底告诉他的对话者，首要的问题不应该是生死存亡，而是好坏善恶（28b6－9）。比起《斐多》中依据灵魂不朽的命题的反复论证，此处的阐述要简单明了得多，当然也冷酷悲凉得多。在此，苏格拉底没有说死后会得到什么好处，而是默认了大家认为死是最大的坏事的观念。他之所以认为，为了美好的生活去死比忍辱苟活更好，不是因为死后有什么隐秘的好处，而仅仅是因为，正义是重要的，值得用生命去换取。最能传达冷酷的死亡与正义的生活之间的关系的，莫过于战争。

苏格拉底在用阿喀琉斯的例子说明了自己的处境之后，就真的把自己放到了战场上，以自己面对死亡的表现，来描绘弓形船旁的英雄苏格拉底的形象。这个英雄所遵循的，不折不扣是真理和将令，而不是意气或复仇的虚荣心（28d6－e4）。在这一段，我们需要理解，所谓的"命令"究竟是指什么。西方学界的诠释一般把这当成苏格拉底虔敬的一个表现。我们前面已经说过，苏格拉底不仅对神虔敬，而且对城邦政治也是服从的。他在此处的作为，体现了这双重的服从，这是没有疑问的。但我认为，苏格拉底此处的主要目的，并不是证明自己是虔敬的。他已经谈到，这个任务早已完成（28a2－4）；这里的主要目的，应该不是重复已经完成的任务。

苏格拉底说，无论是自己认为好的，还是接受命令去做的，都应该冒死坚守（28d6－10）。接受命令，只是其中的一种情况；而且对比后文，当接到不义的命令时，苏格拉底并没有遵从（32c4－d7）。可见，接受命令并不是最重要的，最重要的是所做的是不是好事。因此，这里的意思是，不论是自己主动做的好事，还是被委派去做的好事，都应该冒死去完成。重点是舍生取义，而不是服从尊长，强调的是坚持哲学原则，而不是虔敬。

苏格拉底虽然把自己的哲学使命说成神的命令，但在他这里，宗教并不具有独立的意义。苏格拉底谦虚地说自己像别的所有人一样坚守岗位（28e3－4），但无论阿尔喀比亚德还是拉克斯都告诉我们，他在战场中的表现远远超出了一般的战士。如果说，那些战士的作为是仅仅出自将令，苏格拉底之所以与他们不同，就在于，他除了将令之外，还有真理作指引，正如阿喀琉斯之所以杀死赫克托尔，除了有阿伽门农的命令之外，还因为与帕特罗克罗斯的友谊。

苏格拉底说，是神命令他过爱知的生活，也就是省察自己和别人（28e5－6）。但阿波罗神最多只是告诉苏格拉底，他是世界上最智慧的人，但从未交给苏格拉底什么使命。苏格拉底是在意识到"无知之知"的含义后，才自己琢磨出，需要把神的意思传达给所有的雅典人。于是，他把与人们对话、省察别人当成了自己哲学思考的过程，并以此为自己的终生使命。这与其说是一项宗教使命，不如说是一项哲学使命：苏格拉底只有在这种不断的对话中，才能证成神谕中的话，使自己永远是最智慧的，并且帮助别人逐渐学会爱智慧。

我们把阿喀琉斯的故事、三次战役中的表现、哲学使命并列起来看，就会发现，在这三者之中，英雄所遵循的是一样的：真理和美好的生活。无论是特洛亚战场上的阿喀琉斯，三次战役中的苏格拉底，还是雅典法庭上的苏格拉底，都面临着苟活与战死之间的选择。三者都选择了勇敢地冲上去。

而在进入这三个类比中的第三个，也就是现实中的苏格拉底时，前面两个类比的意义也就显现了出来。苏格拉底向人们更明确地揭示出，在这三种情况下，为什么要选择死。选择冷酷的死，不是因为喜死恶生，而恰恰是因为喜生恶死。作为哲学的化身，作为最智慧的人，苏格拉底终生的任务就是不断找人对话，过一种爱知的生活。由于德尔斐的神谕和对它的理解，他只能在这样的对话中完成哲学活动。于是，对话，成为他的生活方式，同时也成为使人智慧的唯一生活方式。正是因为热爱这种最美好的生活，苏格拉底不愿向不义屈服。

哲学生活是最好的生活，放弃哲学的生活是不敬、不义、没有乐趣的生活。那么，"死"在什么位置上呢？苏格拉底并不知道死亡是什么，也不假装知道（29b5－6）。其实，活人中没有谁真的知道死究竟是怎么一回事。苏格拉底说，不能盲目断定，死亡一定是最不好的（29a6－b1）；但这并不意味着，他就肯定说，死是好事。正如 RE 本指出的，虽然不能确定死亡是不是最大的坏事，但至少可以肯定，死会终结此生中无数的好事。苏格拉底并不是因为死是好事而去死的。他只是因为死不一定是坏事，而不刻意去拒绝死。死亡的理由不可能是积极的，即，不可能因为死亡是一件有利可图的事而去追求它。杀身成仁、舍生取义，永远是因为生活中的理由而选择死，这是一种不得不然的消极选择。未知生，焉知死？这是古今中外普遍适用的道理。没有一个真正的大思想家会积极地选择死。

因此，无论是阿喀琉斯还是苏格拉底，之所以选择死，都是因为对生的比较和权衡，而不是因为死的内在原因。他们都立足于自己能知道的此生中的选择，即，服从比自己好的人或神是好的，违背比自己好的人或神就是不好的（29b6－7）。针对这个问题，沃拉斯托斯、BS 本、RE 本都花了很大篇幅来讨论，苏格拉底这里所说的"知"是不是与他的"无知之知"相矛盾，从而使判断苏格拉底的知识成为西方（主要是美国）《申辩》研究传统中的重要问题。但我认为，这样理解苏格拉底那充满辩证色彩的"无知之知"太机械了，容易使讨论陷入对细枝末节的纠缠之中。在这一段中，苏格拉底并没有说他知道什么具体的知识；他所讲的简直是一个不证自明的道理：服从比自己好的就是好的，不服从比自己好的就是不好的。即使他在不假定好的样式的时候，只要把哲学思考铆在对美好生活的追求上，这一点就是对的。

同样，这一段的核心也不是"服从"，而是"好"。决定自己是否该服从的，不是地位是否比自己高，而是是不是比自己好。那么，哲学上的"好"还是比政治上的"地位"有着更崇高的地位。由此我们就知道，战场上的阿喀琉斯、战场上的苏格拉底、法庭上的苏格拉底之所以选择死，根本上都是因为，如果不选择死，势必就会陷入不好的生活。

B. 美好生活与死亡（29b9 – 31c3）

于是，最关键的问题就变成了，究竟什么才是"好"，柏拉图笔下的永恒主题。为了讨论如此重要的问题，柏拉图又回到了对话的形式。在这一段新的对话中，他的同胞雅典人不无同情地给苏格拉底提出了一个条件，只要他停止爱知，就能活命（29c6 – d1）。苏格拉底仿佛是在总结前面的讨论，告诉他们，他只要活着，就不能停止爱知，因为爱知已经成了他的生活方式，因为这是神给的任务，而神是比苏格拉底和雅典人都更好的（29d1 – 5）。

这段对话无疑呼应着 28b3 – 5 的那段对话。在那段对话里，假想的对话者责备苏格拉底应该因为妄抛性命而羞愧（28b3）。而今，苏格拉底不仅说他自己要追求智慧，而且奉劝他的雅典同胞也来关心灵魂。他反过来问他的对话者："你只想着聚敛尽可能多的钱财，追求名声和荣誉，却不关心，也不求知智慧和真理，以及怎样使灵魂变成最好的，你不为这些事而羞愧吗？"（29d8 - e3）"羞愧"的两次出现构成了对生命智慧的两种理解，而且这两种理解未必矛盾。

苏格拉底的对话者从来不是没有过任何思考的普通人。在这两段假想的对话中，虽然对方都是无名者，但同样代表着一种不可小觑的智慧。我们前面已经看到，他的第一个对话者之所以说苏格拉底应该羞愧，并不是因为他贪生怕死，而是因为轻抛性命是一种不智的行为。此人真正关心的，不仅是一种审慎而美好的生活，而且是一种值得品味的人生智慧。不仅珍惜生命往往体现着一种中庸的智慧，钱财和名誉何尝不是人生中值得珍视的方面？"富润屋，德润身"，智慧与物质利益之间，并不是理所当然就对立的。为什么求知就一定是最好的生活？为什么追求钱财和荣誉就一定低于追求智慧呢？

苏格拉底向雅典人假设了这样一个场景：他站在大街上，高声劝诫雅典人，要关心灵魂，而不是追求钱财和荣誉。但从来不以真理代言人自居的苏格拉底并不是在宣扬什么智慧和教条，而只是在寻求对话的机会。所有这些并不是固定的真理，只是将要开始的对话中的第一句话。一旦有谁接了苏格拉底的茬儿，说他关心自己的灵魂，苏格拉底就会拉住他，问他究竟怎样关心灵魂（29e2 - 30a2）。在大多数情况下，苏格拉底会发现这些人并不关心自己的灵魂，反而自诩关心。于是，苏格拉底那句关于"关心灵魂"的开场白成了引人上钩的诱饵，目的只是让凡是宣称自己关心灵魂的人遭到苏格拉底的一顿奚落和讽刺，最后讪讪地落荒而逃。

真的有很多雅典人会像斯特瑞普西阿德斯那样，公开宣称，自己最关心的就是钱财或荣誉吗？如果是那样，《云》也就没有什么喜剧效果了。苏格拉底面前的雅典人，更多的并不是追名逐利之徒，而是满口仁义道德、满肚子男盗女娼的伪君子。他们宣称自己虔诚、智慧，俨然以城邦价值的卫道者自诩，背地里却把钱财和名誉当成最重要的东西。他们既不理解智慧究竟是什么，也不知道钱财和名誉究竟有什么不好。苏格拉底在此要做的和他一贯宣称的并无矛盾。他既然说自己从不好为人师（33a5），他就真的没有把什么教条教给人们。他所做的，只是引导人们省察自己的灵魂，看看本来自以为知道的是否真的知道，自以为明确的道理是否真的明确。而在这种省察之中，他已经告诉了人们，灵魂中的德性为什么是重要的：理性是灵魂的功能，利用这种功能，人们才能把原来不清楚的事情想清楚，才能把本来自以为是的问题清理通畅，于是也就比以前智慧了一点，也就知道了，身体和金钱为什么不如德性重要。正是在被苏格拉底引导着运用理性的过程中，人们知道了，这种自我的反思和知识是最重要和最根本的；金钱和身体并不是不好，而是相对次要的，都要依靠德性获得（30b2－4）。

在苏格拉底说德性生活更好的时候，看上去他是在更肯定地说他知道什么，但在这样一个辩证的对话过程中，他仍然没有超出"无知之知"的范围。"无知之知"不仅是对自己无知的一种认识，而且是一种积极的智慧活动。"无知之知"根本上是"认识你自己"的活动。它所指向的，不是究竟什么是"好"，而是不好为什么"不好"。在这样一种否定性的省察过程中，省察者会积极地意识到自己应该怎样避免各种不好。归根到底，德性生活并不是对人类永远不可知的"好"的获取，而是对人类自身的认识能力的把握。因此，实践"无知之知"的哲学家一方面谦卑地永远不会妄称真正的好，一方面也在积极地把握自己的认识能力，在必然有缺陷的尘世中实现最不坏的生活。因此，无论苏格拉底在说德性生活更好的时候（30b2－4），还是在说他知道什么是善恶的时候（29b6－7），都不是指一种确定的终极知识，而只是人间智慧的一种有限把握。

既然这种人间智慧永远是有限的，永远要在辩证的对话中证成，而不可能当作教条来传授，苏格拉底的哲学/教育活动就必然是政治性的。而在这种政治性的对话中，苏格拉底不可能只关心自身的思考，而必须关心他遇到的每个人。他必须和所有雅典人结成一个爱智共同体，这种对话才能继续下去。苏格拉底哲学思考的性质不仅决定了他不可能像普罗塔戈拉那些智者一样云游各国，也使整个雅典的兴衰同他的思考关联在一起。苏格拉底的哲学必然是属于雅典城邦的（30a4）。

在必然有缺陷的人类当中实现美好的生活，不同人之间的相互弥补和相互批评是必需的。而要完成这种共同提升，政治和哲学都是必要的。政治使人们彼此交往，哲学使这种交往足以弥补人的缺陷。因此，苏格拉底深以他生在智慧而强大的雅典而自豪（29d7－8），并提醒他的同胞们不要忘了雅典之所以伟大，主要不是因为她的财富和荣誉，而是因为智慧。财富和荣誉，固然是政治存在和发展的必要基础，但人之所以组成城邦，根本目的并不是这些，而是获得更高的智慧，使彼此的生活在实质意义上变得美好。也只有在获得了德性之后，金钱和荣誉才变得有意义。

因此，虽然苏格拉底并不知道什么才是真正的"好"，但他清楚地知道，对于必朽的人而言，最好的事就是结成爱智共同体，在对话之中辩驳充斥生活的不好，从而把彼此的生活变得美好。在理解了人所能达到的有限的"好"之后，苏格拉底把他前面讨论过的两个问题结合了起来：死亡与哲学生活。

哲学活动的根本目的，既然是为了突破人生在世的必然局限，那就一定会与人生的弱点发生冲突。这些弱点不仅包括与生俱来的无知，而且包括在结成政治共同体后新产生的局限：竞争、嫉妒、怨恨、战争。死亡就是所有这些局限的极限。

由此我们就重新看到讨论死亡的哲学意义：在克服人类固有弱点的哲学活动中，战胜死亡是最艰巨也最重要的一关。只有战胜了人类最深的这个弱点，哲学生活才获得了全胜，也就是真正实现了美好生活。因此，我们在《申辩》的后半部分，越是看到苏格拉底的哲学生活达到高潮，也越是感到了与死亡拼杀中的呼号呐喊。

人们都把死亡当成最大的伤害（30d3），苏格拉底虽然没有认可，但他也无法否认这种可能性。恰恰是因为死亡至少是一件极大的坏事，往往给人们带来巨大的恐怖，战胜死亡才有着巨大的意义。苏格拉底并没有像荷马笔下的阿喀琉斯那样满腔怒火，也没有像耶稣那样为了全人类牺牲自己，来悲壮地战胜死亡。他面对死亡的根本态度，在于从容不迫地坚持了一个哲学的立场。这个哲学立场不仅体现在他所说的，对死后世界究竟怎么样并不知道，而且在于，他牢牢地把评价标准铆在他所认为的"好"上面，蔑视死亡带来的一切伤害和恐怖。他前面既然已经证明，德性是人能达到的最根本的好，不义是人最大的不好，那么，任何不能改变人的德性的，就不会在哲学层面上带来伤害（30c6 - 8）。这样一种态度的根本特点在于，他对死亡可能带来的不好轻蔑地置之不顾。《伊利亚特》故事中的悲壮在此化为轻飘飘的微笑；哪怕泰山崩于前，他依然谈笑自若地关照着自己的灵魂，使张牙舞爪的死亡自讨没趣。这让人想起阿尔喀比亚德在《会饮》中的描述（219e5 - 220d5）。苏格拉底之所以能够在战场上那么出类拔萃，并不是因为他有多么悲壮的豪情，而是理性和毅力使他不为寒冷和危险所动。从这里再反观他对阿喀琉斯的评注，可以看到，苏格拉底并不只是改变了荷马笔下的几个词汇，而是把特洛亚战场上悲剧性的死变成了喜剧性的死。

正是因为死亡对被杀者没有什么伤害，所以它反而会给杀人者带来真正的伤害——这使杀人者变得不义（30d4－5）。苏格拉底继续坚持了他的哲学立场，使杀人者反而变成更值得同情和怜悯的一方。哪怕是在对死亡的这种哲学反思中，仍然呈现出了强烈的政治意涵。既然苏格拉底并不在乎生死存亡，既然他只关心好坏善恶，那他就完全没有必要为自己申辩，反而是那些即将陷入不义的雅典人，倒是值得拯救和保护的（30d6）。从演说策略上来看，苏格拉底的这一说法无疑会给他带来更大的不利；但从政治的最终目的来看，这恰恰是追求美好生活的应有之义。

在雅典人此起彼伏的叫喊声中（30c2），苏格拉底讲出了柏拉图所有对话中最著名的比喻之一：牛虻（30e3－31a1）。雅典人之所以叫喊不止，是因为苏格拉底在不断自夸，以神的使者自居，而且还大言不惭地说，自己是在为雅典人申辩；但就在这无以复加的自我吹嘘中，苏格拉底突然来了一个大转弯，把自己降为一只毫无价值的小飞虫，把自己的哲学活动降为人们并不喜欢的骚扰和叮咬，而对苏格拉底的审判，自然也变成了毫不费力的轻轻一拍。《申辩》中的喜剧气氛在此发展到了极致。

苏格拉底突然举出牛虻这个比喻，并不是有意避免进一步激怒雅典人的策略。我们应该把它看作苏格拉底一贯论调的继续。当他说自己在为雅典人申辩时，他真的就认为自己在为雅典人申辩；当他说自己是一只牛虻时，他也真的认为自己是一只微不足道但神圣的牛虻。牛虻这个比喻虽然看似可笑，但用来比喻苏格拉底的角色却非常贴切。他所面对的，是一个伟大而高贵的雅典，就像一匹高头大马。但雅典这匹骏马并不知道自己为什么高贵，反而昏昏欲睡。骏马之所以高贵，本来在于它奋蹄扬首，志在千里，而一匹昏昏沉沉的病马即使再高大雄伟，也失去了马之为马的德性。苏格拉底这只牛虻并没有教给雅典人什么知识，却不断把昏昏欲睡的雅典叫醒，让这匹骏马重新拾回它的龙马精神，永远保持昂扬的斗志。哲学的目的，并不是让人们获得自己本来没有的什么知识，而是充分认识自己的局限和德性。但对于并不想醒来的雅典人，牛虻的叮咬不会唤起斗志，反而让人感到厌烦。于是，很多人并没有因此变得警醒，反而怒气冲冲地要打死牛虻。这就是苏格拉底当时的处境。

C. 哲学作为政治（31c4–34b5）

既然苏格拉底如此关心他的同胞，他为什么不参与雅典政治呢（31c3–7）？苏格拉底举出了各种具体的理由来谈这一点。这些理由的表面意思都很明确。不过，我们需要进一步追问这里的深层含义：哲学和教育作为政治，究竟是在什么层面上讲的？苏格拉底的这一说法无疑使我们想起了孔子"是亦为政，奚其为为政"的名言。同样，耶稣所说的"我的国不在地上"，也有着类似的指涉。当然，这三者之间有着非常不同的文化背景，不可简单地等量齐观。但它们都传达了一个共同的含义：在正式的国家政治之外，还有一个更重要的政治领域，是可以不必直接参与政事也能影响的。

广义来讲，凡是人与人的交往，都可以称为"政治"，人必须在这个意义上的政治中才能生存下去，当然也必须在这种政治中寻求美好的生活。狭义地讲，只有国家、法律、暴力组成的政治制度，才是政治。这个层面上的政治，是实现广义政治生活的专门机构。但这并不意味着，只有暴力层面的国家政治，才有资格实现政治的目的。因为这种专门的政治机构需要很大成本才能建立和运行，并且其复杂的运行机制和暴力特征使它创造出了新的利益和危险，它反而未必能很好地完成政治本来的目的：实现美好生活。孔子固然对政治制度中必然存在的问题有着深刻的洞察，但仍然希望尽量通过政治制度来实现政治理想，因而在兵马刑政之外，把礼乐教化也放进政治制度的范畴，并努力找到消除这两种政治之间矛盾的中道。

苏格拉底的想法与孔子不同。他从一开始就不寄希望于政治制度，而是把追求美好生活的政治与政治制度根本对立起来。所以，在他看来，任何真诚地想在政治制度中消除不义的人，都必将失败（31e2 - 4）。苏格拉底的这一观念，能够帮助我们更深地认识政治制度中必然存在的问题，以及其中包含的可能性。

正如 S 本表明的，苏格拉底在此并没有明确反对某种政治制度。他举出的两个例子分别发生在民主制和寡头制下，如果不是因为苏格拉底一生从未经历过君主制，他大概还会举出第三个例子。在民主制度下，大众的激情使人们无法理性地诉诸法律和正义（32b1 - c3）；在寡头制度下，僭主的独断专行会使无辜者无端受戮（32c4 - e1）。这不是这种或那种制度的问题，而是只要存在政治制度，就必然产生的问题。不论专制制度还是民主制度，都是一种制度安排，而不是辩证的哲学探讨。虽然政治的目的是美好生活，但制度必须建立在稳定的力量平衡和有效的权力架构之上。因此，政治家必须花大力气来维护这种制度架构，能够维护这种架构的安全和平衡就是很大的成就，遑论提升美好生活。民主制度的基本原则是要照顾到大多数人的政治意见，选取人们都能接受的政策。它所诉诸的不是正义，而是众议。寡头制度的基本原则是，一方面要在少数当权者之间达成共识，另一方面要使寡头的政令得到执行。它所诉诸的同样不是正义，而是威权。既然民主制和寡头制都不可能建立在正义的基础上，它们的运行就必然带着不义的色彩。苏格拉底要坚持正义原则，就必然会与这些制度发生冲突。所以，苏格拉底会说，问题并不在于他在雅典，也不在于雅典的民主制，而是在于，凡是坦诚地反对任何大众、阻止城邦中发生不义的人，都活不了（31e2－4），因为没有不义，就不可能有城邦。

但如果没有专门从事政治的城邦，还能有政治生活吗？面对必然不义的城邦，苏格拉底认真地把正义当作自己政治生活的唯一原则。在公共事务中，他把坚持正义和法律当作第一原则；但是现实的残酷和精灵的阻止使他选择了另外的方式。苏格拉底深知，如果没有实现美好生活的政治实践，自己的哲学使命根本无法完成。不过，他没有像儒家士人那样从更精微处改造政治制度，重建礼乐结构，而是坚决地退出了制度领域，把自己的政治活动限制在教育上，通过改造雅典人的灵魂实现美好生活。

和在公共事务中一样，苏格拉底仍然把正义当作自己的政治活动的第一原则（33a2）。但而今，他不必再和冷冰冰的制度作斗争。他面对的，是一个个雅典人的面孔；他所批驳的，不再是不义的决定，而是各种各样的言辞和意见。他似乎不必再为一个原则铤而走险了。他获得了充分的自由空间，可以和遇到的每个人谈天说地，在闲聊之中实现着他最关心的政治努力。

与雅典人的对话实现了苏格拉底哲学/教育/政治的三重目的。虽然他认为自己教育的效果远远超过了智者，但他拒绝别人把自己称为老师（33a5）。这并不只是因为他不像智者那样收取学费，而且就像 S 本指出的那样，苏格拉底深知，他的教育并不是把某些观念灌输给人们，而是激发人们关爱自己的灵魂（参考《会饮》175d3－e2）。因此，他不会给人们什么许诺，也不会传授什么教条（33b5－6）。既然人们都不可能有真正的知识，既然人间的智慧在于对人的有限性的深刻体认和对无限美好的永恒向往，这种体认就必定是言人人殊的。它取决于一种非常自我的省察和约束，不可能相互替代。任何人只能对自己的灵魂负责。好的教育家的成就不在于使弟子学会了某种说法，而在于使学生学会按照自己的方式思考问题，能够独立地辨别错误和确认自己与永恒真理之间的关系。一个使学生重复自己的学说的教育家，只是匠气十足的老师；而一个能够使弟子创造出与自己不同的思考方式的哲学家，才是伟大的万世师表。苏格拉底、柏拉图、亚里士多德之间的师生关系，就是这种师生关系最好的例证。

这样一种伟大的自由教育，也必然蕴含着许多危险。苏格拉底能教育出柏拉图和色诺芬这样的弟子，门下也会出现阿尔喀比亚德、克里提阿斯、卡尔米德这样的学生。仅就柏拉图的一个家族来说，克里提阿斯、卡尔米德、格劳孔、阿德曼托斯、柏拉图这些受到苏格拉底影响的年轻人，彼此之间就是那样不同。阿尔喀比亚德曾经和苏格拉底极为亲密，在苏格拉底的影响下思考了很多事情。但他在经过了一番挣扎之后，还是离弃了苏格拉底的教诲，追求另外的目标（《会饮》215d6 – 216c3）。最伟大的教育，往往会最大限度地使人释放自由的能量，因而也就有可能变成最危险的教育。这样的教育是朴素而简单的，中间并没有什么秘传的教诲；但若真在这种教育之下成才，则又必须投入非常艰苦的努力，在平淡无奇的日常交往中彻悟人生的最高境界。这些弟子若能获益，那是他们的造化；他们若是无法学到什么，甚至还变得越来越坏，也只能怪自己。

苏格拉底说，他无法为阿尔喀比亚德这些人的败坏负责（33b4）。严格说来，他不是说自己和这些年轻人没有交往，甚至不能说他真的没有对他们施加什么影响。苏格拉底所强调的只是，他并没有给他们灌输什么具体观念（33b5 – 6）。作为教育者，苏格拉底不仅把那些追随他、听他省察别人的青年当作教育对象（33c2 – 4），而且把任何与他对过话的人都当作某种程度上的教育对象。他怎么可能为所有这些人的行为负责呢？

苏格拉底不仅从理论上证明，他无法为那些年轻人做的坏事负责，而且通过在场的很多弟子和他们的父兄表明，没有人认为与苏格拉底交往是不好的，而且其中包括很多民主派（33d8 - 34b5）。但是，如此有力的证据都没有打消雅典民主派对他的疑虑，与阿尔喀比亚德等人的牵连还是会送掉他的性命。按照苏格拉底自己的说法，他之所以不从事公共事务而从事教育，是为了避开制度政治必然的不义。但是，他终究还是被雅典城邦所杀。他真的有可能逃出制度政治的天罗地网吗？

虽然苏格拉底可以独善其身，不去理会城邦的政治，但他毕竟生活在城邦之中，城邦政治会把他的一举一动都赋予制度政治中的一种色彩。特别是，他的哲学活动并不是独自的冥思苦想，而必须在和人们的交往中进行，他的政治活动怎么可能完全游离于城邦政治之外呢？即使苏格拉底能很好地使自己与城邦政治保持距离，受他影响的人们也不可能完全生活在他的理想国中。苏格拉底自己并非没有意识到，他要避免哲学与制度政治的激烈碰撞，只能暂时地回避矛盾、苟全性命，多活上几十年（32e4），却不可能调和哲学思考与政治实践之间固有的矛盾。雅典人对苏格拉底的审判，就是这一矛盾的总爆发；苏格拉底之死，就是这一矛盾最深刻的体现。

归根到底，苏格拉底的申辩，并不是要让雅典政治理解哲学，反而要更深刻地揭示出哲学与政治的不可调和，为自己招来更多的忌恨。为哲学申辩的目的，不是让政治接受哲学，而是以更高傲的姿态，向政治宣战。

D. 爱智者的荣耀（34b6 - 35e8）

正像 R 本和 S 本指出的，柏拉图笔下的苏格拉底基本遵循了法庭辩论的一般模式，但又在很多关键地方与众不同，制造出惊人的效果。而今，苏格拉底进入了结论部分。这个结论和他的开场白（17a1 - 18a6）紧密呼应，充分体现了苏格拉底与一般辩论者的根本区别。

苏格拉底和申辩刚开始的时候一样，诉诸的是事实的真相，而不是对法官们的恭维。他不仅不奉承法官们以取得政治上的优势，还有意揭他们的伤疤，无情地嘲讽了他们为更小的官司作申辩时摇尾乞怜、狼狈不堪的形象（34b7 - c5）。苏格拉底明明知道他这种固执的态度会促使人们投他的反对票（34d1 - 2），仍然故意刺激人们。这似乎不像结论，因为苏格拉底没有按照一般的申辩程序，在结尾的部分总结概括前面的说法。但这又是最好的结论，因为他在此最明确地总结了整篇申辩辞的核心思想：任何时候都要坚持真理。苏格拉底从头到尾都是在为哲学申辩。

面对掌握着他的生死命运的法官们，苏格拉底像在波提岱亚战场上一样坚如磐石。除了真理和德性，没有别的评价标准。为了贯彻这个标准，他甚至把演说中的结论部分再次当成了对人们的教育。

苏格拉底再次反客为主，像教训学生一样教训起将要判他死刑的法官们。他和那些曾经在自己的申辩中摇尾乞怜又讨厌他的固执态度的雅典人展开了新一轮对话。他告诉对方，他之所以不乞求人们的宽恕，并不是因为他没有妻子儿女来帮他求情。他引用荷马的诗句说，自己也是食人间烟火长大的，并不是橡树里蹦出来的。他有三个儿子，足以让他们来为自己求情（34d5 - 7）。他之所以不肯把他们带到法庭上来，是因为这种做法太不高贵（34e2 - 5）。苏格拉底在此隐隐呼应着前面对耻辱和尊严的几次指涉，特别是上一次引用荷马时谈到的阿喀琉斯的羞耻感（28d3 - 4）。

我们前面看到，苏格拉底对阿喀琉斯故事的诠释为他讲自己的哲学使命打下了基调。S 本指出，苏格拉底在对阿喀琉斯的复仇作出哲学解释的时候，还保留了原文中关于"羞耻"的字样。我们不能把这种"保留"理解为，苏格拉底没有把原文中不必要的内容清理干净。他虽然把阿喀琉斯为朋友复仇的动机诠释为哲学性的为正义而死，这里面仍然有一层羞耻的意味：如果不能捍卫正义，那就是耻辱的。

阿喀琉斯的羞耻感又诠释着苏格拉底与其对话者所理解的羞耻心。向苏格拉底提问的雅典人认为他这样去死是值得羞愧的（28b3），苏格拉底则认为，生于雅典却整天想着金钱和名誉才是应该羞愧的（29d9 - e3）。在这几处，对羞耻的理解构成了解释哲学生活的一条线索。这种羞耻心所关注的，并不是与金钱并列的名誉，而是美好生活中的尊严和荣耀。

苏格拉底在结论部分所谈的羞耻，正是这个羞耻问题的继续和总结。而在法庭申辩中的两种态度，也可以看作两种人生态度的最终归宿。我们可以假定，苏格拉底几次设想出的对话者都是同一个，或是代表了同样的人生观与生命智慧的一个人。我们姑且认为这个人并不是一个庸庸碌碌之徒，不会内心关心欲望享受，表面上却满口仁义道德。他精明、审慎、诚实、体面，喜欢思考，认真追求自己认定的美好生活，并且真诚地同情苏格拉底的遭遇。他可能还因为智慧、勇敢，或别的什么德性而颇有名声（35a2 - 3）。苏格拉底对人生的理解和他完全不同，但却乐意和他说话。这个人从自己的角度看，觉得苏格拉底的生活方式非常不智，于是热心地开导苏格拉底，告诉他这样死去毫无价值，他应该为此而羞愧。但苏格拉底说，阿喀琉斯所理解的羞耻不是这样的，只有在没有坚决捍卫正义的时候，一个人才应该羞愧。因此，作为雅典公民，应该羞愧的是他，而不是苏格拉底。双方都坚持各自的人生观和羞耻观。两个人都到了法庭上。这个精明的雅典人把一大群孩子和亲戚带上法庭，哭哭啼啼地请求法官们的赦免。尽管他并不承认自己是有罪的（这是必须的，否则就失去了比较的基础），却宁愿暂时降志辱身，以保住性命。苏格拉底却继续高昂着他的头，不仅不肯摇尾乞怜，而且还要教训法官们。两种人生态度的区别最充分地体现在了法庭上。于是，法官们看在精明的雅典人全家的分上，给他减轻处罚甚至赦免了他，但他不仅必须承认自己有罪，而且完全丧失了尊严。他并没有用自己的申辩战胜不义的法庭，而是从法庭那里乞求来了暂时的安全。这是一种政治性的申辩方式。精明的雅典人并没有思考自己人生的意义何在，他的原则就是以所有可能的方式保住性命，至于这性命的质量何在，完全成了无关紧要的问题。而苏格拉底却从头到尾都不肯屈服。虽然他会招致法庭本来都没有打算加给他的重罚，但他保全了自己的尊严，他的德性取得了最终的胜利。这是以哲学的方式为哲学生活申辩，是阿喀琉斯的原则的最终贯彻。①

我们不要忘了，那个精明的雅典人也是审判苏格拉底的法官中的一个。苏格拉底不仅在对话中教育他怎样做一个有德性、有尊严的雅典公民，而且要求他怎样做好法官，即"正义的人"。早在申辩一开始，苏格拉底就警告法官们，他们的德性是根据法律审判（18a5）。而今，他再次提醒法官们，他们既然对神发了誓，那就要裁判正义，而不是施舍正义。这同时牵涉到了尊严、虔诚、正义三个方面。在法庭上坚持正义，其实不过就是对公民的正义德性的延续，正如苏格拉底作为一个公民的正义，就是他当议员时的正义的延续。但是，一个在自己申辩时摇尾乞怜的精明人，怎么可能在当法官的时候像苏格拉底那样坚持正义呢？而

---

① 关于羞耻问题，参考 Horst Hutter, "Shame in the Apology," in *Politics*, *Philosophy*, *Writing*: *Plato's Art of Caring for the Soul*, edited by Zdravko Planinc, Columbia, Mo.: The University of Missouri Press, 2001。

苏格拉底这种居高临下的教训，岂不是让本来对他友好的人也义愤填膺，一定要置之死地而后快了？就在别的被告都要千方百计博得法官们的同情的地方，苏格拉底却把自己陷入了绝路。

虽说苏格拉底用哲学把阿喀琉斯的死从悲剧变成了喜剧，但当阿喀琉斯的荣耀被保留下来的时候，我们还是会体会到特洛亚战场上的悲凉。残酷的城邦政治面前的苏格拉底，一边用喜剧呵护着自己的灵魂与德性，一边用悲剧支撑着自己的荣耀和尊严。没有了喜剧感，也就缺少了理性的睿智；丧失了悲剧感，哲学家是无力面对现实的。越到最后，苏格拉底越需要诗人的帮助，来润色自己的理智。

六　惩罚与荣耀 （35e1 – 38b9）

面对雅典人的判决，苏格拉底似乎无所畏惧。他仍然像在战场上一样，若无其事地看着迫在眼前的危险。投票的结果他本来早就预料到了。出乎他意料的反而是，事情似乎并不那么糟，因为还是有相当多的人不想判他的刑 （36a1 – b2）。

美勒托斯提出判苏格拉底死刑 （36b3）。当时的人们都清楚，这只是虚晃一枪。按照常理，原告往往要提出稍重一点的惩罚，被告则会审时度势，提出轻一点的惩罚，然后法官们往往会接受被告提出的惩罚。审判，就像市场上的讨价还价一样，原告故意提出一个高价等被告来讲，只要被告清楚这里面的规则，成交结果皆大欢喜。苏格拉底应该不会不懂这套规则，但他故意不接受。苏格拉底在此的逻辑和在正式申辩中是一样的：在申辩中，只有恭维法官，才能得到满意的结果，但苏格拉底的目的不是赢得官司，而是为自己所坚持的原则辩护；同样，在量刑的时候，苏格拉底的目的不是活命，而是坚持对自己的品行的理解，给自己一个恰当的归宿（36b5）。他把为哲学生活申辩的目的坚持到了最后，也使哲学的荣耀充分得到彰显。

为了给自己提出一个得其所哉的量刑，苏格拉底认真总结了自己的一生：他没有庸庸碌碌地混日子，他放弃了别人关心的一切，私下走到雅典人当中，劝他们关心最重要的事情（36b6-d1）。苏格拉底再一次为他"无知之知"的哲学使命和对话活动给出了一种解释：关心自己，而不是自己的；关心城邦，而不是城邦的（36c5-d1）。在《申辩》中，这至少已经是第三次描述这个问题了。第一次，他说他在刚刚理解了德尔斐神谕之后，按照神谕去省察人们，告诉那些自以为智慧的人，其实他们并不智慧（23b5-c1）；第二次，他在谈到自己私下的教育活动时，他说自己像牛虻一样，刺激雅典人关心德性和灵魂（29d7-e3，30b2-4，30e6-31a1）。而现在，他把省察人们的智慧、刺激人们关心德性和灵魂又解释成对人自身和城邦自身的关心。这三处说的都是同一种活动，具体说法却不同。因为人不可能有真正的智慧，刺激人们认识到自己与神的绝对距离，并由此充满对无限美好的绝对仰望，就是人所能达到的最高智慧和德性。而在此处，苏格拉底明白无误地告诉我们，所有这些，正是德尔斐神殿里那句著名的铭刻："认识你自己"。人们在正确地认识了自己的灵魂之后，也就理解了政治对于追求美好生活的真实意义，从而能够抛开罩在政治上的暴力迷雾，投入以美好生活为目的的政治活动中，这才是"城邦自身"。

苏格拉底向他的法官们回顾了他的哲学活动。按照他这样的说法，他不仅没有不敬，没有败坏青年，而且还为雅典带来了大大的好处（36c4）。面对法律和城邦，哲学没有什么好愧疚的，因为没有了哲学，雅典人和雅典都无法认识自己。那么，他这个哲学的化身，应该得到什么样的"惩罚"呢？苏格拉底有意利用了 τιμάω 这个词的双重含义：城邦不应该给他判刑，而应该给他巨大的奖赏。而雅典能够给予公民的最大荣耀，就是请他去政府大厅里用膳（36d7）。苏格拉底这个雅典的穷恩人，正好需要在那里吃饭（36e1）。

正像 S 本指出的，苏格拉底提出这一点，无论如何都是对法官们的轻蔑和挑战。① 如果说，苏格拉底此前从哲学的立场对法官们提出的挑战都还是可以理解的，那么这一次，他就完全把法庭辩论中的常识视同无物了。在当时的场景下，这个提法不仅完全不合时宜，而且是法官们根本无权去办的。

正是这个根本无法办到的提议，使《申辩》中的喜剧感和悲剧感同时达到了高峰。这个提议虽然匪夷所思，但是完全符合苏格拉底对自己的哲学活动的判断，苏格拉底绝非无理取闹，而是在认真地给出一个自我鉴定。而喜剧之所以让人发笑，就在于它会严肃认真地制造出让别人感到匪夷所思的效果。苏格拉底的自我判断与雅典人的政治现实之间的张力，是哲学与政治之间根本张力的体现。本来，在政府大厅用膳是对苏格拉底的哲学活动最恰当、最公允的评价；但在当时的场合下，这一提议无异于自寻死路。

于是，就在苏格拉底以喜剧的方式表达了他的哲学的最高价值的时候，他的悲剧故事也达到了高潮。这个提议，与阿喀琉斯要杀死赫克托尔的决定何其相似！杀死特洛亚的英雄赫克托尔，是阿喀琉斯的荣耀的最高体现；而一旦他实现了自己的这一荣耀，

---

① 关于如何理解苏格拉底此处对自己的量刑，有很多争论。我们在注中已经看到了所参考的几个版本的基本观点。除此之外，圭艾迪尼认为，苏格拉底有意激怒陪审团判自己死刑。R. Guardini, *The Death of Socrates: An Interpretation of the Platonic Dialogues: Euthyphro, Apology, Crito, and Phaedo*, New York: Meridian Books, 1962.

他的死期也就到了。同样，苏格拉底为哲学申辩的最高点，就是把哲学说成雅典城最宝贵的财富，并把哲学家当成雅典最高的英雄；而就在苏格拉底为自己这个哲学王加冕的时候，他也同时宣判了自己的死刑。①

但苏格拉底不会在这高潮上逗留很久。他知道，自己的这个提议不可能被接受。于是，他按照雅典法律的一般程序，又考察了另外一些可能被接受的提议。历史上的苏格拉底究竟提了几个提议，我们不得而知了。按照 S 本的分析，最后一个，即罚款三十米纳应该是真实的提议（38b7），虽然色诺芬否定了这一说法。如果真是这样，前面这些提议就应该是柏拉图的虚构。不过，按照柏拉图的写法，最核心的提议应该是在政府大厅用膳。而苏格拉底之所以会提出这另外的量刑，并不是因为他放弃了哲学的价值和自己的荣耀。这些提议只不过是在政府大厅用膳这个主要提议的注脚而已。

面对众人的惊讶和嘲讽，苏格拉底说，他提出在政府大厅用膳，并不是在大放厥词。他只是按照自己一贯的做事风格，提出一项最适合自己的归宿而已（37b4－5）。如果众人无法理解，宽厚和蔼的苏格拉底不会强迫大家理解。如果可能，他愿意花几天时间说服大家（37a7－b1）；而现在没有这种可能，那么，他可以一条一条地分析各种惩罚，看哪一种适合他。

如果说，苏格拉底在宣扬哲学的荣耀的时候是在独自朗诵，

---

① 正如，在彼拉多把拿撒勒人耶稣加冕为犹太人的王的时候，他也该走上十字架了。我们不要忘了，犹太人之王的称号就是悬挂在十字架顶端的。参见《约翰福音》19：19－22。参考 Raymond Brown 的精彩注释，见 *The Anchor Bible*：*The Gospel According to John*（*xiii－xxi*），introduction，translation，and notes by Raymond Brown，Garden City：Doubleday & Company，Inc.，1970。

而今他又改用了对话的模式，面对的仍然是那个精明而不无同情心的雅典人。既然是对话，就一定要照顾到对方的理解能力和思维水平，这是教育的出发点。但照顾到这一点并不等于迁就。在原则问题上，苏格拉底丝毫不让。他不会因为要谈最可能的惩罚，就姑且认为自己有罪；他不会因为与普通雅典人对话，就放弃自己的骄傲；他也不会因为对方不理解什么是智慧，就放弃对智慧的追求。

苏格拉底仍然从他的原则出发，告诉对方，在他所面临的惩罚中，死刑是最特殊的，因为他并不知道死究竟是好还是坏（关于这个问题，后面还要讨论）。但所有别的惩罚都会给他带来一个不好的结果。既然如此，他为什么不选择还不知道是好是坏的，反而要选择一种一定不好的呢（37b5－8）？比如监禁，让苏格拉底从此成为奴隶，终生伺候掌管监狱的十一人，高傲的苏格拉底怎么可能去做（37b8－c2）？再如巨额罚款，按照雅典法律的规定，在缴清这种罚款之前，犯人必须被关在监狱里，对于苏格拉底这样的穷人来说，这种处罚与监禁没有分别（37c2－4）。苏格拉底不能接受这种羞辱。

然后是流放，也就是美勒托斯准备让苏格拉底选择的处罚。正是因为苏格拉底知道这是人们期待他选择的，他对流放的讨论也就尤其多一些。苏格拉底之所以不能选择流放，并不是因为流放会像前面两种惩罚那样，使他丧失尊严。苏格拉底说，他在自己的城邦里都会被处死，那到了别的城邦怎么可能被接受呢（37c5－e2）？正如很多学者看到的，苏格拉底此处的态度颇令人疑惑。他在前面谈到，他的哲学活动不会败坏青年，在雅典也没有激起青年的父兄们的反感（33d8－34b5），那他为什么说，他到了别的城邦里就会被青年的父兄们赶出来（37d6－e2）呢？

S 本认为，柏拉图在此处的真实想法是，只有雅典的民主政

治，才最有可能保证苏格拉底的哲学和教育活动。① 虽然我同意 S
本所说的，苏格拉底只愿意在雅典完成他的哲学活动，但这并不
是因为雅典的民主制。苏格拉底对民主制没有什么好感，这已经
是常识了。虽然他在《申辩》中表明，他对民主制也没有特别的
敌意，但我们不能由此就走到另外一个极端，认为苏格拉底热爱
民主制。一个更客观的评价是，究竟是不是民主制，在苏格拉底
看来，都不是最关键的问题；而是不是在雅典，却是很重要的。
正如《克力同》中所说的，雅典是苏格拉底的父母之邦，也是最
伟大和智慧的城邦，苏格拉底不愿意离开她。

苏格拉底的哲学活动根本上就有很强的政治意涵。他和普罗
塔戈拉那些智者不同，不会随便到哪个城邦去宣讲一套没有国界
的学说。由于他的哲学活动必然是政治活动，能否愉快而完满地
进行这种哲学活动，很大程度上取决于对话双方的关系。只有对
他关心的人，他才愿意花力气去省察，才愿意费精力和他们进行
对话，虽然这对话有可能惹来忌恨和敌意。虽然从理论上讲，他
可以省察任何人的灵魂，但苏格拉底一直偏爱雅典人（23b5 - 6，
30a3 - 4）。

借着这个机会，苏格拉底又通过一场假想的对话重新描述了
他的哲学活动。按照我们的列举，这已经是第四次了。和前面三
次都不同，这一次非常简洁但有力地概括了苏格拉底有关哲学生
活的核心观点：未经省察的生活不值得过（38a5 - 6）。这无疑是对
苏格拉底的哲学最著名、最精确的概括，也是对《申辩》全篇哲
学主题的总结。在前面三次，苏格拉底通过无知之知的检验，鼓

---

① Emile De Strycker & S. R. Slings, *Plato's Apology of Socrates: A Literary
and Philosophical Study with a Running Commentary*, Leiden: E. J. Brill, 1994,
chapter II, p. 194.

励人们追求灵魂和德性，让人们关心自身，而今进一步说，所有
这些并不是一种奢侈的要求，而是任何有价值的生活所必需的。
这一总结，乃是前面三次层层递进而推出的必然结论。既然人与
神之间有那么大的差距，人当然只能通过认识自己的局限来过有
意义的生活；而既然这种人间的智慧和德性都是针对自我的，
它当然就是人之为人所必需的——没有了自己，还谈得上什么
生活？

苏格拉底离开了他的同胞，就不可能继续这种哲学活动，而
他又不可能放弃自己的哲学使命。因此，他宁愿留在雅典而死，
也不愿被流放到别的城邦去。剩下的唯一能接受的，只有罚款。
苏格拉底认为，罚款并不是一种羞辱性的惩罚，因为它不会给正
义的人带来实质性的伤害（38b2）。他愿意接受这种惩罚。他先
是提出一个米纳的罚款（38b5），随后在他的支持者的帮助下，
提出了三十米纳（38b7）。

在对罚款的问题上，S 本、BS 本、RE 本基本上达成了一致，
即，即使一个米纳也不算很小的数目，三十米纳更是一笔相当可
观的款项。而且，包括柏拉图在内的弟子为苏格拉底出的钱
（38b6－7），当然要力求足够，而不会拿老师的生命去开玩笑。因
此，陪审团为什么在苏格拉底肯交出这么大的一笔钱之后，还是
要判苏格拉底的死刑，就成了一个值得思考的问题。在这个问题
上，S 本认为，是苏格拉底的高傲态度（即他并不把罚款当成伤
害）刺激了陪审团选择处死他；BS 本和 RE 本的解释则是：陪审
团之所以坚持处死苏格拉底，是因为他们不愿看到苏格拉底继续
在雅典从事哲学。相对而言，我认为后面的这种解释更恰当一些。
仍然是哲学与政治之间的必然冲突，最后送了苏格拉底的命。

我们前面说，苏格拉底后面的所有这些提议，都只是对在政
府大厅用膳这一提议的注脚。我们的意思并不是，所有这些提议

都是虚张声势。很有可能，最后这个三十米纳的提议才是真实的，而那关于政府大厅用膳的说法，按照 RE 本的解释，其实并没有真正提出来。但恰恰是这最真实的提议，为那很可能虚构的提议作出了解释。苏格拉底认为，他的真实价值只能反映在政府大厅用膳这种荣耀上。不管他是否认真提出了这一点，这都是他对自己的哲学活动的基本评价。而在一一列举可能的惩罚时，他不仅没有放弃这一原则，而且还坚持哲学的荣耀，甚至更加有力地把自己的哲学总结为："未经省察的生活不值得过。"三十米纳的提议已经和政府大厅用膳的提议完全不同，里面没有任何讽刺的意味，但它仍然是苏格拉底哲学原则的一种概括。苏格拉底并不一定要为哲学牺牲；在不会伤害自己的尊严的前提下，他是愿意接受一定程度的妥协的。但这一回，不是哲学无法容忍政治，而是政治无法容忍哲学了。雅典冷酷地拒绝与哲学妥协，苏格拉底在政府大厅用膳的提议中表现出来的悲剧感，不幸在此得到了充分的实现。

七　临别告白（38c1 – 42a5）

陪审团再次投票，多数人同意判处苏格拉底死刑，而不肯接受三十米纳的罚款。此时，一切都已无可挽回。面对自己的大限，苏格拉底还是很镇定，而且替雅典人惋惜，他们不久之后就会背上杀死智者苏格拉底的罪名（38c2 – 3），但这完全是没有必要的，因为他们完全可以耐心等待苏格拉底这个老人寿终正寝（38c5 – 6）。

和第一次投票之后的表现一样，苏格拉底在这似乎轻松的谈笑中，表达出一种悲剧感：他再次把自己的处境和战场相比，把自己比喻成战死沙场的英雄（38e6－39a6），所不同的是，英雄是由雅典人来赞美的，苏格拉底却自己赞美自己，因为和他交战的，正是雅典的政治。由于苏格拉底的对手正是他所深爱的雅典，用战争来比喻似乎并不合适。苏格拉底悄悄地换成了运动会的比喻。他和雅典人好像同时在和死亡与邪恶比赛。苏格拉底年老体衰，很快就被死亡赶上了。但之所以如此，是因为他在躲避跑得更快的邪恶。而他的对手精明而敏捷，以为死是最可怕的，所以千方百计逃过了死亡的虎口，却不幸跌到了邪恶的怀里（39a6－b4）。和他对话的那个雅典人的命运呢？苏格拉底没有说，他是不是也会和美勒托斯一起跌入邪恶。但从苏格拉底对投票判他死的人的预言来看（39c1以下），那个雅典人，也应该随着美勒托斯等人陷入邪恶。

而今，双方的对话似乎可以告一段落了。从一开始，苏格拉底与这个精明的雅典人就谁都说不服谁，两个人一直都坚持自己的生活方式，一直在暗暗较着劲儿。现在，两个人必须分出个高低来，不能再相安无事了。那个雅典人要么把死皮赖脸待在雅典的苏格拉底处死，要么让他出三十米纳，然后接受他的省察和教育，除此之外没有别的选择。这个雅典人虽然同情苏格拉底，但他不肯为了保存苏格拉底而让自己整天受他的骚扰，于是庄严地投下了一票。这一票投下去，苏格拉底就必须去死，他也不能再做一个精明而善良的普通人了，因为他的双手已经沾上了哲学家的血。

这场比赛好像还是变成了战争，因为所牵涉到的都是生死存亡的问题。尽管苏格拉底还在嘻嘻哈哈地嘲笑着他们，但他的言辞已经变得不那么客气了。雅典人和他们的城邦可以判处苏格拉底死刑，真理和智慧却要判处他的控告者以"罪恶"和"不义"（39b4－6）。给苏格拉底判刑的，只是名义上的正义者（法官），而判处美勒托斯的，却是"正义"的理念。

在这真正的正义面前，那些僭号法官的人们和美勒托斯一同遭受了谴责。临死前的苏格拉底有着预言的法力和特权（39c1 – 3）。他预言，处死他的法官们将要遭受更残酷的惩罚（39c3 – 6）。但是，当苏格拉底说出这种惩罚的内容的时候，我们却不禁疑惑，这难道真的是最大的惩罚吗？他说，雅典人不要误以为，他们只要杀死了苏格拉底，就没有人再来烦扰他们、驳斥他们、省察他们，会有更多的人来继续苏格拉底的事业（39c6 – d8）。按照苏格拉底自己的说法，他的哲学使命，是神对城邦的赐福（30e6），他给雅典带来巨大的益处（36c4），是城邦的恩人（36d4），而且，一旦他被除去了，雅典将很难再找到像他这样的一个赐予了（30e2）。按照这个逻辑，如果在苏格拉底死后会有很多像苏格拉底一样的年轻人，更严厉地省察雅典人的生活，这究竟是一种惩罚，还是一种恩惠呢？因为服务于雅典人而被雅典处死的苏格拉底，似乎亲手培养了一批年轻人，让他们在自己死后继续服务于处死他的雅典人。

在谈到苏格拉底的这个预言时，S 本集中讨论的，是它究竟是怎样实现的；但我们更关心的是，这个预言究竟意味着什么。看上去，苏格拉底把法官们和美勒托斯等原告一样，当成了恶人，因而非常严厉地批评他们。但是，当谈到这些雅典同胞时，他的口气并不像对美勒托斯那样，把对方当成敌人。相反，他仿佛是在恨铁不成钢般教训一个不成器的孩子：你不听话，不学好，但别以为你把我除掉了就能自由地玩去了，还会有更严厉的老师来训你。一个不听话的孩子要想最终摆脱束缚，不应该把老师赶走，而应该把自己改好，而这，正是苏格拉底对这些不听他的话的同胞们的教导（39d6 – 8）。这哪里是什么惩罚？苏格拉底何曾预言什么诅咒？诅咒的目的是伤害对方，而刺激对方变得更好，只能是教育。他是在以最严厉的方式继续他的哲学教育。我们可以把这看作对他的哲学使命的第五次概括：省察自己的灵魂不仅是必须的，而且是想逃都逃不过的。既然想逃都逃不过，那还不如老老实实地接受。归根到底，哲学与城邦之间并没有深仇大恨，有的只是必然发生的冲突，因此，这里发生的还是运动场上的竞技，而不是战争。作为哲学家的苏格拉底始终坚持他的哲学原则，这不仅包括永远不向不正义低头，而且包括，要记得哲学使命的政治目的。苏格拉底并没有因为雅典人判处他的死刑而放弃对雅典人的教育。

同样，当苏格拉底转过头来和他的支持者说话的时候，我们也不能把这仅仅当作小圈子当中的相互安慰。这是另外一种教育。正如 S 本所说的，难道苏格拉底真的认为，那些投票支持他的人就掌握了智慧，从而成为正义的人（40a2－3）了吗？苏格拉底怎么会如此轻易地作出这样的判断呢？那些认为苏格拉底无罪的人，只不过是掌握了正确的意见的人，同样没有真知，也未必理解苏格拉底的无知之知——就连克力同都经常误解苏格拉底的意思，法官中那么多陌生人，怎么可能都理解了苏格拉底呢？他们同那些判处苏格拉底死刑的法官相比，差距未必有多大。

面对这些人，苏格拉底没有省察他们，没有像牛虻那样刺激他们。他对他们所讲的，更加缺少哲学的内容，反而像是一首诗。就像 S 本指出的，苏格拉底在《申辩》结尾考察的死后的状态，应该和《理想国》《高尔吉亚》《斐多》结尾的神话故事对照起来看，虽然苏格拉底在此处并没有像在另外三篇对话中那样讲出一个完整的故事。

这首诗的开端，是苏格拉底那个奇妙的精灵的声音。苏格拉底告诉大家，虽然这个声音以前经常阻止他做一些不好的事情，但这一次，它却一直没有出来干预。这说明，苏格拉底自始至终就没有做什么不对的事，而即将来临的死亡，也未必是一件坏事（40a8－c3）。

为什么说死亡有可能是好事呢？苏格拉底煞有介事地分析了死亡的两种可能性：死要么是变得无知无觉，长睡不醒，要么是灵魂出窍，移居到某个地方去（40c5－9）。这两种说法，都能从此前或当时的希腊思想中找到根据。但我们且不管古希腊的文化背景，任何一种对死亡的理解，无论是各种宗教中，还是现代科学中，难道能超出这两种吗？死后要么无知，要么有知，不可能有第三种可能。如果是第一种，长睡无梦有什么不好呢（40c9－e4）？如果是第二种，死后到冥府之中与众多古人来往，岂不是很快乐的事吗（40e4－41c7）？

S本认为，柏拉图对第一种其实并没有肯定。何以见得，无梦的睡眠就不仅比有梦的睡眠好，而且还比清醒时都好呢？对于宁愿当牛虻来唤醒昏睡的人们的苏格拉底，这岂不是一种非常奇怪的说法？这样来质疑第一种说法确实是有道理的。但这并不意味着，第二种说法就是柏拉图愿意接受的。S本没有注意到，这里面同样可以找出漏洞来。灵魂移居到冥府，怎见得就一定快乐呢？冥府中的那些人，不是也有贪婪的西绪弗斯和狡猾的奥德修斯吗？那里不是也有各种残酷的折磨吗？而且，人们怎么就敢断定，这些折磨只是针对坏人的？荷马自己的诗里不就说过，像阿喀琉斯这样的英雄在冥府里并不快乐？[①] 把自己比作阿喀琉斯的苏格拉底，为什么就认为自己一定比阿喀琉斯幸运呢？

当然，苏格拉底在《理想国》中引用到荷马史诗中这样的段落时，是主张把它删去的（卷三386c3－387b5）。但他删去这些内容的理由，并不是所写内容是假的，而是不利于城邦。那么，

----

① 《奥德赛》卷十一：行489－491。

当苏格拉底说死后的世界一定美好的时候，他是真的认为那是美好的，还是像他自己对待荷马的诗歌一样，只是认为把那里说得快乐更好呢？

柏拉图如何对待他在各篇对话中提到的关于死后世界的这种神话，一向是个颇有争议的问题。柏拉图是不是真的相信苏格拉底讲的种种不同故事，现在恐怕很难判断了。单就《申辩》末尾来看，苏格拉底虽然表现出了相当强烈的倾向，但他仍然没有肯定地说，他就相信这两种说法中的哪一种是真的。S 本关于苏格拉底倾向于第二种可能性的判断还是有道理的，任何一个读者都能想见，苏格拉底谈到它时是多么眉飞色舞；但正如 S 本注意到的，苏格拉底反复说的"如果这是真的"之类的话（40e4，40e7 –41a1，41a8，41c6 –7），说明苏格拉底不可能把这当成既定的真理。S 本的一个理由是，鉴于《申辩》中对"无知之知"如此强调，苏格拉底不可能过于肯定这些说法，而在别的对话中就未必如此。

但在我看来，苏格拉底或柏拉图究竟是否相信这种故事，是次要的问题；无论相信还是不相信，苏格拉底毕竟把它们当成值得接受的神话讲了出来，而且这种讲述都应该有一个哲学或政治上的意图。重要的是，如何理解这个意图。

在苏格拉底设想的冥府旅行中，他并不会遇到哪个神灵，甚至连冥神哈德斯都没有。他提到的都是死去的凡人，其中包括四组。第一组是法官：米诺斯、拉达玛索斯、埃阿科斯、特里普托勒摩斯（40e7 –41a5）。第二组是诗人：俄耳甫斯、缪塞俄斯、赫西俄德、荷马（41a6 –8）。第三组是和他一样，死于冤狱的人：帕拉墨得斯、特拉蒙的埃阿斯（41b1 –4）。第四组是机智精明的国王：阿伽门农、奥德修斯、西绪弗斯（41b7 –c2）。

这四组人的品级是逐层下降的。第一组当中的法官是传说中最正义的人，正好和现实中那些号称正义的人形成对照。第二组当中的四个诗人是希腊整个神话和宗教体系的奠定者，苏格拉底还曾经把自己比作荷马笔下的阿喀琉斯。虽然如此，这四大诗人仍然难逃苏格拉底对诗人的整体评价：他们虽然靠天才的灵感写出了伟大的诗歌，但他们未必理解自己写的是什么。苏格拉底自己对阿喀琉斯的诠释，说明荷马就是这样的诗人。第三组和苏格拉底一样，在人间政治中遭受了冤枉。虽然这些人大多是义人，但他们并不是苏格拉底那样的哲学家。苏格拉底说，最奇妙的事情，是省察这些人；既然要省察，就说明他们当中至少有人会是不智慧的。

最有意思的是第四组，其中的三个人都是上古的国王，都被认为是极其精明的人，但又都因留下了贪婪的名声而为世人不喜。苏格拉底说他要省察这些被认为智慧的人到底是否真的智慧。可以想见，他一定会像对待雅典的政治家们那样，告诉这些国王，他们虽然被称为人间最有智慧的人，其实根本没有什么智慧。苏格拉底在谈到他在雅典的政治活动时，列举了民主制和寡头制下的义举（32b1－e1），我们当时曾经谈到，可惜苏格拉底没有经历过君王制，否则就一定会举出第三个例子。而今，苏格拉底果然要圆他的这个梦了，他可以到冥界去省察那些已经死去的国王。苏格拉底说，到冥界去省察这些国王和无数的男男女女，会是一件无比幸福的事（41c3－4）。为什么会是幸福的呢？当然不是因为这些人会愉快地和他交谈，也不是因为他会发现这些人确实都是幸福或智慧的，而是因为，无论他怎样批逆鳞、取笑和责备那些国王，"那里的人根本不会因此杀人"（41c4－5）。苏格拉底这个哲学英雄，再也不必像阿喀琉斯那样和阿伽门农斗气，也不必像帕拉墨得斯和埃阿斯那样和奥德修斯争执，那些国王拿他一点办法都没有。于是，苏格拉底所谓的"幸福"，并不是因为他有什么浪漫的怀古之情，而完全是来自随意批评和奚落的自由。

　　苏格拉底在冥界遇到的不仅是凡人，而且大多是有缺陷的凡人。这些人组成了一个新的城邦，活人世界中的各色人等一应俱全。所不同的是，这个城邦中的权力结构和人间不一样了。那些精明但邪恶的国王被放在了最低层，曾遭到他们陷害的义人都比他们高一级，诗人在第二层，而占据最高位的，是真正的正义者。苏格拉底没有说他自己到了那里会在哪一层。他虽然把自己和受到冤枉的义人相提并论，但他既然能够随便省察和审判那些国王，那么，他就应该和那些正义者一起，充当这个城邦里的法官；因为这个城邦里的地位高低不是由政治权力决定的，而完全是按照德性和智慧安排的。这哪里是什么死后的冥界？这分明是"理想国"的一张简图。

　　正如在《理想国》中一样，苏格拉底在描绘这样一个城邦时，思考的是如何把对美好生活的思考变成政治实践。苏格拉底就如同那走出了洞穴的哲人，把他看到的种种美妙图景描述给了洞中的人们（《理想国》卷七，517e7 - 8）。虽然谁都不知道他说的究竟是真是假，但人们毕竟对美好生活有了一种新的想象。柏拉图笔下的苏格拉底在描述这类死后神话的时候，往往就是对他说的这种走出洞穴的实践。至于你是否相信他真的相信这些神话，那要取决于你是否相信真的有人能走出那洞穴。

　　这就是苏格拉底对那些支持他的人们的教育。当他称呼这些人"法官"（正义的人）的时候，苏格拉底把这些人同冥府那些法官们也勾连了起来。他之所以希望人们相信他讲的这个故事，只是为了让人们坚信"好人不会有恶报"（41d1）。在讲这样的故事的时候，苏格拉底运用的不再是哲学对话，而是诗歌和神话，他的唯一证据，是精灵的声音（41d7）。正如我们多次看到的，让人们获得"无知之知"要靠哲学，但要让人们勇于承担无知之知并体会其中的荣耀，却需要诗歌。

苏格拉底分别教育了陪审团的两拨人之后，转过头来又对全体陪审团说话（41e1－3）。这似乎提醒我们，在苏格拉底和他的支持者们说话的过程中，那些投票处死他的人还没有离开。虽然这是法庭上不大可能发生的事，但柏拉图确实这样安排了。这样的安排就意味着，这两部分演说其实是两拨人都听到了的。陪审团虽然分成了两拨，但他们何曾有真正的区别？难道投票反对死刑的雅典人真的就理解了苏格拉底的无知之知，真的就愿意得到苏格拉底的省察和驳斥吗？苏格拉底的两段告白，一段谈的是他哲学使命的继续，一段是对美好生活的神话构想。两段都要让所有的人听到。那些投票处死他的人，未始不会从这个神话中听到一种激励，从而省察自己的德性；那些投票判他无罪的人，未必就心甘情愿地遭受省察，若是苏格拉底的后继者此起彼伏，他们同样可能认为是一种惩罚。苏格拉底是被整个雅典城杀死的，而他关心的也是雅典城，无论是用哲学来省察，还是用诗歌来劝勉。他之所以把对雅典人的教育分成两部分，并不是"因材施教"的考虑，而是因为，提升德性必须同时靠哲学与诗歌。

苏格拉底对所谓的他的支持者们说，他要对那些判他有罪的人留一个遗嘱（41e1－2）。但他转过头来的口气，却是对全体雅典人说的（41e2－3）。我们若把这当成对判他罪的人说的，那苏格拉底也太不通情理了：那些人处死了他，他刚刚说他们该受谴责，转头来就要向他们托孤。这不是把自己的孩子往虎口里送吗？对此的唯一解释是，他最后的话是对陪审团全体说的。而"为此他们该受谴责"（41e1）和"但我对他们提个请求"（41e1－2）中的"他们"又明白无误地指处死他的人。一个可以考虑的解释是，苏格拉底在和支持他的人说要谴责杀害他的人的时候，他暗示着，整个雅典就是伤害他的凶手。

苏格拉底像一般的演说者一样，对陪审团全体作了告别，而这告别的主题，是把自己的孩子托付给他们。但这个托付又是一个非常与众不同的托付：他希望雅典人像苏格拉底烦扰他们一样，烦扰苏格拉底的儿子，要省察他们、激励他们、斥责他们强不知以为知（41e2－42a1）。苏格拉底明明知道，大部分雅典人正是因为这一点而处死他的，而且他也把别人的继续省察说成对雅典人的惩罚（39c5－e1），而今，他怎么反而让雅典人重新对他儿子犯他犯过的罪呢？难道，他要让他的儿子们将来也告雅典人败坏青年，并把他们处死吗？

苏格拉底把他独特的反讽发挥得淋漓尽致。他知道，现在他面对的，是陪审团全体。其中有一小半可能喜欢听苏格拉底的省察，一大半并不喜欢。对于那些喜欢的，苏格拉底说：既然你们因为我的省察而受益，那么，你们对我的最好报答，就是对我的儿子做出同样的教育。而对于那些不喜欢的，苏格拉底说：既然你们认为我的省察是一种伤害，而我又不把你们给的死刑当成伤害，甚至还预言了，你们将继续接受我给的这样的伤害，那么，在你们看来，真正能伤害我的惩罚，就应该是以其人之道还治其人之身。你们何不对我的儿子们施加同样的惩罚？这样，无论你们是否喜欢我的省察，你们把这省察还给我的儿子，都应该是最正义的做法（42a1）。当然，这会使得雅典城中永远无法清除掉苏格拉底式的牛虻，恰恰实现了我的预言。而你们，无论是否喜欢我，最终还是要接受我的教育。

然后，苏格拉底说出了他那句千古传诵的名言："我去死，你们去生。我们所去做的哪个事更好，谁也不知道——除了神。"（42a2－5）从他对雅典人的告别演说中，我们早已看到了苏格拉底的心胸。认识到人的必然局限并以哲学为业的他，绝不是一个斤斤计较、睚眦必报的人。虽然他告诉雅典人说，好人一定有好报，坏人会受到谴责，但被整个雅典处死的苏格拉底知道，对他的在天之灵的最好安慰，并不是让整个雅典城遭受天谴。那么，我们就不能简单地把这句话理解为：我会高贵地死去，享受神给的赐福，你们会庸庸碌碌地活下去，遭受神给的报应。苏格拉底从没有说，他会知道只有神知道的知识。他在这里既然说只有神知道，这结果就只有神知道。我们更不能把这理解为苏格拉底对雅典人的诅咒。即使在应该预言和诅咒的地方，苏格拉底真正给出的，也不是一个诅咒；那么而今，在刚刚向雅典人托孤之后，苏格拉底难道又要给雅典一个诅咒吗？

所以，这句话当然首先是对"无知之知"的一个最终概括。还有什么事情比生死更大？但面对这样重大的事情需要作出选择的时候，谁不要作出判断？而谁在作出判断的时候，不是基于自己的假设？普通人往往假定生比死好，于是为自己的生活态度找到了种种依据。苏格拉底同样要作出一个事关重大的决定，而他同样不知道生和死究竟哪个更好，那他就同样需要作出一个假设，以便为自己的抉择提供理由。于是他假定，死不是必然不好的，而是一件很有可能会好的事。但这个假定来自哪里？不是来自常识，不是来自众议，也不是来自神话传说，甚至也不是来自精灵的暗示，而是来自一个更根本的假定，即关于什么是好的假定。苏格拉底的最终根据，不是对生死究竟是不是好的假定，而是对什么是好的假定。如果假定了生与死哪个更好，就已经决定了自己的选择，根本没有思考的空间。而苏格拉底的假定又来自对智慧的一种理解：人不可能有真正的智慧，但一定存在真正的智慧。由于苏格拉底的假定建立在人不可能有真知的基础上，因而是所有可能的假定中最灵活、最不会限定思考的一个。于是，他根据这个假定，在辩证的对话中思考生的好处在哪里，死的好处可能在哪里。他虽然并不确切地知道生死究竟会是怎样，但能够通过这个假定找到自己生的根据和死的理由。

苏格拉底的根据和理由的一个巨大力量就体现在，哪怕在最后作出决定之后，他还是在谦卑地告诉自己和雅典人，生与死究竟哪个更好，知道的仍然只有神。苏格拉底不会作出任何结论，他在这个重大问题上，向他的神献出了最虔诚的哲学祭品，也留给了雅典人一个永远思考不尽的哲学问题。

主要参考文献

1. Ahbel – Rappe, Sara, and Rachana Kamtekar edit, *A Companion to Socrates*, edited Malden, MA. : Blackwell Publishing Ltd. , 2006.

2. Allen, R. E. , *Socrates and Legal Obligation*, Minneapolis: University of Minnesota Press, 1980.

3. Anastaplo, George, "Human Being and Citizen: A Beginning to the Study of the *Apology of Socrates*," in *Human Being and Citizen: Essays on Virtue, Freedom and the Common Good*, Chicago: The Swallow Press, 1985.

4. Anastaplo, George, *Human Being and Citizen: Essays on Virtue, Freedom and the Common Good*, Chicago: The Swallow Press, 1985.

5. Annas, Julia and Christopher Rowe edit, *New Perspectives on Plato, Modern and Ancient*, Washington, D. C: Center for Hellenic Studies, Trustees for Harvard University, 2002.

6. 阿里斯托芬,《阿里斯托芬喜剧集》,罗念生译,上海:上海人民出版社,2006。

7. 亚里士多德,《修辞学》,罗念生译,上海:上海人民出版社,2006。

8. 亚里士多德,《尼各马科伦理学》,苗力田译,北京:中国人民大学出版社,2003。

9. 亚里士多德，《形而上学》，李真译，上海：上海人民出版社，2006。

10. 亚里士多德，《政治学》，颜一、秦典华译，北京：中国人民大学出版社，2003。

11. 奥古斯丁，《上帝之城》，吴飞译，上海：上海三联书店，2022。

12. 奥勒留，马可，《沉思录》，何怀宏译，海口：海南出版社，2002。

13. Bassett, Samuel, "Note on αἰνίττεσθαι, Plato, Apology, 27a, 21b," *The Classical Review*, Vol. 42, No. 2 (May 1928).

14. Bernadete, Seth, "Strauss on Plato," in *The Argument of the Action*, Chicago: The University of Chicago Press, 2000.

15. Bernadete, Seth, *The Argument of the Action*, Chicago: The University of Chicago Press, 2000.

16. Bett, Richard, "Socrates and Skepticism," in *A Companion to Socrates*, edited by Sara Ahbel – Rappe and Rachana Kamtekar, Malden, MA.: Blackwell Publishing Ltd., 2006.

17. Böhm, Bruno, *Sokrates im achtzehnten Jahrhundert*, Neümunster: Karl Wachholtz Verlag, 1966.

18. Brandwood, Leonard, *The Chronology of Plato's Dialogues*, Cambridge: Cambridge University Press, 1990.

19. Brennan, Ted, "Socrates and Epictetus," in *A Companion to Socrates*, edited by Sara Ahbel – Rappe and Rachana Kamtekar, Malden, MA.: Blackwell Publishing Ltd., 2006.

20. Brickhouse & Smith, "Socrates' Evil Associates and the Motivation for his Trial and Condemnation," in *Socrates* (2), edited by William Prior, London: Routledge, 1996.

21. Brickhouse, Thomas, "Review of *The Religion of Socrates*," *The Philosophical Review*, Vol. 108, No. 2, 1999.

22. Brickhouse, Thomas, and Nicolas Smith, *Routledge Philosophy Guidebook to Plato and the Trial of Socrates*, London: Routledge, 2004.

23. Brickhouse, Thomas, and Nicolas Smith, *Socrates on Trial*, Oxford: Clarendon Press, 1989.

24. Brickhouse, Thomas, and Nicolas Smith, *The Trial and Execution of Socrates: Sources and Controversies*, New York : Oxford University Press, 2002.

25. Brown, Eric, "Socrates in the Stoa," in *A Companion to Socrates*, edited by Sara Ahbel – Rappe and Rachana Kamtekar, Malden, MA. : Blackwell Publishing Ltd. , 2006.

26. Brown, Raymond (introduction, translation, and notes), *The Anchor Bible: The Gospel According to John* (*xiii – xxi*), Garden City: Doubleday & Company, Inc. , 1970.

27. Bruell, Christopher, *On the Socratic Education: An Introduction to the Shorter Platonic Dialogues*. Rowman & Littlefield Publishers INC. , 1999.

28. Burnet, John, *Platonism*, Berkeley: The University of California Press, 1928.

29. Calef, W. , "Does Apology 24c – 25c Contain an Argument that Socrates is Innocent?" *History of Philosophy Quarterly*, 1993, 10.

30. Campbell, Lewis, "Review of Ritter 1888," Classical Review, 1889, 3.

31. Campbell, Lewis, "On the Place of the *Parmenides* in the Chronological Order of the Platonic Dialogues," *Classical Review*,

1896, 10.

32. Campbell, Lewis, *The Sophistes and Politicus of Plato*, Oxford: Clarendon Press, 1867.

33. 陈国刚，"民主的审判：苏格拉底之死"，http://www.tszz. com/thinker/socrates/socrates005. doc. html。

34. Christian, Lynda Gregorian, "The Figure of Socrates in Erasmus' Works," in *The Sixteenth Century Journal*, III, 2 (1972).

35. Chroust, A. – H. , *Socrates: Man and Myth*, London: Routledge, 1957.

36. Cicero, *Works in XIX volumes (Loeb Classic Library)*, Cambridge: Harvard University Press, 1999.

37. Colaiaco, James, *Socrates against Athens : philosophy on trial*, New York : Routledge, 2001.

38. Connor, Walter Robert, *The New Politicians of Fifth – Century Athens*, Princeton: Princeton University Press, 1971.

39. 库朗热，《古代城邦》，谭立铸等译，上海：华东师范大学出版社，2006。

40. Derenne, E. , *Les procès d'impiété*, Liège, 1930.

41. Dittenberger, Wilhelm, "Sprachliche Kriterien für die Chronologie der platonischen Dialogue," *Hermes*, 1881, 16.

42. 爱默生，《代表人物》，蒲隆译，北京：生活・读书・新知三联书店，1998。

43. 伊拉斯谟，《愚人颂》，许崇信译，沈阳：辽宁教育出版社，2001。

44. 欧里庇得斯，《欧里庇得斯悲剧集》，周作人译，止庵编，北京：中国对外翻译出版公司，2002。

45. Feaver, D, and J. Hare, "The *Apology* as an Inverted Parody of

Rhetoric," *Arethusa*, 14 (1981).

46. Feibleman, James K. , *Religious Platonism*, Westport, Connecticut: Greenwood Press, 1971.

47. Ferguson, John, edits, *Socrates: A source Book*, London, Macmillan for the Open University Press, 1970.

48. Foucault, Michel, "Technologies of the self," in *Ethics* (1), edited by Paul Rabinow, New York: New Press, 1997.

49. Foucault, Michel, *Ethics* (1), edited by Paul Rabinow, New York: New Press, 1997.

50. Gesner, Jean – Mathias, *Socrates Sanctus Pœderasta*, Paris: Saint Ouen, 1997.

51. Grote, George, *Plato, and the other companions of Sokrates*, London: J. Murray, 1865.

52. Guardini, R. , *The Death of Socrates: An Interpretation of the Platonic Dialogues: Euthyphro, Apology, Crito, and Phaedo*, New York: Meridian Books, 1962.

53. Gulley, Norman, *The Philosophy of Socrates*, London: Macmillan, 1968.

54. Guthrie, W. K. C. , *Socrates*, Cambridge: Cambridge University Press, 1971.

55. Hadot, Pierre, *Philosophy ad a Way of Life*, Oxford: Blackwell Publishers, 1995.

56. Hadot, Pierre, *Whats if Ancient Philosophy*, Cambridge, MA. : Harvard University Press, 2002.

57. Hankins, James, *Plato in the Italian Renaissance*, Leiden: E. J. Brill, 1991.

58. Hankins, James, "Socrates in the Italian Renaissance," in *A Com-*

panion to Socrates, edited by Sara Ahbel – Rappe and Rachana Kamtekar, Malden, MA. : Blackwell Publishing Ltd. , 2006.

59. 黑格尔,《哲学史讲演录》,第二卷,贺麟、王太庆译,北京:商务印书馆,1983。

60. Hermann, Karl Friedrich, *Geschichte und System der Platonischen Philosophie*, Heidelberg:C. F. Winter, 1839.

61. 希罗多德,《历史》,王敦书译,北京:商务印书馆,2002。

62. 赫西俄德,《工作与时日,神谱》,张竹明,蒋平译,北京:商务印书馆,1991。

63. 何子恒,《希腊哲学史》,上海:光明书局,民国十五年(1926)。

64. 荷马,《伊利亚特》,罗念生、王焕生译,北京:人民文学出版社,1994。

65. 荷马,《奥德赛》,王焕生译,北京:人民文学出版社,1997。

66. Horneffer, Ernst, *Der junge Platon*, Giessen, A. Töpelmann, 1922.

67. 胡平,"苏格拉底之死散论",http://www.tszz.com/thinker/socrates/socrates006. doc. html。

68. 黄方刚,《苏格拉底》,上海:商务印书馆(万有文库),民国二十年(1931)。

69. 黄洋,"雅典凭什么判苏格拉底死刑",《万象》,第三卷,第三期,2001,3。

70. Hulse, James W. , *The Reputations of Socrates:The Afterlife of a Gadfly*, New York:Peter Long Publishing Inc. , 1995.

71. Hutter, Horst, "Shame in the Apology," in *Politics, Philosophy, Writing:Plato's Art of Caring for the Soul*, edited by Zdravko Planinc, Columbia, Mo. : The University of Missouri Press, 2001.

72. Ilai Alon, "Socrates in Arabic Philosophy," in *A Companion to Socrates*, *edited by Sara Ahbel* – Rappe and Rachana Kamtekar, Malden, MA.：Blackwell Publishing Ltd.，2006.

73. Irwin, Terence, *Plato's Moral Theory*, Oxford：Clarendon Press, 1979.

74. 强世功,"民主制度下的自由实践：读《苏格拉底之死》", http：//www. tszz. com/thinker/socrates/socrates000. doc. html.

75. Kahn, Charles, "On Platonic Chronology," *New Perspectives on Plato*, *Modern and Ancient*, edited by Julia Annas and Christopher Rowe, Washington, D. C：Center for Hellenic Studies, Trustees for Harvard University, 2002.

76. Kahn, Charles, *Plato and the Socratis Dialogue*, Cambridge：Cambridge University Press, 1996.

77. 康德,《单纯理性限度内的宗教》, 李秋零译, 北京：中国人民大学出版社, 2003。

78. 康德,《纯粹理性批判》(第二版), 李秋零译, 北京：中国人民大学出版社, 2004。

79. Kato, Shinro, "The Apology：the Beginning of Plato's Own Philosophy," in *The Classical Quaterly*, Vol. 41, No. 2, 1991, pp. 356 – 364.

80. 克尔凯郭尔,《论反讽概念》, 汤辰曦译, 北京：中国社会科学出版社, 2005。

81. Kofman, Sarah, *Socrates：Fictions of a Philosopher*, London：The Athlone Press, 1998.

82. 拉尔修, 第欧根尼,《名哲言行录》, 马永翔等译, 长春：吉林人民出版社。

83. 李仲融,《希腊哲学史》, 上海：开明书店, 民国廿九年

（1940）。

84. 刘小枫、陈少明编，《经典与解释·苏格拉底问题》，北京：华夏出版社，2005。

85. 刘以焕，《古希腊语言文字语法简说》，上海：上海人民出版社，2005。

86. Mackenzie, Mary Margaret, "The virtue of Socratic ignorance," *The Classical Quarterly*, Vol. 38 No. 2, 1988.

87. Mclean, Daniel R., "The Private Life of Socrates in Early Modern France," in *A Companion to Socrates*, edited by Sara Ahbel – Rappe and Rachana Kamtekar, Malden, MA. : Blackwell Publishing Ltd. , 2006.

88. McPherran, Mark L., *The Religion of Socrates*, University Park: The Pennsylvania University Press, 1996.

89. Meyer, Thomas, *Platons Apologie*, Stuttgatt: W. Kohlhammer, 1962.

90. Milton, John, *The Poems of Milton*, New York: The Ronald Press Company, 1953.

91. 蒙田，《蒙田随笔全集》（三卷），潘丽珍等译，南京：译林出版社，1996。

92. Montuori, Mario, *De Socrate iuste damnato*, Amsterdam: J. C. Grieben, 1981.

93. Muench, Paul, "Kierkegaard's Socratic Point of View," in *A Companion to Socrates*, edited by Sara Ahbel – Rappe and Rachana Kamtekar, Malden, MA. : Blackwell Publishing Ltd. , 2006.

94. O'Flaherty, James, *Hamann's Socratic Memoriabilia: A Translation and Commentary*, Baltimore: John Hopkins University Press, 1967.

95. Pangle, Thomas, "Introduction," in Leo Stauss, *Studies in Platonic Political Philosophy*, Chicago: The University of Chicago, 1983.

96. Paulsen, Friedrich, *Immanuel Kant: His Life and Doctrine*, New York: Friedrick Ungar, 1963.

97. Penner, Terry, "Socrates and the Early Dialogues," in *The Cambridge Companion of Plato*, edited by Richard Kraut, Cambridge: Cambridge University Press, 1992.

98. Planinc, Zdravko, edits, *Politics, Philosophy, Writing: Plato's Art of Caring for the Soul*, Columbia, Mo. : The University of Missouri Press, 2001.

99. Plato, *Apology of Socrates*, edited with an introduction, translation and commentary by Michael C. Stokes, Warminster : Aris and Phillips, 1997.

100. Plato, *Apology*, edited by James Helm, Wauconda, Il. : Bolchazy - Carducci Publishers, Inc. , 1999.

101. Plato, *Dialogues*, translated by Benjamin Jowett, Oxford: Clarendon Press, 1953.

102. Plato, *Platos's Euthryphro, Apology of Socrates, and Crito*, introduced, noted, and edited by John Burnet, Oxford: Clarendon Press, 1924.

103. Plato, *Euthyphro ; Apology ; Crito ; Meno ; Gorgias ; Menexenus*, translated with analysis by R. E. Allen, New Haven: Yale University Press, 1984.

104. Plato, *Euthyphro, Apology, Crito, Phaedo, Phaedrus*, introduction and translation by Harold Fowler, Cambridge Mass. : Harvard University Press, 2001 (1914).

105. Plato, *Gorgias*, A Revised Text with Introduction and Commentary

by E. R. Dodds, Oxford: Oxford University Press, 1959.

106. Plato, *Five Dialogues*, translated by G. M. A. Grube, Indianapolis: Hackett Press, 2001.

107. Plato, *Phaedo*, introduced, noted, and edited by John Burnet, Oxford: Clarendon Press, 1989 (1911).

108. Plato, *The Republic*, translated with an Interpretive Essay by Allan Bloom, New York: Basic Books, 1992.

109. Plato, *The Apology of Socrates*, the Greek text of Plato, edited, with introductory notes, commentary, and English translation, by Edward Henry Blakeney, London: The Scholartis Press, 1929.

110. Plato, *The Last Days of Socrates*, New York: Penguin Books, 2003.

111. Platon, *Apologie des Sokrates*, Übersetzung und Kommentar von Ernst Heitsche, Göttingen: Vandenhoeck & Ruprecht, 2002.

112. Platon, *Platons Apologie des Sokrates*, Paderborn: Schöningh, 1971.

113. Platon, *Apologie des Sokrates*, Übersatzt von Manfred Fuhrmann, Stuttgart: Philipp Reclam jun. , 1986.

114. 柏拉图,《柏拉图五大对话集》,郭斌和、景昌极译,南京:国立编译馆,民国二十三年 (1934)。

115. 柏拉图,《柏拉图对话集六种》,"序",张师竹初译,张东荪改译,上海:商务印书馆,民国二十二年 (1933)。

116. 柏拉图,《柏拉图的〈会饮〉》,刘小枫等译,北京:华夏出版社,2003。

117. 柏拉图,《苏格拉底之死》,吕健忠译,台北:书林出版有限公司,1991。

118. 柏拉图,《苏格拉底最后的日子》,余灵灵、罗林平译,上海:上海三联书店,1988。

119. 柏拉图，《辩护辞》，水建馥译，西安：西安出版社，1998。

120. 柏拉图，《理想国》，郭斌和、张竹明译，北京：商务印书馆，1986。

121. 柏拉图，《斐多》，杨绛译，沈阳：辽宁人民出版社，2000。

122. 柏拉图，《柏拉图〈对话〉七篇》，戴子钦译，沈阳：辽宁教育出版社，1998。

123. 柏拉图，《法律篇》，张智仁、何勤华译，上海：上海人民出版社，2001。

124. Plato, Aristophanes, Xenophon, *The Trials Of Socrates: Six Classic Texts*, Edited by C. D. C. Reeve, Indianpolis: Hackett, 2002.

125. 普鲁塔克，《希腊罗马名人传》，陆永庭、吴彭鹏等译，北京：商务印书馆，1990。

126. Prior, William, edits, *Socrates*, London: Routledge, 1996.

127. Reeve, C. D. C. , *Socrates in the Apology : an essay on Plato's Apology of Socrates*, Indianapolis: Hackett, 1989.

128. Reeve, C. D. C. , *Socrates in the* Apology, Indianapolis : Hackett, 1989.

129. Reinhard, Luise, *Die Anakoluthe bei Platon*, Berlin: Weidmann, 1920.

130. Renehan, Robert, "A Note on Plato 'Apology' 27b4 – 5," *Classical Philology*, Vol. 88, No. 4, 1993.

131. Riddell, James, *The Apology of Plato: with a revised text and English notes, and a digest of Platonic idioms*, Oxford: Clarendon Press, 1867.

132. Ritter, Constantin, *Neue Untersuchungen über Platon*, Munich: Beck, 1975.

133. Ritter, Constantin, *Untersuchungen über Platon*, Stuttgart: W.

Kohlhammer, 1888.

134. Rose, Gilbert, *Plato's Apology*, Bryn Mawr: Thomas Library, Bryn Mawr College, 1989.

135. Sarf, Harold, "Reflections on Kierkegaard's Socrates," *Journal of the History of Ideas*, Vol. 44, No. 2, 1988.

136. Schleiermacher, Friedrich, *Introductions to the Dialogues of Plato*, Translated from the German by William Dobson. New York: Arno Press, 1973.

137. Seneca, *Works in Ten Volumes* (Loeb Classical Library), Cambridge, Mass. : Cambridge, Mass. : Harvard University Press, 1972.

138. Shanz, Martin, *Sammlung ausgewählter Dialoge Platos mit deutschem Kommentar. Drittes Bändchen. Apologia*, Leipzig: Tauchnitz, 1893.

139. Shields, Christopher J. , "Socrates Among the Sceptics," in *The Socratic Movement*, edited by Paul A. Vander Waerdt, Ithaca: Cornell University Press, 1994.

140. 水建馥编译,《古希腊散文选》,北京:人民文学出版社,2000。

141. Smith, Lynette, "*The Interrogation of Meletus: Apology 24c4 – 28a1,*" *The Classical Quarterly* New Series, Vol. 45, No. 2 (1995).

142. Socher, Joseph, *Über Platons Schriftens*, Munich: I. J. Lentner, 1820.

143. Stokes, Michael, *Plato's Socratic Conversations*, London: Baltimore: Johns Hopkins University Press, 1986.

144. 斯东,《苏格拉底的审判》,董乐山译,北京:生活·读书·

新知三联书店，1998。

145. Strauss, Leo, "On Plato's *The Apology of Socrates* and *Crito*," in *Studies in Platonic Political Philosophy*, Chicago: The University of Chicago Press, 1986.

146. Strauss, Leo, "On the *Euthyphro*," in *The Rebirth of Classical Political Rationalism: Essays and Lectures by Leo Strauss*, edited by Thomas Pangle, Chicago: The University of Chicago, 1989.

147. Strauss, Leo, *Studies in Platonic Political Philosophy*, Chicago: The University of Chicago Press, 1986.

148. Strauss, Leo, *The Rebirth of Classical Political Rationalism: Essays and Lectures by Leo Strauss*, edited by Thomas Pangle, Chicago: The University of Chicago, 1989.

149. 孙仁朋译，《苏格拉底的申辩》，收入张巍主编，《西方古典学辑刊》第三辑，上海：复旦大学出版社，2021。

150. Tarrant, Harold, *Plato's First Interpreters*, Ithaca, New York: Cornell University Press, 2000.

151. Taylor, A. E. , *Socrates: First Series*, Oxford: Parker, 1911.

152. 泰勒，《柏拉图：生平及其著作》，谢随知等译，济南：山东人民出版社，1991。

153. 泰勒，《苏格拉底传》，赵继铨、李真译，北京：商务印书馆，1999。

154. Taylor, C. C. W, "The Origins of Our Present Paradigms," *New Perspectives on Plato, Modern and Ancient*, edited by Julia Annas and Christopher Rowe, Washington, D. C: Center for Hellenic Studies, Trustees for Harvard University, 2002.

155. Ahbel – Rappe and Rachana Kamtekar edit, *A Companion to Socrates*, Malden, Malden, MA. : Blackwell Publishing Ltd. , 2006。

156. 修昔底德,《伯罗奔半岛战争史》（上下），北京：商务印书馆，2006。

157. Trousson, Raymond, *Socrate devant Voltaire*, *Didero et Rousseau*: *la conscience en face du mythe*, Paris: Minard, 1967.

158. Ueberweg, Friedrich, *Untersuchungen über Plato*, Stuttgart: W. Kohlhammer, 1888.

159. Vlastos, Gregory, "Socrates," in *Socrates* (1), edited by William Prior, London: Routledge, 1996.

160. Vlastos, Gregory, "The Historical Socrates and Athenian Democracy," in *Socratic Studies*, Cambridge: Cambridge University Press, 1994.

161. Vlastos, Gregory, "Socrates's Disavow of Knowledge," in *The Philosophical Quarterly*, Vol. 35, No. 138, 1985.

162. Vlastos, Gregory, *Socratic Studies*, Cambridge: Cambridge University Press, 1994.

163. Vlastos, Gregory, *Socrates*, *Ironist and Moral Philosopher*, Ithaca: Cornell University Press, 1991.

164. Voltaire, *Dictionnaire philosophique*, Paris : Impr. nationale editions, 1994.

165. Waerdt, Paul A. Vander, edits, *The Socratic Movement*, Ithaca: Cornell University Press, 1994.

166. 王海燕，"苏格拉底之死"，http: //www. tszz. com/thinker/socrates/socrates004. doc. html。

167. 王宏文、宋洁人，《柏拉图研究》，济南：山东人民出版社，1991。

168. Waterfield, Robin, "Review of *Plato's Apology of Socrates. A Literary and Philosophical Study with a Running Commentary*," in

The Classical Review, Vol. 46, No. 2, 1995, pp. 244 – 246.

169. West, Thomas, and Grace West, *Four texts on Socrates*, Ithaca: Cornell University Press, 1984.

170. West, Thomas, *Plato's Apology of Socrates*: *An Interpretation*, Ithaca: Cornell University Press, 1979.

171. Wilamowitz – Moellendorff, Ulrich, *Platon*, v. 1, Berlin: Weidmannsche Buchhandlung, 1920.

172. Wolff, Erwin, *Platos Apologie*, Berlin: Weidmann, 1929。

173. Wood, E. W., and N. Wood, "Socrates and Democracy," in *Socrates*, edited by Willian Prior, London: Routledge, 1996.

174. 吴飞,《自杀与美好生活》, 上海：上海三联书店, 2006。

175. Wycherley, R. E., *Literary and Epigraphical Testimonia*, Princeton: American School of Classical Studies at Athens, 1957.

176. Xenophon, *Works in VII volumes* (*Loeb Classicical Library*), Cambridge: Harvard University Press, 1968.

177. 色诺芬,《回忆苏格拉底》, 吴永泉译, 北京：商务印书馆, 2001。

178. 色诺芬,《会饮》, 沈默等译, 北京：华夏出版社, 2006。

179. 叶秀山,《苏格拉底及其哲学思想》, 北京：人民出版社, 1986。

180. 朱公振,《希腊三哲》, 上海：世界书局, 民国十九年 (1930)。

修订版后记

　　我做的《苏格拉底的申辩》翻译注疏本自 2007 年出版，至今已近十年。由于此书在柏拉图对话中特殊的地位，它的需求量一直很大，所以几年前就已经买不到了，一直有朋友和学生询问。自此书出版以来，也有不少朋友或私下或公开，帮我找到了书中的很多错误，其中有翻译和注释的错误，也有许多常识性的错误，尤其包括希腊文拼写的错误。

　　感谢刘小枫老师和陈希米老师促成此书修订版的出版，使我有机会改正这些错误，同时向各位帮助我的朋友致以由衷的谢意。感谢我的学生陈斯一和方凯成帮助我收集了网上的各种纠错文字。但这次修订除去改正希腊语拼写的错误、润色译文生硬和谬误之处外，没有做太多的改动。义疏部分今天看来显得非常幼稚，但也一仍其旧。希望各界读者朋友们继续保持对此书的关系，包括更加严厉地指出其他的错误，以便我们都能有更多的进步。

吴 飞

2016 年 5 月于仰昆室

第三版后记

　　承蒙华夏出版社再版《苏格拉底的申辩》，我得以对本书再做一些修改。近些年来，柏拉图哲学研究在国内如火如荼。《苏格拉底的申辩》又出现了程志敏、孙仁朋、溥林的三个译本，笔者都有翻阅，感觉各有特色。尤其是孙仁朋译本，特别参考了我的译本，详细指出了一些理解不同之处。我认真阅读后，感到有些地方颇有道理。所以，此次修订，译文据孙本做了一些修订，必要时在注释中注出。在此感谢！当然，也有些地方在仔细比较和思考后，仍然保留了旧的译法。此外，全书一些文字也略作修改。

吴　飞

2022 年 9 月于仰昆室

图书在版编目（CIP）数据

苏格拉底的申辩 /（古希腊）柏拉图（Plato）著；吴飞译、疏. --3 版.--北京：华夏出版社有限公司，2023.5（2024.1 重印）

（西方传统：经典与解释）

ISBN 978-7-5222-0447-5

I.①苏… II.①柏… ②吴… III.①苏格拉底（Socrates 前 469－前 399）－哲学思想－思想评论 IV.①B502.231

中国国家版本馆 CIP 数据核字(2023)第 003892 号

苏格拉底的申辩

著　　者	[古希腊]柏拉图
译　　疏	吴　飞
责任编辑	王霄翎　刘雨潇
美术编辑	李媛格
责任印制	刘　洋
出版发行	华夏出版社有限公司
经　　销	新华书店
印　　装	北京汇林印务有限公司
版　　次	2023 年 5 月北京第 3 版
	2024 年 1 月北京第 4 次印刷
开　　本	880×1230　1/32
印　　张	8.75
字　　数	262 千字
定　　价	69.00 元

华夏出版社有限公司　　地址:北京市东直门外香河园北里 4 号　邮编:100028
网址:www.hxph.com.cn　　电话:(010)64663331(转)
若发现本版图书有印装质量问题，请与我社营销中心联系调换。